狂　飙

智能社会的来临

信息社会 50 人论坛　编

電子工業出版社
Publishing House of Electronics Industry
北京 · BEIJING

图书在版编目（CIP）数据

狂飙：智能社会的来临 / 信息社会 50 人论坛编. —北京：电子工业出版社，2024.1
ISBN 978-7-121-47002-8

Ⅰ. ①狂… Ⅱ. ①信… Ⅲ. ①人工智能－应用－社会管理－研究－中国 Ⅳ. ①D63-39

中国国家版本馆 CIP 数据核字（2024）第 001670 号

责任编辑：李筱雅
印　　刷：三河市鑫金马印装有限公司
装　　订：三河市鑫金马印装有限公司
出版发行：电子工业出版社
　　　　　北京市海淀区万寿路 173 信箱　邮编：100036
开　　本：720×1 000　1/16　印张：18　字数：313 千字
版　　次：2024 年 1 月第 1 版
印　　次：2025 年 6 月第 4 次印刷
定　　价：89.00 元

凡所购买电子工业出版社图书有缺损问题，请向购买书店调换。若书店售缺，请与本社发行部联系，联系及邮购电话：（010）88254888，88258888。

质量投诉请发邮件至 zlts@phei.com.cn，盗版侵权举报请发邮件至 dbqq@phei.com.cn。

本书咨询联系方式：（010）88254134 或 lixy@phei.com.cn。

序言/Preface

安筱鹏

拥抱智能时代

安筱鹏，信息社会 50 人论坛 2023 年度轮值主席、中国信息化百人会执委。长期从事数字化领域的理论和前沿实践研究。

今天，我们站在时代的新起点。

技术变革从来不是线性的，今天的数字技术正处于量变到质变的新拐点上。AI 大模型的出现，是通用人工智能（AGI）发展的重要里程碑，标志着智能化时代已经到来。通用人工智能是一次生产力工具的变革，是人机交互技术突破的里程碑，也是产业竞争格局重塑的新起点，或将引发生产力工具的“链式反应”。

当我们讲“革命”的时候，我们指一件事的影响可能是根本性、全局性和长期性的，今天 AI 将带来一次新的效率革命、体验革命、工具革命和组织革命，必将对未来世界发展产生深远影响。

一、效率革命：AI 大模型提升生产与服务效率，将成为千行百业的新型生产力

生成式 AI 对经济社会的影响，不在于其可生成文字、图片、语音、视频的能

力，而在于其可以生成代码的能力。在“软件定义一切”的时代，AI 大模型将主要依托“AI 驱动软件升级”，从“内容领域”深度融入“生产制造领域”，大幅提升千行百业的生产效率和服务效率，全面加速经济社会智能化升级。

“软件 2.0”时代正在来临，软件开发范式面临重塑。在软件开发行业，AI 将与人共同协作，倍数级提升软件研发的效率，例如，服务于一线研发人员的内容生成工具（包括文档、编码、测试、发布、运维相关的工具），可以大幅提升生产力。此外，利用大语言模型（LLM）的知识储备和内容生成能力，还可以对代码进行自动编写、优化、分析、查错。据估计，GPT-4 的编码能力已相当于谷歌年薪 18 万美元的 L3 级工程师。CSDN 调查显示，GPT-4 的编码能力相当于中国月薪 3 万元的软件开发人员。此外，随着 MaaS（模型即服务）的崛起，以模型为中心的开发范式将大幅降低开发门槛，提高开发效率。

AI 智能体（AI Agent）将成为新的生产工具。AI 智能体可谓当前大模型领域最热门的研究方向之一，它是指基于 LLM 的、能够使用工具自主完成特定任务的智能体。AI 智能体将 LLM 与其他模型、软件等外部工具协同，能够处理真实世界中的各种复杂任务。从实际发展看，通用/专用、开源/闭源等多种模型协同配合，是 AI 智能体发展的必经阶段，也是 AI 大模型进行产业落地的一个重要趋势，如将视频生成模型接入 LLM、自主生产视频等。

未来，AI 智能体将主要由“控制系统+执行系统”组成，不仅具有内容生成能力，还将具备任务理解、任务拆解、任务调度、执行规划、链条协同等能力。其中 LLM 将主要承担指挥中心角色，类似人类“大脑”的角色，对接入 AI 智能体的数字化工具（如 SaaS 软件、工业机器人、数字人等）进行统一智能调度管理，在生产、管理、服务等场景中，实时由不同组合的数字化工具协同完成具体场景中的实际问题。

二、体验革命：AI 大模型正重塑人机交互方式，自然语言将能操作一切

每一次人机交互技术的突破，都将带来一次产业重构。AI 大模型正在改变人们使用搜索引擎、消费购物、生产制造等的方式，重塑内容层、交易层、生产层

等全方位的人机交互方式。未来自然语言将能操作一切，并深刻改变未来的产业竞争格局。

人机“内容层”交互。从雅虎最早将电话黄页的信息搬到网上，开启了“人找信息”，到谷歌借助 PageRank 等检索算法，大幅提升“人找信息”的效率，再到移动互联网时代推荐算法的发展，实现了“人找信息”到“信息找人”的巨大变革。如今有了 AI 大模型的“加持”，过去以关键词为起点的搜索动作，正逐渐变成发出指令“让 AI 干活”，不断革新传统搜索引擎的用户体验。

人机“交易层”交互。目前，AI 大模型在不改变电商整体商业模式的基础上，通过内容生产，如生产商品图、商品描述、海报、店铺 Logo、营销文案等，降低企业经营成本，提高用户转化率。未来，随着 AI 大模型深度改变人机交互模式，如商家通过自然语言完成开店、经营等全流程，用户通过自然语言交互、XR 等方式完成交易，新的电商入口、新的商业模式可能逐渐出现。

人机“生产层”交互。制造业是 AI 大模型应用的主战场。AI 大模型将以更低门槛、更高效率，打通一个个数据断流节点，助力提升我国智能制造的发展水平。目前，阿里云正在实验将通义千问大模型接入工业机器人，用户只需要在钉钉对话框输入一句人类语言，即可远程指挥机器人工作。2023 年 7 月 28 日，谷歌 DeepMind 推出新的机器人模型 RT-2，这是一个全新的视觉—语言—动作（VLA）模型，可以将视觉和语言转化为指令，指挥机器人完成相关动作。进入控制环节是 AI 大模型应用于制造业的标志。2023 年 4 月，西门子和微软宣布合作，基于 GPT 推动下一代自动化技术变革，将 AI 大模型融入生产控制环节。

三、工具革命：AI 大模型加速全球生产创新范式突破，其深刻影响正逐步显现

一部人类发展史，就是劳动者发挥聪明才智，不断创造新的劳动手段（劳动工具）去认识自然、适应自然和改造自然（作用于劳动对象）的过程。马克思曾说：“手推磨产生的是封建主的社会，蒸汽磨产生的是工业资本家的社会”“各种经济时代的区别，不在于生产什么，而在于怎样生产，用什么劳动资料生产”。从农业社会、工业社会到信息社会，人类的生产工具从手工工具、能量转换工具演

进到今天的智能工具。

从能量转换工具到智能工具。工业时代的工具是能量转换工具，在数字时代，就是为工业时代的机床、机器人、设备装上大脑，装上传感器，从传统能量转换的工具变成像 3D 打印、数控机床、AGV 小车、自动收割、自动分拣等有形的智能工具，但这些工具只是替代体力劳动者。AI 作为一种新的生产工具，支持替代的是脑力劳动者，美国宾夕法尼亚大学的研究成果显示，在 1000 种职业中，80%的美国员工至少有 10%的工作任务，19%的员工至少有 50%的工作任务会因 AI 受到影响（工作时间减少 50%），这些受到影响的主要是脑力劳动者的工作。

制造业是 AI 大模型应用的主战场。AI 大模型作为新的生产力工具，将全面融入研发设计、生产工艺、运维质控、销售客服、组织协同等环节，加速制造业走向智能化。AI 驱动软件升级是大模型赋能制造业的主要途径，所有软件将由 AI 驱动，SaaS 软件从“在线化”走向“智能化”，AI 大模型将成为 SaaS 软件的“标配”。以 AI 大模型为代表的新一代人工智能技术将以更低门槛、更高效率，打通制造业的一个个数据断流节点，推动数据在研发、生产、配送、服务等环节的高效畅通流动，将大幅提升我国智能制造的发展水平。

AI 大模型加速科研范式变革。近年来，AI4S（AI for Science）逐渐成为一种基本科学研究方法，AI4S 使得“原理驱动”和“数据驱动”两种科研范式得以统一，实现 AI 技术进步与基础理论和应用研究的双向促进。AI4S 旨在通过 AI 技术处理多维、多模态的海量科学数据，有效解决复杂场景下的科学难题，提升科技创新效率。AI 大模型将从底层对科学研究产生深刻影响。2022 年 7 月 28 日，DeepMind 公布了从细菌到人类的几乎所有已知的 2 亿多个蛋白质的可能结构。谷歌学术相关数据表明，近 3 年使用 AI 的论文数量增长率超过 3 倍，例如，在材料科学、生命科学、能源科学领域，近 3 年使用 AI 手段开展科研的比例超过 34.5%。换句话说，人们认识和改造世界的方法论已经发生重大变化。

四、组织革命：AI 大模型将驱动组织形态与生产关系变革

技术创新是推动组织变革和协作关系重塑的重要引擎，不同的技术时代会产生不同类型的组织。正如坦克被发明后，才有了“闪电战”这种战术。

“微粒企业（组织）”正在崛起。AI 大模型加速了组织形态的分化，加速构建了与智能时代相适应的开放、扁平、灵活的组织体系，实施了组织层面的“转基因”工程。目前，“微粒企业（组织）”正在崛起，达到 MVP 的团队规模会越来越小，甚至是几个人，而不是之前通常的 50 人公司。风靡全球的文生图公司 MidJourney，拥有超过 1000 万名社区成员和 1 亿美元营收，但只有 11 名员工（1 名创始人、8 名研发人员、1 名法务、1 名财务），可以预见，智能时代的企业形态将更小、更快、更灵活。

组织形态将会发生深刻变革。在《人类简史》中，作者赫拉利提到，10 万年前地球上存在着猿人、智人等，但在 1 万年前只剩下了智人。智人在进化中率先在语言和信息交流上实现了突破，形成了一种超凡的信息认知。在工业社会，随着印刷、电报、电话的普及，人类的协作从熟人分工演进到陌生人协同，从封闭体系演进到开放体系，开启了大制造、大零售、大流通的时代。今天，数字员工、数字助理出现了，我们的同事可能是一个掌握了人类所有知识的 AI 新员工，人机关系重构将带来新职责边界，工作流将被解构与重组，我们正在重构对外部世界的感知、获取和利用的方式。

“智能原生企业”将加速涌现。在智能时代，云计算、AI、IoT 等多种数字技术竞相迸发、交织融合，共同构建起一个新的智能化基础设施，通过“算力+数据+算法”的强大变革力量，开启了新一轮企业组织形态的重构和再生。就像在数字化时代出现了一批“数字原生企业”，那么在智能时代也必将出现一系列“智能原生企业”。未来，人工智能和实体经济的深度融合将根本性地改造企业组织形态，所有行业都将被 AI 驱动或重塑，对任何企业而言，无论来自哪里、无论如何诞生，未来如果无法在 AI 时代持续进化，将会在新科技革命浪潮中落伍，甚至“消失”。

数字化是基础，智能化是方向，当前的人工智能浪潮是和 20 年前的数字化浪潮同等重要的机会，我们正处于智能化时代的历史新起点。实体经济是智能化的主战场，千行百业将被重新定义。智能化不是把技术武装到“牙齿”，而是把技术融入经济社会的每一个“细胞”和“基因”中，构建新型生产力，开启一场永无止境的智能化进化之旅。

目录/Contents

AI 狂飙

数据洪流

全球格局

中国航道

AI
狂飙

张 江

AI何以涌现：复杂适应系统视角的ChatGPT和大语言模型

张江，信息社会50人论坛成员、北京师范大学系统科学学院教授、集智俱乐部、集智学园创始人、集智科学研究中心理事长。主要研究领域包括因果涌现、复杂系统自动建模、社会与经济系统的规模法则（Scaling Laws）等。

一、“涌现”：大语言模型与复杂系统科学的渊源

最近，人工智能再一次被人们推上了风口浪尖，以ChatGPT为代表的AI大模型展现出了令人惊艳的能力。仅仅将数据量和模型参数量提升上去，这些大模型就忽然间拥有了很神奇的能力，如通过和用户对话来自动学习知识，还能够在一定的引导下完成较为复杂的推理任务。关键是，所有这些新能力，都并不是该模型训练学习的目标，它是随着参数量规模的增大而自发产生的。研究者将这样的现象称为“涌现”（Emergence）。

对于复杂系统科学（以下简称“复杂科学”）研究者们来说，“涌现”是一个再熟悉不过的概念了。一个复杂的人工智能大模型能够展现出“涌现”的能力，这本身就暗示着，现在的大模型已经成为一个不折不扣的复杂系统。不仅如此，大模型超级强大的学习能力，使得这个复杂系统能够灵活地适应环境，甚至能够展现出在少量提示下就可以学到全新技能的所谓in-context的学习能力。从结构上来说，大模型之所以能够表现得如此惊人，就在于其深度的层级结构，这种结构是一种自发演化形成的复杂网络。从动力学角度来说，大模型的运作分成了两个相互作用的耦合动力学：一个是更加快速的前馈动力学；另一个是较为慢速的

学习反馈动力学。然而从宏观的定量表现角度来看，大语言模型也会具有像生物体、城市、公司这样的复杂系统都具备的“规模法则”（Scaling Law）及临界相变等表现。这一切都说明，似乎复杂科学中的那些分析工具都能应用于 AI 大模型。

那么，这些 AI 大模型会不会成为复杂科学的下一个热点研究对象呢？

1972 年，著名的凝聚态物理学家，诺贝尔奖得主菲利普·安德森（Philip Anderson）就在 *Science* 上发表了一篇影响深远的文章——“多者异也”（More is Different）。文章指出，我们不能指望将微观原子世界的规律了解清楚之后，就能自然而然地了解诸如细胞、大脑、城市等宏观复杂系统的规律，这二者是非常不同的。该文章指出，“系统定量上的变化可以导致系统行为上的定性变化，这就是‘涌现’”。用亚里士多德的话来解释，就是“整体大于部分之和”，即整体能够展现出构成它的个体所不具备的新特性。通过这些复杂的相互作用，系统往往表现出非线性、涌现、自组织等性质。

复杂系统的适应性能力又是一个应该特别关注的现象，它表现为能够灵活地随环境的变化而变化。例如，一场森林大火并不能破坏整个生态系统，相反，有些时候它还会对清理杂草有很大的好处。这种灾后重生的能力就是生态复杂系统的适应性能力。著名的已故复杂科学家、遗传算法的发明人约翰·霍兰德（John H. Holland）将这种具备适应性能力的复杂系统称为复杂适应系统（Complex Adaptive Systems，CAS）。

建模是研究复杂系统的主要方法，即通过数学或计算机在符号世界中再造一个复杂系统。尤其是 2010 年以来，随着人工智能时代的来临，大数据终于催生出了 AI 大模型这一全新“物种”。从建模能力上来看，无人能与现在基于神经网络和深度学习的 AI 大模型相媲美。那么，复杂系统研究又会不会因 AI 大模型的出现而有所改变呢？笔者认为，有两个全新的研究方向值得关注：

（1）用复杂系统研究方法研究 AI 大模型本身；

（2）通过 AI 大模型研究真实的复杂系统。

二、作为复杂系统的 AI 大模型

AI 大模型首先是一个典型的复杂系统。我们以目前异常火爆的 ChatGPT 为例来说明。首先，ChatGPT 其实就是一个超级庞大的神经网络。其中，一个个神经元构成了 ChatGPT 这个复杂系统的基本组成单元，而这些神经元彼此复杂的相互连接就构成了一个复杂网络。

（一）神经网络与复杂网络

与绝大多数复杂网络不同，人工神经网络是一个处于不断变动之中的加权有向网络。随着训练的进行，大量的连边实际上都会被“砍掉”，最后无论在哪个层次，都会形成“胜者通吃”的局面，即各个神经元上的权重分布会呈现异质化趋势。

（二）作为复杂动力系统的前馈运算与训练

从动力学角度来说，神经网络本身就是一个复杂的动力系统。如果我们将每个神经元的激活状态看作每个节点的状态，那么整个神经网络在执行前馈运算的过程中，就体现为一个高维空间中的动力学演化过程（前向动力学过程）。例如，前馈神经网络在给定输入后可以通过动力系统的吸引子来赋予网络记忆的能力。还有研究将基于 ResNet 网络结构的神经网络理解为一个动力系统，从而讨论其动力学的稳定性问题。

除了前向动力学过程，神经网络的训练过程还可以体现为一个神经网络权重空间中的动力学过程。很多机器学习任务都可以看作一个优化问题的求解任务，而最常用的训练算法就是所谓的随机梯度下降算法，这样，整个网络的训练过程便可以看作一个势场中的扩散过程，不同的随机梯度下降算法（如动量梯度下降等）又可以看作不同类型的扩散过程，如包含漂移项等。于是，神经网络的学习过程就可以用一个朗之万（Langevin）方程来建模，这样非平衡统计物理中的大量分析工具便可以被应用到神经网络训练过程中。

（三）自注意力是一种自调控机制

值得一提的是，目前几乎所有的大语言模型都采用了 Transformer 架构，而这一架构的其中一个核心部件就是注意力机制。因此，神经网络在前向动力学中就可以动态地决定一个加权有向网络，该网络可以反作用到神经网络上，从而相当于在前向动力学过程中形成一种高阶的控制结构。

我们不妨把一个前馈运算过程和网络权重比喻成水流和河道。一般的神经网络河道是慢变的，水流只能被动地在河道中流淌，而且只能通过缓慢的训练过程慢慢改变河道。但是，有了自注意力这种机制，河水能够在流淌的过程中改变河道的分布情况，这就使得单一的前馈运算过程成为快慢两种时间尺度混合的动力学过程。

从图灵机的角度来看，前馈的消息可以看作数据，网络权重 W 可以看作调控程序。学习的过程就体现为程序的改变。因此，配备了自注意力机制的神经网络本质上可以做到自我调控。这种调控手段类似基因网络的自我调控机制。一个基因在整个过程中既可能成为调控者，又可能成为被调控对象。或者说，调控者可以被看作程序，被调控对象可以被看作数据。所以，自注意力机制使得神经网络具备了“自我编程”的能力（参看递归函数论中的 *s-m-n* 定理），即调整 W 就是在改变程序。我们猜测，这是 ChatGPT 这样的大语言模型能够实现 in-context 学习，以及各种复杂推理功能的核心。

（四）大语言模型中的“涌现”

大语言模型的“涌现”现象也是近年来研究的热点问题，但是与传统复杂系统中的“涌现”定义不同。大语言模型的“涌现”能力，指的是随着模型规模的增长，一些能力会突然变强，突变式地拥有了小语言模型不具有的新能力。

需要注意的是，虽然解锁“涌现”能力的方法有很多，包括：①进一步扩大模型规模；②提高数据的质量及改善模型架构和训练方式；③改善语言模型的通用 few-shot prompting 能力。但是，并非大语言模型中所有的任务都会发生“涌现”。同时，随着语言模型的增大而产生“涌现”能力，这种能力带来的风险也在增加。因此弄清楚发生“涌现”的真正机理显得尤为重要。

AI 大模型的“涌现”能力也许可以用网络渗流（Percolation）模型来解释。其中，网络的规模就对应了连边概率，诸如 in-context 这样的能力就对应为最大联通集团。所以，神经网络的规模在突破一定阈值之前，其各种表现效果都接近随机，但是一旦规模超过该阈值，效果将会大大提高。这种“涌现”能力是一种量变引起质变的飞跃。

另外，我们也许可以用渗流现象来解释大语言模型的思维链（CoT）：对于长推理，大语言模型也是把它拆成一步一步来完成的，而每步都有一定的正确率，但只要有一步做错，最后的结果就是错的，就好比一连串乘法中有一个乘数是 0，那会导致最终结果为 0。在小规模阶段，虽然随着训练规模的增长，每步的正确率都在提高，但要把所有步都做对的概率还是极低的。只有训练规模到了某个阈值，最终结果的正确率才一下子提升了上来。这也能很好地解释为什么像思维链这样的技术能够很好地提升“涌现”实验的效果。

（五）大语言模型的规模法则

与许多复杂系统一样，大语言模型也遵循规模法则（Scaling Law），也就是它的各项宏观指标会形成两两的幂律关系。

通过已有实验可以看出，测试损失随模型大小、数据集大小和用于训练的计算量大小呈幂律变化，有些趋势超过 7 个数量级。这意味着存在简单的方程在控制这些变量之间的关系，并且这些方程可以用于训练非常大的语言模型的最佳有效配置。简单的幂律方程也可以控制过拟合对模型和数据集大小的依赖，以及训练速度对模型大小的依赖。这些关系允许我们确定固定计算预算的最佳分配。

人们在解释各类复杂系统中的规模法则时已具有丰富的经验，那么这些经验能否迁移到大语言模型中呢？让我们拭目以待。

三、作为复杂适应系统的 AI 大模型

生物群落、自由市场、城市都是典型的复杂适应系统，这些系统中的每个构成单元都具备很强的自学习能力。为什么大模型本身也是一个复杂适应系统呢？根据约翰 • 霍兰德和默里 • 盖尔曼（Murray Gell-Mann）等人的理论，一个复杂

适应系统会在和外界互动的过程中把握与外界交换信息的规律，总结出相应图式（Schema），再基于这个图式给出相应的行为，形成新的边界。

（一）从生态位到类比思维

在复杂适应系统中，有一个重要的概念，被称为生态位（Niche）。这个概念最早起源于生态学，指的是每个物种在整个生态系统中都有着独一无二的地位和作用。反过来，如果一个生态位上的物种消失，那么经过一段时间的演化，该生态位上就有可能“诞生”出一个全新的物种，但是它的功能和原物种极其相似。也就是说，我们可以把整个生态系统看作一个由各个抽象的生态位（功能）组成的系统，而并非是由具体的物种构成的系统。

约翰·霍兰德给出了这样的例子：三叠纪海洋中的鱼龙与现代海洋中的海豚在整个生态系统中占据了类似的生态位。虽然鱼龙与海豚无血缘关系，但在外形和习性上却惊人地相似。鱼龙以头足动物（枪乌贼、章鱼）为食，而海豚也会以这些动物为食。在另一个例子中，枪乌贼的眼睛和哺乳动物的眼睛具备类似的特征，但是它们却出自完全不同的组织。

在商业世界中，我们也能经常看到类似的现象。例如，中国互联网与美国互联网基本处于两个相对独立的生态系统中，但是这两个生态系统中都有类似的产品，如谷歌搜索与百度搜索都提供搜索功能的引擎；微信与脸书（Facebook）都提供社交服务；新浪微博与 Twitter 功能类似。可以说，对于互联网生态来说，这些产品占据了类似的生态位。

其实这种生态位的相似性与语言中的类比现象非常类似。如果我们将一个词所表达的概念看作一个物种，而将人类整个语言所起到的功能性作用看作一个生态系统，那么每个概念也就会具有一个类似的生态位。这也就是为什么不同语言都会存在对抽象数字 1、2、3 进行表达的特殊单词。这一现象，在语言中被称为类比。

关于类比，让我们设想一个抽象的问题：如果 abc 对应 abd，那么 ijk 应该对应什么呢？我们不妨问问 ChatGPT，如图 1 所示。

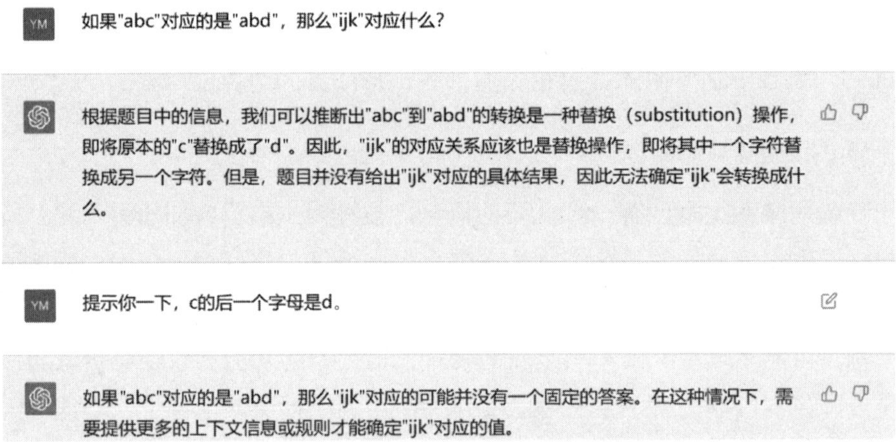

图 1　引导 ChatGPT 完成类比思考

很遗憾，ChatGPT 并不能直接类比出一个答案，一些略微的提示也不足以让它把握规律，生成图式。这对于人类来讲应该是件很简单的事，我们自然会想到要把第 3 个字母换成其在字母表中的下一个字母，所以其中一种答案应该是“ijl”。当然类比不是严格的论证，我们也不能证明答案一定就是“ijl”，但人类天然的类比和想象的能力，外加关于字母表的知识，让我们能迅速找到这个合适的答案。那是否 ChatGPT 只是暂时没有联想到关于字母表的知识呢？我们进一步给 ChatGPT 一些提示，如图 2 所示。

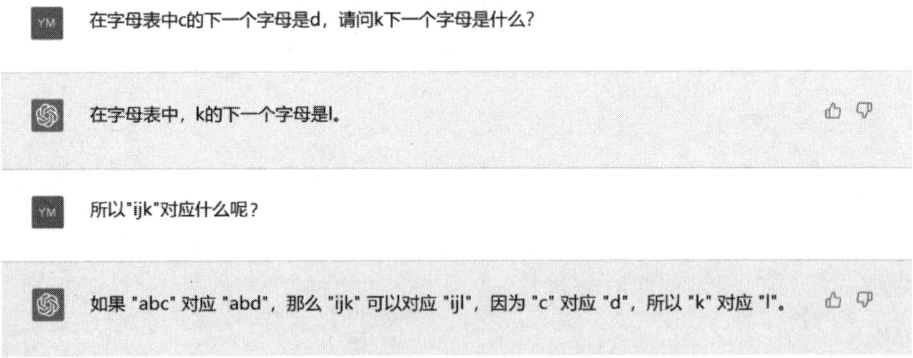

图 2　ChatGPT 经过提示后得到答案

果然 ChatGPT 给出了我们想要的答案。但读者可能会怀疑，这提示也太明显了，ChatGPT 也太笨了，几乎是把解题步骤全告诉它了，它才给出答案。那我们再升级难度，看 ChatGPT 是不是真的学扎实了（见图 3）。

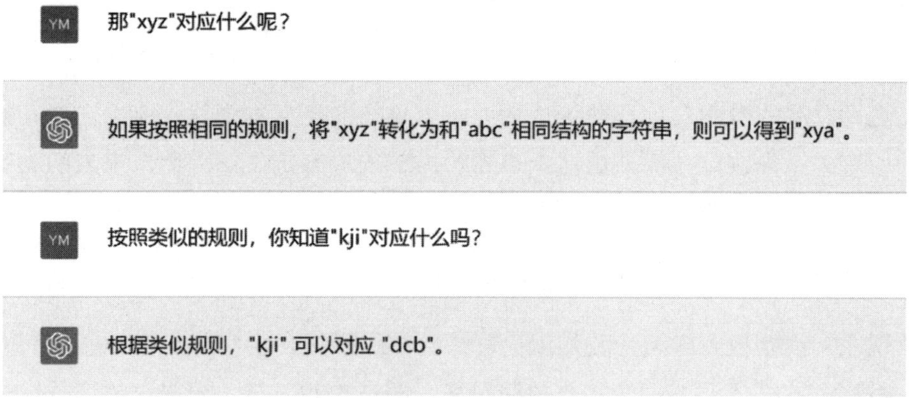

图 3　继续引导提问 ChatGPT

如图 3 所示，当给出“xyz”的时候，与大多数人的反应一样，ChatGPT 很自然地使用了字母表循环这一假设。但难度更高的“kji”却又不会了。此时需要它能够自动发现字母串的顺序反了，然后构建新的图式。但也不需要我们再提供额外的知识，只要再重复一遍之前出现过的条件，就有神奇的效果出现了，如图 4 所示。

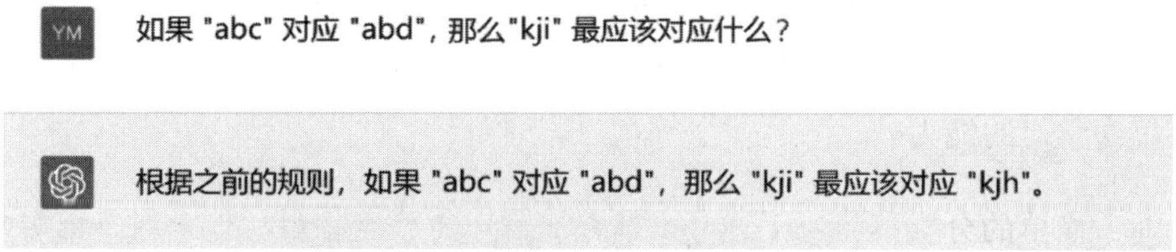

图 4　ChatGPT 在掌握规律后的回答

在正序的字母串中替换第 3 个字母为其在字母表中的下一个字母，在逆序的字母串中就要替换第 3 个字母为其在字母表中的上一个字母，这是 ChatGPT 能够自动把握的规律。此时如果再考察“mrrjjj”该怎么对应，就是对 ChatGPT 极难的挑战了。

这个实验告诉我们，实际上 ChatGPT 这种大语言模型离真正掌握做类比推理的能力还有一定的距离，这个问题的关键在于每个符号所处的生态位实际上是一个很大的功能集合。在这个实验中，每个字母背后其实都暗藏着一个字母顺序及逆排序等此类关系集合，简单的字母尚且对应着很多隐藏的关系集合，那么更复杂的事物背后的关系空间则可能更大。然而，这个问题的困难之处就在于，所有这些关系都是隐式存在的，而且，很多关系还隐藏在物体属性的背后。

近期发展的数学理论范畴论认为，一个事物的定义本身就应该由它与其他对象的所有关系来决定，而非由这个事物的内部构成来定义。因此，未来的类比推理研究及生态位等概念有可能都由范畴论来定义。

（二）从桶队算法到梯度反向传播算法

现在，说到机器学习，我们就会联想到神经网络。但实际上在 20 世纪 90 年代，最流行的机器学习算法并非神经网络，而是约翰·霍兰德提出的遗传算法及其扩展——分类器系统（Classifier System）。遗传算法是通过在计算机中再造一个由大量 0-1 编码串构成的生物种群模拟大自然的进化，让适应度高的物种自然而然地获得更高的繁殖机会，而让适应度低的物种自然淘汰。

然而，简单的遗传算法只能解决函数优化、组合优化等问题，却很难解决机器学习问题。于是，约翰·霍兰德又开创性地提出了基于遗传算法和桶队算法的分类器系统：一个分类器系统是由大量分类器构成的，每个分类器对应一条规则，所有的分类器会被遗传算法优化，从而进行适应性调节，这就让系统具备了自动从环境中学习的能力。

对于简单的分类任务，上述分类器系统可以工作得很好。但是对于很多复杂任务，往往不是一条简单规则能描述清楚的，如果规则过于复杂，那么潜在的搜索空间将庞大得难以想象。所以约翰·霍兰德认为，可以把一个复杂任务进行拆解，每一步用一个简单规则来完成，许多规则串在一起，让消息从输入开始，一直传递到输出，再根据外界反馈来获得奖励。然而，当传递链条过长的时候，如何对一条消息链上的所有分类器分配信用值则成了一个麻烦的问题。于是，约翰·霍兰德开创性地提出，可以用自由市场买卖的隐喻构建桶队算法（Bucket Brigade Algorithm）。

约翰·霍兰德将整个分类器系统比喻为一个自由买卖的市场，每个分类器产生的新消息比喻为一种商品，而一个长长的被激活的分类器链就相当于一条长长的产品生产链。于是，信用就变成了这些分类器手中的货币，可以对产品进行购买。如果一个分类器产生的系统被输出到环境中，并成功地获得了正向的奖励，那么该分类器会获得一笔可观的信用值（货币）。整个人工智能系统就像个纷纷攘攘的交易市场，盈利能力强的分类器就会被保留下来，构成强大的供应链，一旦有薄弱环节就会被其他分类器替换下去。熟悉神经网络的读者不难发现，整个桶队算法像极了今天工业界大量使用的梯度反向传播算法（Backward Propagation Algorithm）。

我们可以系统性地对比约翰·霍兰德的分类器系统和当今流行的前馈神经网络，如表 1 所示。

表 1　复杂适应系统、分类器系统和前馈神经网络中各组件的对应关系

复杂适应系统	分类器系统	前馈神经网络
单元	分类器的 if-then 规则	神经元
单元间链接	字符串匹配，连续激活	网络连接
消息	二进制编码串	实数激活值
前馈计算	规则被消息触发，产生新消息	神经元连续被激活，产生向高层传播的消息
反馈计算	利用信用值购买	误差反向传播算法
学习调整	遗传算法：优胜劣汰（根据信用值），变异交叉	权重更新（根据反向传播过来的梯度值）
正向流	消息	消息
反向流	信用值	梯度

尽管分类器系统与神经网络存在差异，但是二者的相似性还是非常显著的。二者本质上都实现了一个或两个互为反方向的流动过程，这种双向“对冲”的流动才是一个复杂系统产生学习适应能力的本质。

其实，几乎所有具备学习适应能力的大规模复杂系统（复杂适应系统）都具备这样的双向“对冲流”特征。例如，我们大脑中的学习适应过程就是神经元激活的正向信息流，和由多巴胺等激素控制的反向评价流共同“对冲”而实现的。在人类组织中，前向的流动是由组织成员接续的决策而产生的执行/行动流，反向的流动则是对决策进行评价的评价反馈流，二者构成“对冲”，从而对组织结构和组织成员进行调整（见图 5）。

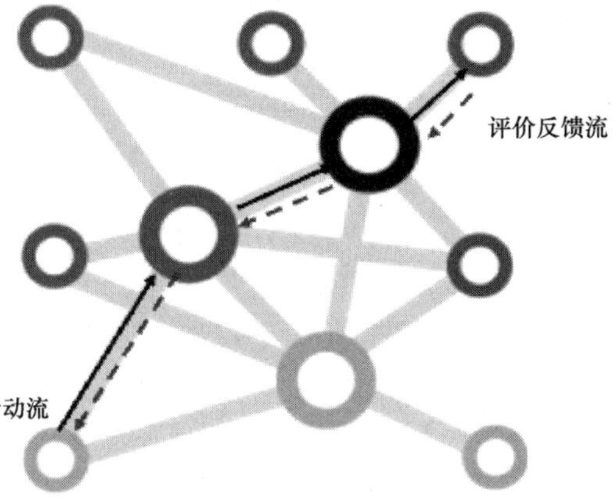

图 5　从双向“对冲流”视角理解复杂适应系统

从抽象的双向“对冲流”的视角理解复杂适应系统的好处，是可以在更加底层的角度把握各类学习系统的本质；另外，可以在这种抽象层次上建立起各类不同学习适应系统的类比关系，从而可以将一个领域的知识平移到另一个领域中。例如，我们能否根据误差反向传播思想，或动态规划思想来设计人类组织中的评价机制，或者，我们是否有可能站在“双向流”的视角，改进并超越现有方法（如反向传播算法），让学习优化变得更加高效。

四、总结

总结来看，我们可以将现在已经在各个领域大展身手的 AI 大模型看作一个复杂适应系统。因此，AI 大模型有可能成为复杂科学可以大展身手的一个领域。一方面，可以借助现有的分析工具，如网络分析、动力系统、混沌、分形等理论，来理解神经网络动力学及其学习过程；另一方面，对于只有大模型才能展现出来的“涌现”能力、规模法则现象，则可以通过复杂系统的相变理论等进行深入理解。再进一步，如果站在复杂适应系统的视角，还可以将复杂 AI 大模型类比为类似生态网络的复杂适应系统，从而站在更高、更抽象的层次理解生态位、类比推理，以及普适的适应学习原理。其中，范畴论有可能为我们提供高维度的数学工具加以抽象描述。

对于复杂系统科学领域的研究者来说，长久以来，人们很难在复杂科学领域取得重大突破，这有相当一部分原因是真实复杂系统很难进行观测及重复实验。

于是，人们通过构建计算机模型来替代真实的复杂系统。然而这些模型又因为过度简化，或者并不能完成实际任务，而导致研究工作意义不大。现在，有了可以执行复杂任务的 AI 大模型，复杂科学家们便有了全新的、理想的研究对象。通过研究分析大模型可以获得关于复杂的网络动力学及其适应演化的第一手材料，从而有助于从中提炼出普适规律。模型具有高度的可控性，我们可以通过数值计算的方式完成实验，从而大大降低了研究复杂系统的成本。另外，AI 大模型可以解决很多实际问题，对模型的理解和优化也有助于实际问题的解决。

对于 AI 研究者来说，采用复杂科学相关的研究手段：非线性动力学、复杂网络、统计物理、复杂适应系统、范畴论等工具，有助于我们站在普遍系统的视角更好地看待 AI 大模型。它一方面可以帮助我们从整体角度理解 AI 大模型的工作基础，特别是针对“涌现”能力、规模法则等现象的深层理解；另一方面也可以帮助我们更好地改进模型从而提供洞察思路和帮助。除此之外，这些理论工具也有助于我们构造可解释性的 AI 模型。

总之，在不远的将来，复杂科学和 AI 大模型还会有更多的有趣结合点。

陈德人

人类新文明的三元空间：GPT 视角

陈德人，信息社会 50 人论坛成员，浙江大学教授、计算机学院博士生导师，浙江外国语学院资深教授。长期研究信息技术与数字化应用，曾获国家科技进步和国家教学成果奖 5 项，被评选为首届中国服务业科技创新人物和杭州市数字人物。

纵观人类文明的演化进程，一方面是从个体生存到群体协同的关系进步，另一方面则是从封闭区域到广阔天地的空间延伸。就如恩格斯对于数学的定义所描述的，数学是“研究客观世界的数量关系和空间形式的科学”。“关系”和“空间”不仅是构成数学的两大关键词，也是人类能否走向新文明的关键标志。

2021 年和 2022 年以数字孪生为代表的元宇宙和以 ChatGPT 为代表的通用人工智能（Artificial General Intelligence，AGI）横空出世，给人类文明在“关系”和“空间”两个维度上带来了一个全新的视角。这与浙江大学前校长潘云鹤院士几年前提出的人类迈向群体智能的三元空间概念[1-2]不谋而合。一个基于 AGI 和元宇宙的 GPT 技术推动人类新文明的新时代正在到来。

一、通用目的技术：从 ChatGPT 到 GPT

首先介绍两个热门的 GPT 概念。一个是 ChatGPT 中的 GPT，即用于聊天的生成式预训练转换器（Chat Generative Pre-trained Transformer），简称聊天机器人①；另一个是通用目的技术（General Purpose Technologies，GPTs）。前者是由 OpenAI 公司开发的，后者则是一个通用名称。故此 GPT 非彼 GPT，对于本文出现的 GPT，

① 网络上有人将其简称为“聊机”，这是一个值得推广的新词。

为了区分，将后者统一写为 GPTs。

经济学家们早已证明，科学技术的进步是经济增长的主要源泉，而人类长期的经济增长一定是由少数几种关键技术所推动的，这类关键技术被称为“通用目的技术”，即 GPTs。《经济转型：通用目的技术和长期经济增长》一书总结出了一个惊人的结论，即人类有史以来一共只有 24 种技术属于 GPTs。这是因为成为通用目的技术的要求非常高，至少需要符合以下 3 个基本特性。首先是普遍适用性，它能广泛应用于绝大多数行业；其次是动态演进性，随着时间的推移，技术能够不断得到改进，使用成本能够不断降低；最后是创新互补性，它提高了应用部门的研发生产率，反过来又能够促进技术自身的进步。该书总结的 24 项 GPTs 技术分为产品类、流程类和组织类 3 种，其中产品类 14 项、流程类 7 项、组织类 3 项。另外，从时间轴来看，GPTs 的数量也是随着人类文明进步的加快而逐步增多的。公元前累计只有 7 项，公元后至 15 世纪有 3 项，18 世纪至 19 世纪有 6 项，而 20 世纪迄今就已经有 8 项[①]。

ChatGPT 有各种不同的定义和表述，它可以是一个搜索各类信息的平台、一个任意时间的聊天平台、一个有强大语言处理和问题分析能力的个人助理平台等。它能够进行写作、翻译、编程、制作脚本、撰写电子邮件等从简单到复杂的各项工作。由于它具有强大的自学习能力，其功能仍然在不断完善和野蛮生长过程中，因此更多的新功能和新定义还会继续出现。ChatGPT 于 2018 年推出 GPT-1 时，模型参数量仅为 1.17 亿个；2019 年 2 月和 2020 年 5 月分别推出了 GPT-2 和 GPT-3，模型参数量达到了 1750 亿个，2022 年 10 月发布的 GPT-3.5 终于在全球引起了轰动效应。人类开始认识到其巨大无比的威力。如今应用的 GPT-4 是 2023 年 3 月发布的，据估计模型参数量能够达到 100 万亿个，而这个数据恰好就是人类大脑神经元的突触数。

2022 年，ChatGPT 正式推出后，短短 2 个月内其注册用户数即过亿，成为迄今最为火爆的网络产品之一。数百家大小企业纷纷注资投入到以 ChatGPT 为代表的 AGI 的竞争行列中。由于 AGI 完全满足了评价 GPT 的 3 个基本标准，特别是

① 注意：这是截至2005年的统计。

AI 这一被普通人认为是高大上的高新技术，到了 ChatGPT 阶段却一下子成为寻常百姓手中无所不知的“聊机”，它当之无愧地成为第 25 个 GPTs。

下面我们从人类文明发展的时间脉络来分析 GPT 的出现过程及贡献。

二、人类文明演变：从一元空间到三元空间

人类在地球上的生存演变经历了千百万年的过程，从 3000 万年前的古猿到 300 万年前的类人猿（肯尼亚出土的牙齿骨骼和埃塞俄比亚出土的“露西”均在 300 万年左右），再到 5 万年前到 1 万年前的晚期智人。从晚期智人阶段进入现代人类古文明阶段的分界大约在 1 万年前到 5000 年前（或许在更长时间或更短时间里，考古界对此会有不同观点）。图 1 用横向的人类文明轴和纵向的地球年代轴大概描述了人类生存所在的从一元空间到三元空间的变化，下面是相关的具体解释[3]。

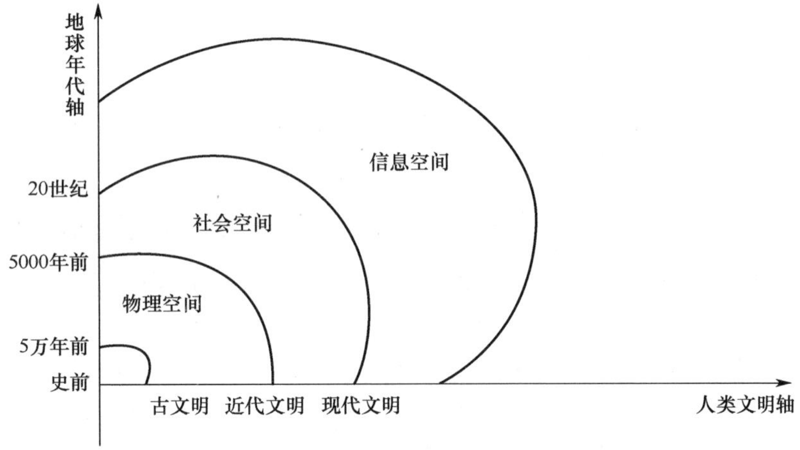

图 1　人类文明与地球年代的三元空间

（一）一元空间

古文明前及其更早阶段的人类生存活动一般被认为与其他动物的生存状态并无二致，仅局限于人类的一元物理空间，记为 $H_1(P)$，其中，H 和 P 即为 Human 和 Physical 的首字母标记，这里的下标“1”表示空间的维度（以下同理）。所谓物理空间，就是人类（包括晚期智人阶段）早期生存的实体空间。就像美国地理学家 E. C.森普尔在《地理环境的影响》开篇中所说的：“人类是地球表面的产

物。”原始的人作为个体处于地球表面这个物理空间中，与其他动物一样不存在什么复杂的社会关系、组织形态、经济活动及思想体系等社会和文化类元素。因此从宏观视角（天文学家、物理学家、地质学家等的视角）来看，人类只是一个后面带有 28 个“0”的阿拉伯数字原子数量的动物体；从微观视角（生物学家、医学家、化学家等的视角）来看，人类只是 78%的占比为水，其他为蛋白质、脂肪和无机质的生物体。

人类之所以最后在地球上能够独领风骚，主要在于大约在公元前 9000 年到公元前 7000 年率先掌握了植物驯化、动物驯养和矿石冶炼 3 类赖以生存的关键技术。它们是人类能够从一元空间脱颖而出进入二元空间的关键，它们自然被列为最早的 GPTs。

（二）二元空间

古文明阶段一直延续到 18 世纪，其间人类才真正进入近代文明阶段。在古文明到近代文明的转型过程中，人类在物理空间的基础上逐步形成另一个空间，即社会空间。这里的社会空间，用地理学家 R. J. 约翰斯顿（R. J. Johnston）的观点来解释，就是“社会群体感知和利用的空间”，即由人类在物理空间的基础上逐步开始有意识地进行社会组织、开展社会活动、规范社会行为等内容组合而成的一个空间，这也是人类有别于地球上其他动物的主要标志，是人类文明产生和不断进步的过程体现。就像马克思在《经济学手稿（1857—1858 年）》中提到的：“社会是联合起来的单个人。”从古巴比伦的《汉谟拉比法典》到希腊城邦的迈锡尼文明的出现，从 16 世纪的大西洋三角贸易到 17 世纪禁止贩卖奴隶的法律均验证了包括商业文明在内的社会文明的进步。在古代中国，《周易》所描述的从商到周变迁过程中祭祀方式的改变、春秋时期老子开启的道家学说，以及孔子开启的儒家学说均说明了社会空间是如何带动人类文明进步的。人类开始了有组织意识的农业种植和手工业生产（如青铜器、陶器的发明等），希腊城邦的私有经济体系和地中海海上商贸活动也是在古文明时期建立起来的。

综上，古文明以来人类发展从早期单纯的一元空间扩展到了如图 2 所示的二元空间 $H_2(P, S)$，其中，S 为 Social 的首字母标记。从某种角度思考，物理和社会这两个空间恰好对应了现代社会所提倡的物质文明和精神文明这两个世界。因此从本体视角（哲学家、文学家、思想家等的视角）来看，人也是一个复杂到其大脑中有超过 100 万亿个突触的思想体（每个人的大脑皮层中有 140 多亿个神经细胞，而每个神经细胞又有 3 万多个突触）。人类在此阶段产生了大量的 GPTs 技术，例如：公元前的车轮、青铜、铁，以及流程类技术的写作；中世纪早期（公元 5 世纪后期到公元 15 世纪中期）的水车、15 世纪的三桅帆船（带来了大航海时代）和 16 世纪的印刷技术。

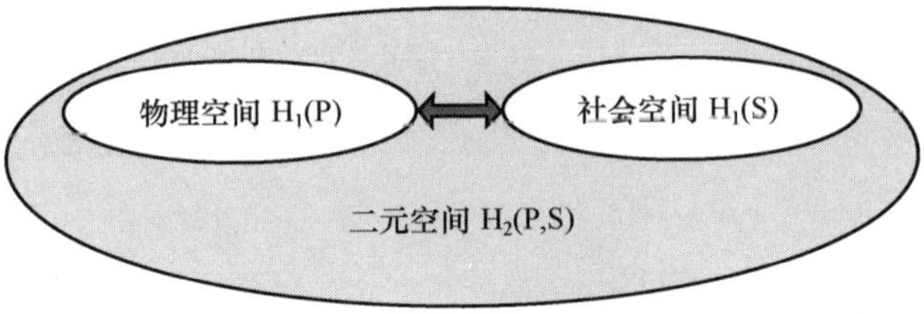

图 2　二元空间示意图

18 世纪中后叶到 20 世纪中叶是人类从近代文明快速进入现代文明的重要时期，其间的 GPTs 有铁路、铁轮船、内燃机、电力、机动车和飞机，由它们带动了人类史上空前规模的两次工业化浪潮，也奠定了现代社会的物质基础。

（三）三元空间

以计算机和互联网两大发明为标志的 GPTs 的广泛应用掀起了第三次工业革命的浪潮。从 20 世纪中叶开始的短短半个多世纪以来，从信息化、数字化到如今的智慧化，信息革命对人类的赋能产生了 4 次升级演变。首先是计算机赋能（使得计算机能够实现像人一样进行计算）；其次是软件赋能（使得计算在各行各业得到应用）；再次是网络赋能（使得计算能够随时随地获得应用）；最后，由于 AGI 的推广更是形成了 AI 赋能（获得比人类更强大功能的赋能），就如英伟达 CEO 黄仁勋于 2023 年 3 月 22 日在 AI 与元宇宙开发者大会上的演讲中所总结的“OpenAI 就是一台计算机”。人类由此获得了远比物理空间和社会空间所建立起来的二元空间更广阔和更丰富的新的空间领域。潘云鹤院士将这个新的空间称为信息空间，人类的赋能也由此从二元空间扩展到了全新的三元空间 $H_3(P, S, C)$这一更广阔的天地（见图 3），其中 C（Cyber）指信息空间 $H_1(C)$。

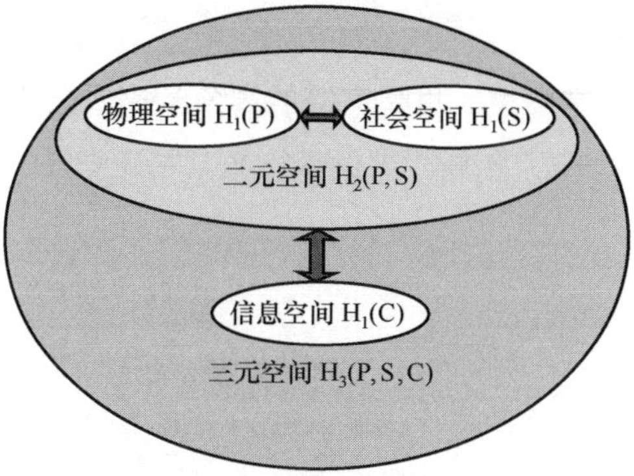

图 3　三元空间示意图

信息空间 $H_1(C)$在三元空间 $H_3(P, S, C)$里占有极其重要的地位。所谓信息空间，就是用数字化形式实时记录物理空间和社会空间中的各类信息，以及它们之间的关联组合，人类在世间发生的任何事件和活动在信息空间里都能找到对应。简单地用数学语言来描述，信息空间就是由无数个大大小小的虚拟空间、数字空间或数字平台（小到手机 App，大到文心一言或 ChatGPT 等）及它们的关联关系所组成的一个集合体。信息空间及由其产生的创新在人类新文明发展进程中正在扮演着越来越重要的角色。

三、元宇宙：三元空间的关系构建

如同现在再多的世界万物和再复杂的经济体都可以通过计算机的“0”和“1”两个代码的反复组合与计算来解释，我们同样也可以把三元空间 $H_3(P, S, C)$中的空间关系用元宇宙概念进行数学描述。说起元宇宙，大部分观点都认为它只是一个数字空间或虚拟空间，甚至只是一个数字游戏空间，这类定义显然不够准确。文献［4］和文献［5］对元宇宙提出了比较合理的解释，它们用空间映射关系来定义元宇宙。这里在上述文献基础上用三元空间进行了进一步的说明，即元宇宙就是由三元空间及其空间的对应关系组成的。其对应关系包括两层含义，第一层含义是，为三元空间 $H_3(P, S, C)$里的信息空间 $H_1(C)$和物理社会空间 $H_2(P, S)$建立一个映射的同态关系：

$$\delta: H_1(C) \sim H_2(P, S)$$

对于 $H_1(C)$中的每个元素，即数字平台 $X_i(i=1,2,\cdots,n)$，找到物理空间或社会空间的对应内容 Y。第二层含义是信息空间 $H_1(C)$中的每个数字平台 X_i 本身也是一个数字空间（或虚拟空间），它同样可以建立起从数字平台 X_i 到物理空间 $H_1(P)$的同态映射关系。因此可以说，元宇宙不仅是这些物理空间、社会空间、数字空间（虚拟空间）的组成，更包含了它们之间的有机关联。1992 年，尼尔 • 斯蒂芬森（Neal Stephenson）在他的科幻小说《雪崩》（*Snow Crash*）中首次提到了 Metaverse。该小说描述了脱胎于现实世界的一代互联网人对两个平行世界的感知和认识，最终认为在 Metaverse 里的行为和资产与物理世界中的一样有意义。从这个意义上理解，Metaverse 最早的中文翻译“超元域”可能比元宇宙本身更为恰当。

就像二元空间中的两个空间可以对应相应的文明（如物理空间对应物质文明，社会空间对应精神文明），信息空间也对应着信息文明这一更为艰巨复杂的任务。元宇宙建立起的三元空间与这些空间之间同态关系的本质，就是实现物质文明、精神文明和信息文明间的融合。这当然是一个异常艰巨的任务，需要一步一个脚印地去实施。例如，在用新技术高质量发展新电商的过程中，政府在数字平台运行中的作用更像是一只“看不见的手”，相比于二元空间中政府在传统市场运行中的作用就是一只“看得见的手”。一个高效的管理者就如《道德经》所说的“太上，下知有之”，就需要 $H_3(P, S, C)$中的信息空间在其中扮演“看不见的手”这一重要角色。从“最多跑一次”到“最多就近跑一次”，再到“一次都不跑”，就是近年来，政府通过信息空间不断用新技术创新意识，为广大中小微民营企业做更好服务的案例。

四、AGI：三元空间的表现形式与交互技术

人工智能（Artifical Intelligence，AI）是 20 世纪 50 年代提出的，在这之前，艾伦 • 图灵就对“智能”进行了描述，即无法分辨出是人还是机器在操作。在 1956 年开启 AI 启航号角的美国达特茅斯会议上，约翰 • 麦卡锡提出了 AI 就是能够执行具有人类智能特征的机器。早期的 AI 基本上属于个体智能范畴，其能够解决的问题和应用的领域也非常有限，属于一类在可统计和可推理状态下的规规矩矩的智能机器。AI 在前 50 年（AI 1.0 阶段，1956—2005 年）经历了多次的高潮和低谷。

进入 21 世纪，特别是 2006 年以来，杰弗里·辛顿提出了深度学习理论及其后继的大规模研究和应用，AI 终于开始了 AI 2.0 阶段的黄金周期。正如《人工智能时代与人类未来》中所说的“AI 正在改变人类的思想、知识、感知和现实”[8]。随着以 OpenAI 开发的 ChatGPT 为代表的 AGI 的大规模推广，人类正在进入一个通过群体智能科技创新改变世界的新十字路口[6]，在这个十字路口，人类可以从二元空间进入全新的三元空间。

AGI 与通常 AI 的不同之处在于，它是一个能够像正常人一样执行各种任务、学习各类知识和适应各种环境的 AI。这类执行任务或学习知识的过程需要在各类空间环境中展开，需要比以前更为复杂的表现形式和交互技术。受篇幅所限，这里仅介绍其中的几类技术。

（一）人机交互技术

计算机问世 70 多年来，人机交互技术不断发展，表 1 列出了人机交互技术演进过程[5,7]。

表 1　人机交互技术演进过程

年　代	人机交互界面与方式
20 世纪 70 年代及以前	中央控制操作台
20 世纪 70—80 年代	CRT 字符终端+键盘+鼠标
20 世纪 80—90 年代	+光栅图形终端+GUI
20 世纪 90 年代—21 世纪 00 年代	+等离子+LED+多媒体
21 世纪 00—10 年代	+触摸屏+3D+无线
21 世纪 10—20 年代	+声控+行为控制
21 世纪 20 年代至今	+脑机接口+意念控制

从表 1 可以看出，人机交互界面与方式的变化促使信息技术的应用从科学计算的可视化、服务功能的可视化发展到人类行为（从游戏到战争等）乃至思维意念的可视化。然而，通过近年来正在开展的一系列研究应用可知，信息技术越来越需要与生物学、农学、物理学、生命科学和医学等学科的技术（脑机接口等）紧密结合，甚至包括心理学、哲学或宗教学等（行为控制或意念控制）。由此，60 年前所设想的赛博空间也正在得以真正地实现，从地球到月球、再到火星的生存探索也得以启航。上述这一切现在都可以归结为元宇宙。

还有一个明显的趋势就是，机器人正在逐步替代一线员工。各个车间里的各类大小机器人忙碌地穿梭，不知疲倦地从事繁重的工作。例如，在港口码头和大型仓库里，数不清的机器人 24 小时不停地搬运货物。

（二）图形技术与灵境技术

“一幅图顶得上千言万语”，人类任何时候都离不开图形，从世界各地考古发现最早期的文物就是远古时期古人在岩石上刻画的图形。OpenAI 开发 ChatGPT 伊始，在硬件支撑方面首先获得了英伟达超级计算中心的支持，而这个超级计算中心就是由大批量的图形处理器（GPU）支撑的。一个 GPU 在算力上至少相当于 70 个 CPU①。在 ChatGPT 的大模型开发上，也是首先借助“图片孵化器”进行开发[9]，其开发效率和智能化程度远高于其他通常算法的开发手段。因此图形技术是 AGI 能够成为 GPTs 的关键因素之一。

计算机图形学的研究从 20 世纪 60 年代开始，经历了从字符终端到图形终端、从图形光栅显示和随机显示到图形工作站（Apollo、SUN、SGI、HP 等）、从二维图形到三维图形的硬软件技术发展。在三维空间基础上，计算机图形学实现了从三维框架、真实感显示、曲面造型、三维实体渲染、三维影视动画、体元建模到全息显示等的发展。其中全息显示技术在三维空间基础上进一步将空间分解为面内空间和面外空间，通过分析点、线、面内空间与点、线、面外空间交接处的自由度以获取物体的全部信息，可用的物理技术包括激光、微波、声波等，这些都是元宇宙的基础性关键技术。

浙江大学是国内最早在图形技术领域开始研究和应用的单位之一。潘云鹤院士在国内最早将人工智能与图形技术结合起来开发了多个智能设计系统并获得大奖。何志均、金廷赞、董金祥等教授实现了从国家“七五”到“十五”的多个国家重点科技攻关，主持了国家 863 高技术、国家自然科学基金等相关项目。国内唯一的 CAD&CG 国家重点实验室在 20 世纪 90 年初开始就一直设立在浙江大学。以鲍虎军教授领衔的团队采用端—云协同的计算架构开发了虚拟现实驱动引擎、增强现实支撑平台和超写实数字人平台等基础软件工具。这些基

---

① 该数据参考2009年的统计结果。

于 AI 的平台工具能应用在训练模拟、文旅传媒、智慧城市和工业元宇宙等各领域的应用场景中[5]。

灵境技术依赖计算机图形技术和 AI 技术。灵境技术这一表述是钱学森院士率先提出来的，它认为 VR 技术实际上就是一种灵境技术。钱学森的观点揭示了信息空间里的一类新的表述方法，它建立了元宇宙中各个空间元素的图形表示与动态关联。由于其硬软件技术上的要求，与一般科学计算用的计算系统不同，直至 20 世纪 80 年代后期，灵境技术才开始进行研究，包括用于游戏、控制或设计的 VR 装置（从手套到头盔等）。

如表 2 所示，虚拟现实到扩展现实的演变都可以看成灵境技术的提升[5]。从虚拟现实、增强现实、混合现实到扩展现实（统称 XR），其装置需求在不断提升，除硬件水平的提升外，还越来越依赖数字孪生、智能计算、云计算、物联网、5G 到 6G 网络等技术的支持。

表 2　从虚拟现实到扩展现实

年　　代	技术变化	主要功能
20 世纪 90 年代—21 世纪 00 年代	虚拟现实（VR）	模拟视觉环境的虚拟空间
21 世纪 00—10 年代	增强现实（AR）	叠加视觉环境和虚拟空间
21 世纪 10—20 年代	混合现实（MR）	叠加真实环境和虚拟空间
21 世纪 20 年代至今	扩展现实（ER）	融合真实环境和虚拟空间

钱学森的灵境技术观点及其所倡导的大成智慧体系如今可以看成元宇宙的核心思路。因此 2022 年在北京举行的纪念钱学森诞辰 111 周年的纪念活动中，钱学森被尊称为“元宇宙之父”和“中国元宇宙 1 号公民”。

（三）Web 技术与信用技术

1982 年推出的 TCP/IP 和 1990 年问世的万维网（WWW）是信息化到数字化得以推行的关键，而 Web 技术的研制大大提升了信息化应用的广度、力度、高度和深度，并且给人类社会带来了从未有过的深刻变革。Web 技术的演进可分为如表 3 所示的几个阶段[5]。

表 3 Web 技术的演进

阶　　段	大致时间段	名　　称	主要特征
Web 1.0	1982—2001 年	信息互联网，媒体网络	静态文档，单向获取
Web 2.0	2001—2011 年	消费互联网，社会网络	动态交互，双向交流
Web 2.5	2011—2021 年	价值互联网，产业网络	智能交互，全域流通
Web 3.0	2021 年至今	契约互联网，全真网络	数字资产，多域空间

未来，Web 3.0 在三元空间里的作用将非常重要，因为它建立起来的信用体系可以看成元宇宙的灵魂，区块链就是一台信用的机器。限于篇幅，这里不再展开讨论。

五、GPT 的作用：人类认识世界的一场范式革命

如果仅仅把 ChatGPT 看成一个聊天机器人，很可能小看了这项技术。早在 10 年前就有了聊天机器人的概念和产品，如百度推出的“小度”当时就已经在很多场景有所应用。那时的聊天机器人与如今的 ChatGPT 有什么区别呢？笔者认为至少体现在 3 个方面：①在内容表达上，经历了从文本到全媒体的变化；②在交互过程中，实现了从简单对话到全文描述的跃进（GPT-3.5 只能递交 3 千字规模的内容提问，而 GPT-4 则扩大到了 2.5 万字，相当于 2～3 篇期刊论文的统计字数）；③从结果分析上，开启了从简单判断到创造性推演的变化。从简单判断到创造性推演的变化尤其重要。在测试中可以看到，很多问答交流并非如中国人习惯的只有对和错两种选项，而很像中国道教文化中一种“中庸之道”式的交流沟通。

以 ChatGPT 为代表的 AGI 对于人类新文明的演变作用，最重要的贡献可能在于人类认识客观世界的范式由此发生了革命性的变化。这可以通过四次工业革命采用的工程模式看出。第一次工业革命采用的是以计算实验为主的机械范式，第二次工业革命采用的是以模拟仿真为主的电子范式，第三次工业革命采用的是以数字仿真为主的信息范式，而如今进入第四次工业革命，正在形成的是以智能创造为标志的智能范式。智能范式丰富多彩的创造性表现不仅仅局限在单一的空间范畴内，三元空间特别是信息空间就是它施展才华的大舞台，而元宇宙就是现阶段最好的一个支撑。

六、三元空间的意义：从物质文明、精神文明到信息文明

人类生存的要素需求已经从农业化时期的物质、工业化时期的能源延伸到了智慧化时期的数据。计算机、互联网、AGI 这 3 个 GPTs 构成了一个由大数据作为资源、大模型驱动算法、大平台支撑运行的新文明时代，人类正在走进一个高质量发展的全新的三元空间。

以大数据为代表的是一种新生产资料，以人工智能、云计算和大模型等为代表的是一种新生产力，以区块链为代表的又是一种新生产关系，这些新技术恰好对应着新经济的这三大新要素。数字平台就是构建起三类新技术和三大新经济新要素之间关系的桥梁。无数数字平台汇聚成了越来越强大的信息空间 $H_1(C)$。因此在现代人类生存的三元空间里，信息空间无疑是推进高质量发展的抓手。那么它与物理空间和社会空间之间的关系如何恰当地描述呢？

在基于元宇宙的三元空间里，借助群体智能、数字孪生等 AGI 新技术，普通人的智商可能能够得到极大的提升。可以预见，未来物理空间中的人物将出现在信息空间的不同数字空间中，同态映射出数字人或虚拟人。例如，在新电商领域，除了在信息空间里越来越便利的有形商品贸易和占比不断扩大的服务商品贸易，还有快速增长的数字商品贸易。随着区块链技术应用开发的数字藏品的不断发展完善，也许未来最值钱的不是古董文物而是数字藏品。也许人类的遗产继承方式也将因此发生改变。传统的个人遗产就是财富，而未来最应该继承的应该是一个人拥有的知识、品德乃至精神和意识。利用增强的自学习功能和成熟的大数据存储技术，一个人可以随时记录每天的思考和意识，通过自学习功能进行完善，从而形成一个完整的个人思想和知识体系。物理空间的肉体生命会随时随地地新生和消亡，但一个人的思想、知识和精神在信息空间中则可以永垂不朽，这也许正在成为人类在三元空间中对未来人生的一种新的追求。

参考文献

[1] 魏江. 数字创新[M]. 北京：机械工业出版社，2020.

[2] 吴飞. 走进人工智能[M]. 北京：高等教育出版社，2022：113.

[3] 刘军. 中国电子商务本科专业建设 20 年[M]//陈德人，潘云鹤. 用新技术高质量发展新电商.

北京：对外经贸大学出版社，2023，6（16）：333-342.

[4] 朱嘉明. 元宇宙与数字经济[M]. 北京：中译出版社，2022：478.

[5] 陈德人，陈晓菲. 元宇宙：数字化下半场的教育职责[J]. 中国教育信息化，2022（9）：58-69.

[6] 刘军. 中国电子商务本科专业建设 20 年[M]//潘云鹤. 群体智能与市场经济的平台研究. 北京：对外经贸大学出版社，2023：325-332.

[7] 信息社会 50 人论坛. 寻路：信息社会新格局下的选择[M]. 北京：电子工业出版社，2022：114.

[8] 亨利·基辛格，埃里克·施密特，丹尼尔·胡滕洛赫尔. 人工智能与人类未来[M]. 胡利平，风君，译. 北京：中信出版社，2023：6.

[9] 肯尼斯· 斯坦利，乔尔· 雷曼. 为什么伟大不能被计划：对创意、创新和创造的自由探索[M]. 彭相珍，译. 北京：中译出版社，2023：45-58.

张云泉

算力经济发展趋势分析与展望

张云泉，博士，全国政协委员、中国科学院计算技术研究所研究员，博士生导师。主要研究方向为高性能计算、并行算法与软件、并行计算模型等，已在国内外学术刊物上发表论文200余篇，论著3部，译著8部。

2023年两会期间，笔者递交了一份有关算力网和东数西算的提案，希望通过本篇文章来解释这份提案产生的背景，同时对当前算力经济的发展做一些展望。

当人类社会从蒸汽机热力时代过渡到算力时代，计算也随之成为未来智能设备的关键驱动力，这一点在数字经济时代尤为突出，算力经济名词也在2018年被提出。

由于从事超级计算机工作，笔者在去地方交流学习时经常被问到几个问题：计算中心的功能是什么，能否盈利，能否拉动GDP？鉴于超级计算机的属性，它是不能用来盈利的。之后，随着人工智能的出现，算力经济开始有了适合其发展的生长环境。目前，业界已经对此达成共识，算力服务、算力经济逐渐成为主流。

一、算力服务进入千行万业

中国高性能计算机前100名排行榜（以下简称"TOP100排行榜"）已经发布了20多年，行业内一直通过排行榜观察中国超级计算产业的发展趋势。2021年发生了一件有意思的事情，人们发现在TOP100排行榜的前10名中，有7台机器不是专门服务某些行业的，这些机器也没有具体的应用目标，而是公司购买之后专门用于出售算力的。这些机器的性能都很强大。面对这种状况，TOP100 排行榜的专家委员会开拓了一个崭新的领域，即算力服务业。

进入 2022 年，算力服务的性能指标与 2021 年相比已经翻倍，增长速度很快。算力服务业在 2021—2022 年异军突起，也意味着我国正式进入算力经济时代，其背后的原因是超级计算技术的发展，以及大数据、人工智能、区块链彼此的融合创新，而这些因素背后的核心要素就是算力，算力应用已经开始渗透到千行万业之中，这也是在 2018 年算力经济概念被提出之后，本领域专家学者观察到的行业的极速变化。

算力经济最初定义的维度比较简单，即计算要成为算力经济的核心。因为未来要以算力来衡量一个地区的数字经济发展水平，所以算力成为一个很重要的指标。一个地区的算力产业是否发达，也意味着这个地区的数字经济是否有机会，在“东数西算”成为国家发展战略之后，算力经济也成为西部地区新一轮转换的强力抓手。目前来看，针对算力还没有一个统一的定义，或许可以将其理解为基于硬件和软件的配合，共同执行某种计算需求的能力。当然，这个定义现在看来尚不够全面。现阶段有分析认为，算力经济是构建数字经济的中国式现代产业化体系的重要一环，算力通过算力网构建成为普遍可用的商品和服务，以这些商品和服务为根基，通过供给、消费、交易和流通，最终形成算力经济。算力经济已经成为中国式现代化数字经济产业的重要部分，就像电力经济之于工业时代、水利经济之于农业时代，算力经济是数字时代的基础支撑。

算力服务业是一个产业链，其狭义概念就是算力强关联的产业链；现在算力的广义概念也崭露头角，它逐渐成为一种商业模式。从狭义概念来看，算力服务主要包括 4 类参与者：一是算力生产者；二是算力调度者；三是算力服务商；四是算力消费者。它们形成闭环就构成了一个产业链。此外，也有人在谈“算力+”，涉及各种行业，包括数字经济行业也纳入了算力服务业。可见算力作为数据生产要素越来越重要。

统计数据显示，在世界各国的算力排名中，我国排在世界第 2 位，人均算力处于中等国家水平。目前，我国还存在很大的算力鸿沟。在我国，算力的需求毋庸置疑，人工智能、5G、区块链、元宇宙的发展都对算力提出了强烈需求，其增长前景是可观的。

二、算力经济催生算力需求强劲增长

现在有各种各样的新概念、新研究、新机构，包括一体化算力的布局、算力网络等，很多课题组也开展了很多研究。在研究算力的著作中，《算力：数字经济的新引擎》一书正式对算力进行了系统的研究，提出“无数据不经济”，这个定义非常有价值，比算力经济最初的概念更近了一步，提出引擎性自主创新驱动的先进计算产业及算力赋能和服务衍生的新模式、新业态共同形成了算力经济，该书作者从经济学角度阐述了算力对于经济的巨大影响力。该书指出，算力经济是数字经济衍生的新经济形态，数据作为主要的生产要素，通过算力、算法的技术创新，促进数据经济和实体经济的深度融合，实现效率、效能、质量提升和经济结构优化升级。

围绕算力本身产生的算力服务产业包括芯片、操作系统等。更广义的算力经济，则包括数字产业化、产业数字化、城镇数字化等囊括各种基础设施、支撑保障的新模式、新业态，或可将这些理解为“算力+产业”。

随着算力经济的发展，超级计算机技术和人工智能融合创新会产生一类新的基建，如当下非常火热的资产中心、专门用于人工智能计算的中心等。行业看到了 GPT 对算力的需求，这些需求呼唤新型智能计算中心的建设。在 ChatGPT 面世之前，我们还不知道大模型可以实现令科技界如此兴奋的应用，只知道它很有前途，但还停留在简单的功能应用上，如写新闻、聊天、绘画等。

如何从 GPT-3 到 ChatGPT，这是大模型技术发展的关键节点，也是中国人工智能之路和美国人工智能之路的分歧点。近年来，国内也有相当数量的公司参与大模型建设，但大多追求的是数量，虽然实现了从千亿级到万亿级参数量的跃进，但是智能属性并未“涌现”。与此同时，OpenAI 选择了一条与我国截然不同的道路，即利用人工反馈的训练机制，通过标注、对齐、高质量数据等推衍大模型的应用，最后获得了成功，实现了用千亿参数大模型挖掘出通用智能。这件事情非常值得国内科技界反思。

此外，现在还有一条赛道，即人工智能内容生成（AIGC）赛道，包括现在我们在微信朋友圈中看到的各种 AI 作画，该条赛道在国内早有布局，从上游、中游到下游都有一些国内企业在尝试。

即便在传统科学计算中，智能计算也会带来巨大变革。科学计算中常常会涉及范式，包括实验范式、理论范式、计算范式、大数据范式，很多专家认为，还应该有第 5 个智能科学范式。这确实创造了一类新的科学计算方向，例如，在智能科学的加持下，制药领域的效率极大提高，成本极大降低；再如，蛋白质设计存在的一些问题有了新的解决方法，人类能够通过 DNA 分子精确预测蛋白质结构，设计新的蛋白质，包括设计自然界中不存在的蛋白质，使之产生新的功能；现在火热的 ChatGPT，能够辅助程序员开发代码；在数学定理发现上，人工智能也有很多潜力。

现在，有人认为摩尔定律已经过时。同时，英伟达提出了新的定律——黄氏定律，即每 10 年 GPU 性能增长 1000 倍。笔者认为这个判断的实现难度更大，能否成功尚未可知。

三、引导算力中心建设健康发展

在算力布局方面，国内目前有很多中心，这些中心可以分为三类：第一类是超算中心，第二类是智算中心，第三类是大数据中心。目前的大数据中心和以往的数据中心有所不同，过去的数据中心是为互联网公司提供服务的，现在新一代的大数据中心会慢慢向算力中心靠拢，融合到统一形态上，所以全国各地都在建设智算中心，包括武汉、西安、合肥、南京，甚至有些城市分别建设了超算中心和智算中心。

与此同时，笔者观察到各地的算力中心建设热情高涨，但是并不确知这样的中心功用为何，且未经论证已动工建设。有些地方只是为了追求排名、追求规模效应，运营过程不透明、缺乏监管，建成之后发现需求不足，没有大的应用，出现了很多智算中心直接空转、关机的现象，造成很大浪费。

近些年，我国的算网融合取得了长足进步，中国联通、中国移动、中国电信的算网融合战略规划得很清楚，标准也很清楚。在工业时代，我们有路网、电网，在算力时代，我们有算力网络，这就是自然的推论。2021 年 7 月，中国联通和中国电信联合提出首个算力网络架构国际标准 Y.2501，提出了一种算力网络的体系架构，包括资源层、控制层、服务层及编排层。这一标准的出现，很好地满足了算力的度量、感知、路由、编排和交易的需求。未来，电信运营商很可能会推出一个全新的套餐，将算力包含进去，这样，用户除了购买流量还需要购买算力，这将是很大的变化。

可以预见，在算力网络上还会有很多创新和模式，如强网络模式和强平台模式，会有很多公司围绕算力网络进行产业创新，诞生一批潜力和前景良好的公司。这将成为一个趋势。另一个趋势就是“东数西算”。国家发展和改革委员会提出“东数西算”这一思路，得到了全国的响应，资本市场上算力概念也持续升温。“东数西算”与“南水北调”“西电东送”“西气东输”并称为我国当今四大工程，并已布局了 8 个枢纽、10 个集群，多位全国政协委员在提案里均在着力推动当地政府加入“东数西算”工程，各地纷纷启动建设项目，尤其是原来没有基础的地区。

在这些政策和风向的引导下，必将会形成一大批示范性、聚集性的产业集群，如创新联盟，芯片联盟，算力交易中心等通过充分利用全国和地方的资源，达到降低算力价格、算力使用门槛，以及提升算力使用效率和丰富算力使用场景的目的。这些产业集群最终会形成算力经济生态体系，以多种方式协同运作、共同创新。

这也导致了一个问题，就是很多地方政府规划和建设算力中心工程时没有进行严谨论证和验证。建设算力网，包括建立算力中心，是需要进行严格论证的。针对构建大型的算力网，目前技术路线依然不成熟，必须通过一些原型实验，防止盲目上马。在算力的架构、调度、测量、交易、安全技术尚不成熟，尤其是应用场景尚不明确的情况下，是否投入大量资产启动建设，应该如何衡量这些项目建设的投入产出比，都是值得关注和思考的。

对此，笔者有以下 3 点建议。

第一，在现有大科学装置的基础上，围绕“东数西算”重大任务、目标，对新增建设类算力网工程技术装置进行实验验证，在验证的基础上再放大。通过对关键技术的验证，为未来国家算力网的建设积累经验，探索新的管理模式。

第二，成立国家算网管理机构和专家委员会，建设国家级算力调度和交易平台。如果各地的建设是“各自为政”的，那么一定会造成重复和浪费。需要建立“东数西算”工程枢纽城市的准入标准和动态调整机制，机制为轴，标准先行，在这个基础上开展工作，如可以根据各个地方的算力基础设施供应能力、需求变化和运营效果动态调整资格，通过制度性优化防止浪费。

第三，在建设过程中依据国产化核心器件的成熟度和应用效果，设置合理的采购比例。不需要全面国产化，也不能完全依赖国外的技术和设备，我们要给国产技术和设备一定机会，争取在建设过程中逐步实现国产替代，这是我们的目标。一方面，要采用国际先进技术让我们的产业快速发展，包括大模型的快速训练；另一方面，通过国产设备采购比例的拉动，让国产化设备有机会参与高技术的研发，提早发现问题，早日实现国产替代。

“东数西算”工程标志着算力经济时代正式拉开帷幕。笔者有一个设想，或许算力经济的普及类似将目前普遍使用的电力插座转变为算力插座。未来，我们使用算力很可能不需要通过计算机，而是经由任意一张卡或者其他物件，就可以通过一个标准的计量方式来使用算力。也可能会出现类似发电厂的算力工厂，尤其在西部地区，据说这样的算力工厂在煤矿、水电站附近已经开始建设，因为它们的电力成本非常低。

未来，在算网时代将会有 3 类角色参与进来，一类是网络通信商会，他们会通过算网融合参与进来；第二类是超算供应商、云计算供应商，他们会通过超算互联网参与进来；还有一类是国家电网，他们也会建设算力工厂。这 3 类角色竞争未来的大蛋糕，到底谁会胜出尚未可知。目前，网络通信商行动得较早，他们拥有一些优势，将会争取战略主导权。我们呼吁国家尽快出台政策，推出算网管理机构，包括算力调度平台和交易平台；也希望推出算力服务的评测标准、价格体系。只有这样才能确保行业的健康发展。

胡　泳

人工智能不“智能”

胡泳，信息社会 50 人论坛成员、北京大学新闻与传播学院教授；致力于在文化、技术和政治的交叉点，特别是在解放性的文化实践、网络和网络社会理论、数字经济与管理，以及人的主体性领域发现有趣的内容。

今天，在相当多的情况下，判断我们是在与人类还是与算法进行交互，正在变得越来越困难。决定谁值得信赖，获取正确的信息，以及阅读正确的“信任信号”，对人类来说已经足够困难了——想想我们曾经上当受骗的情形。但是当我们开始将信任外包给算法时，我们如何去相信它们的意图呢？当算法或机器人代表我们做出与我们本意相悖的决定时，若产生了意外后果，应该由谁来承担责任呢？

一、有多少人工，就有多少智能

在人工智能界，普遍可以听到一个说法：有多少人工，就有多少智能。

传统上，人工智能被娱乐业塑造出一个错误的形象，令我们以为它是在没有人类输入的情况下可以自如运作的技术。然而，谷歌助理需要依靠人类的帮助来提高自身对语音对话的理解，许多科技创业公司也会雇佣人类工人来制作人工智能的功能原型和模仿品。

与传统计算不同，人工智能可以在尚未由人预编程的情况下做出决策。人工智能系统大部分是可以通过经验学习和发展的，通常用于执行专业任务，如驾驶、玩策略游戏或者开展投资。这些也被称为认知计算，需要通过输入大量数据进行培训。

现在我们号称进入了大数据时代，然而数据多并不意味着质量高，没有标注的数据可用性非常低。数据标注是重复性的工作，但它是大多数人工智能应用的起点。人工智能打着更好地把人从重复性的工作中解放出来的旗号，却要先通过人类的大量重复性工作才能实现机器智能。

机器学习需要喂给机器大量的数据，而这些数据大部分是需要人工标注的，这在机器学习中称为监督学习（Supervised Learning），即根据输入—输出的样本对子，学习一个将输入映射到输出的函数或模式，并依此模式推测新的实例。

举例来说，如果我们要写一个机器学习算法，让它能够在网上找到符合我们审美的服装，那么我们就需要训练一个能识别某种服装的程序。首先需要的是数据，因为必须给机器学习算法标注一些样本。训练者先收集很多图片，然后把需要的数据标出正例。例如，若要把所有衬衣图片标注为正例，则其他非衬衣图片就被标注为负例。机器会通过这些样本的标注，知道哪些是衬衣，哪些不是衬衣，哪些是用户想要的，哪些不是用户想要的。假如提出更高的要求，让程序识别浅色的衬衣，就要进一步将浅色衬衣的图片再标注出来，这样机器就会知道哪些浅色的衬衣是用户更想要的。这样的条件可以不断趋向复杂，如让机器识别带条纹的浅色衬衣，而所有这些对于数据的进一步处理，都需要人工来解决。

在标注工作完成之后，就可以训练机器学习算法了，我们可以让机器学习算法不断学习图片，并对所学习过的图片加以总结，使其总结出一个算法框架，知道学习的大致方向。机器学习的目标就是利用人们输入的数据，让自身的错误识别率达到最低。这个目标达成之后，机器就“学成出师”，可以为人工作了。

尽管数据标注一类的工作会逐渐被人工智能接手，但放眼未来，人工智能将始终需要人类的投入和专业知识，从而以符合道德、安全的方式充分发挥其潜力。例如，在社交媒体中，需要人类对算法的极端化予以纠正；在医学上，人类和机器的共同努力将产生比任何一方单独努力所能产生的更大效果；在自动驾驶等领域，人工智能的优越性是训练的结果，然而一旦发生了人工智能未经训练而不得不处理的事情，由人工智能驱动的优势就会减弱。当这种情况发生时，人工智能的处理能力必须让位于人类的创造力和适应能力。

所以，人工智能必须处理好人工与智能的关系。只要有新的应用让人工智能学习，有新的任务让它掌握，人工智能就始终需要人力的投入。

二、学习如何学习

“智能”这一术语的使用常常会使人们对 AI 的能力和拟人化风险造成误解(这里的拟人化，是指将人类特征和行为分配给非人类事物)。今天可用的大多数 AI 技术都是根据特定目标学习或优化其活动的技术，因此只能按照所传授的内容进行操作。其能力的大小反映了其学习的数据情况、学习的质量情况，以及 AI 流程的设计情况。通常，仍然需要人工处理异常情况。

这意味着 AI 目前的应用形式很狭窄，只能专门用于特定的应用程序，它所遵循的流程和程序是不可迁移的。例如，谷歌 DeepMind 公司的 AI 应用程序 AlphaGo 专攻围棋，它和它的后继版本使用蒙特卡罗树形搜索算法，根据之前通过机器学习获得的知识，特别是通过人工神经网络的广泛训练，从人类和计算机棋谱中找到自己的棋步。这个神经网络提高了树状搜索的强度，从而在下一次迭代中产生更强的棋步选择。2015—2017 年，AlphaGo 击败了数位顶尖围棋人类选手，先后被韩国、中国围棋协会授予职业九段荣誉，然而它在国际象棋中甚至无法击败普通的人类玩家。

随后，AlphaGo 的继任者 AlphaZero 做到了举一反三，它完全依靠自学，只需要为其提供基本的游戏规则，在短短几个小时的自我游戏中，它就达到了人类需要 1500 年才能达到的技能水平。自学成才的 AlphaZero 对战早期竞争版本的 AlphaGo 取得了 100∶0 的胜利，目前被认为是世界上最好的围棋选手。同时，除了围棋，它也会下象棋和国际象棋。

DeepMind 的 AI 新作 Player of Games（PoG）是第一个在完全信息游戏（如围棋、象棋等棋盘游戏）及不完全信息游戏（如扑克等）中都能实现强大性能的 AI 算法。这是人类向能够研制出在任意环境中学习的真正通用 AI 算法迈出的重要一步。PoG 使用了较少的领域知识，通过自对弈（Self-play）、搜索和博弈论推理来实现强大的性能。

DeepMind 为何长期以来一直投资游戏类的人工智能系统呢？开发 DeepMind 的实验室的理念是，这些游戏虽然缺乏明显的商业应用，但却构成对认知能力和推理能力的独特的相关挑战，这使它们成为人工智能进展的有用基准。近几十年来，游戏已经为计算机视觉、自动驾驶和自然语言处理领域人工智能的发展提供了强劲动力。

在现实生活中，拥堵地区的路线规划、合同谈判甚至与客户的互动等任务，都需要考虑人们的偏好，如何处理重合和冲突，并达成相应的妥协，这就类似一种策略游戏。即使人工智能系统是自利的，它们也可能通过协调、合作和在人群或组织之间互动而获益。那么，像 PoG 这样能够推理出他人的目标和动机的系统，可以为致力于成功协作的人工智能铺平道路，包括处理围绕信任而产生的问题。

当人工智能开始变得真正聪明并能够学习未被教授的行为时，会对人类认知产生什么影响呢？在这个加速选择的过程中，伦理学又起到什么作用呢？

三、未知的未知

“未知的未知”（Unknown Unknown）是时任美国国防部长唐纳德·拉姆斯菲尔德（Donald Rumsfeld）在 2002 年 2 月回应记者提问时的名言，他讲道：“据我们所知，有‘已知的已知’，有些事，我们知道我们知道；我们也知道，有‘已知的未知’，也就是说，有些事，我们现在知道我们不知道。但是，同样存在‘未知的未知’，有些事，我们不知道我们不知道。”

在人工智能的开发过程中，同样存在“已知的未知”和“未知的未知”。“已知的未知”是指模式无法确定正确分类的例子。其解决方案是，对于不确定的例子，从人们那里获得新标签。例如，如果一个模式不能确定一张照片上的主体是否是一只猫，就会要求人去验证；但如果系统确定的话，就不会要求人去验证。虽然在这方面还有改进的余地，但令人欣慰的是，模式的置信度与它的表现相关，人们可以认清模式不知道的东西有哪些。

另外，“未知的未知”是指模式对其答案有信心，但实际上是错误的。对人来说，这就产生了一个难题：需要知道人工智能算法何时分类正确，何时分类错误。电影推荐算法不是那么准确可能并不要紧，但一旦一个算法在自动驾驶或医疗保健领域的应用程序中表现不佳，其结果可能是毁灭性的。

人工智能系统的内部工作往往不透明，这就使得人类很难理解人工智能学习系统如何得出他们的结论。套用唐纳德·拉姆斯菲尔德的形容，这就是典型的“未知的未知”。所以，人工智能一个必须解决的技术问题是与人类自己相比的理解差距。为了解决这个问题，设计者和观察者已经讨论过在 AI 系统中需要一定程度的解释逻辑，以便检查错误并让人类学习和理解。

然而，人工智能系统复杂性的挑战并不容易克服。事实证明，机器“知道”得越多，我们就越不了解它们。用于人工智能的深度学习算法涉及从简单的构件中创建复杂的、分层的表征，以解决高层次的问题。网络在层次结构的初始级别学习一些简单的信息，然后将信息发送到下一个级别，在那里信息被组合成更复杂的信息。这个过程持续进行，每一级都由上一级收到的输入信息所建立。

与此同时，层数越深，优化算法就越难。最终，算法优化变得非常困难，以至于数据科学家都无法解释它们是如何工作的。在某一点上，用于深度神经网络的算法以某种方式，奇迹般地产生了准确的结果——但科学家和工程师并不完全了解这些结果是如何产生的。人工智能使机器能够进行预测，但很难让机器解释它是如何得出结论的。这不仅产生了信任问题，还产生了潜在的法律问题和责任问题。在人工智能得到全力推进之前，这方面还有很多内容需要探索和考虑。

四、人机共存，避免陷入图灵陷阱

在过去 10 年或更长时间里，我们讨论人工智能时很少不与人类能力相比较。对许多人来说，人工智能的发展对人类产生了存在威胁，这不仅关乎我们的就业能力，甚至涉及我们的生存本身。

斯坦福大学学者埃里克·布林约尔松（Erik Brynjolfsson）的研究认为，这种比较是无益的，现实中更有可能看到人类和机器以相互补充的方式一起工作。

1950 年，阿兰·图灵（Alan Turing）提出了一个测试机器是否智能的方法：

机器能否很好地模仿人类，以至于它对问题的回答与人类无异？从那时起，创造出与人类智能相匹配的智能就开始成为成千上万的研究人员、工程师和企业家的目标。类似人类的人工智能（Human-Like Artificial Intelligence，HLAI）的好处包括生产力的飙升、休闲的增加等，也许最深刻的是对我们自己思想的更好理解。但并不是所有类型的人工智能都像人一样，事实上，许多强大的系统与人类就非常不同。

过度关注开发和部署 HLAI 会使我们陷入一个陷阱，我们不妨称之为图灵陷阱。随着机器成为人类劳动的更好替代品，工人们失去了在经济和政治上讨价还价的能力，变得越来越依赖那些控制技术的人。相反，当人工智能专注于增强人类而不是模仿人类时，人类保留了坚持分享从而创造价值的权利。更重要的是，增强型人工智能创造了新的能力及新的产品和服务，最终产生的价值远远超过了单纯的模仿型人工智能。虽然这两种类型的人工智能都能带来巨大的好处，但目前在技术专家、企业高管和政策制定者中，存在着对模仿型人工智能而不是增强型人工智能的过度激励。

尽管复制人类智能是一个诱人的愿景，但它同时也是个限制性的愿景。毕竟，时至今日，在人工智能可以做的事情上所取得的激动人心的进展，仍然主要局限于一个相对狭窄的领域，即对人类所能做的事情加以自动化。然而那些可以被增强的任务的市场则要广阔得多，今天大量应用中出现的人工智能助手就是很好的例子。

人工智能助手已变得相当擅长做许多关键而又令人难以置信的烦琐工作。例如，电子邮件过滤器和产品推荐引擎现在在帮助我们选择想要的东西方面相当有效，而流程自动化工具也越来越有能力挑起平凡任务的重担。在一些领域，记笔记和抄写是至关重要但又非常费力的工作，同时也“吸”走了人们的时间和快乐，而这些工作完全可以交给人工智能助手来完成，这就能让人类腾出手来做我们最擅长的事情。换句话说，人工智能在帮助我们更快、更有效地完成工作。

人工智能的增强功能也许在医疗保健等领域最有潜力，这些领域的人员普遍短缺，而且在老龄化社会中，对这些人员的需求也越来越大。目前，人工智能已经被用来提供人类不可能做到的全天候监控。

更重要的是，如果我们能够转变心态，那么人工智能就可以释放出一波创新力和生产力的改善，使社会中的所有人受益。

以酒店业为例，即使我们正处于一个劳动力危机之中，简单地考虑用机器人或其他形式的技术来填补这些缺口也不是正确的做法。相反，我们应该利用这个机会重新思考酒店是如何做事的，以及我们如何利用技术来处理更多的常规任务，从而释放出员工来真正为客户增加服务价值。

因此，尽管将自动化视为降低成本的可靠途径是很诱人的，但企业应该着眼于更大的前景，因为增强型人工智能提供了更大的经济效益。

不平等是我们这个时代最紧迫的问题之一，而且有合理的证据表明，技术对社会当中的不平等现象已经产生影响。人工智能的目标应该是使获得最佳服务和机会的机会均等化，而不是使之离我们越来越远。

事实上，这种人工智能给相对少数人带来繁荣，同时造成社会其他人权力丧失的过程，就是斯坦福大学研究人员所说的“图灵陷阱”。虽然我们目前还没有落入这个陷阱，但重要的是，在我们还有机会的时候，努力在人工智能的发展道路上避开它。人工智能仍然处于相对早期的阶段，现在正是这样做的时机，我们应积极想象一个人类仍然不可或缺的技术未来。

段永朝

重新理解语言：大模型中蕴含的语言学问题

段永朝，信息社会 50 人论坛执行主席，北京苇草智酷科技文化公司创始合伙人，杭州师范大学阿里巴巴商学院特聘教授。著有《意义互联网：新轴心时代的认知重启》《互联网思想十讲：北大讲义》《新物种起源：互联网的思想基石》等。

与生成式预训练转换器（Generative Pre-trained Transformers，GPT）相关的话题持续火爆，每日新闻不断。从 GPT 等大语言模型来看，其背后所蕴含的语言学思想和计算主义的基本假设，值得深入探讨。通过对语言与思维的关系、统一语言（普遍语法）是否存在、形式语言是否足够好等问题的辨析，我们可以看到，GPT 等大语言模型的知识生产过程，体现了语言学“能指与所指”之间任意性的思想，但建立在“蛮力计算”基础上的 GPT，能否成为人们重新理解语言的历史契机，依然是个悬而未决的问题。不仅如此，GPT 还面临着可解释性挑战和“符号演算”的局限性困境。此外，东方汉藏语系与印欧语系的差异，亦对大语言模型的未来演化有不可忽视的影响。

一、语言学的三个核心问题

语言是人类社会演化的产物，随着人类智力的发展和社会交往的需求而逐渐形成。语言也是一种符号系统，用于表示思想、观念和情感，并通过声音、手势、书写等方式进行传递和交流。

语言学的起源可以追溯到远古时代，许多文化和民族都有对语言的研究和探索。现代语言学的形成可以追溯到 18 世纪和 19 世纪，在欧洲和美国出现了一些关于语言本质和演化的新理论，特别是符号学的新思想。

语言学和符号学到底是什么关系？这是该领域迄今未了的一桩“公案”。从语言也是符号的角度说，语言学似乎可以归结为广义符号学的一个分支；但从意义表征的角度说，符号学又必须置于语言学的框架下，才能获得对意义的理解和解释。

从语言学发展的历程看，可以将语言学的核心问题，归结为以下 3 个：①语言和思维的关系如何？②是否存在统一语言（普遍语法）？③形式语言是否足够好？

这 3 个问题伴随着语言学、符号学相互影响的演化历程，特别伴随着 20 世纪计算语言学、形式语言学的发展，逐渐有这样一个倾向，即将语言这一“分析对象”，逐渐转化为“计算对象”，这种转化之所以得以完成，有赖于符号学思想的贡献。这种转化对于语言来说又意味着什么呢？这就是 GPT 提出的新课题。

（一）语言和思维的关系问题

我们先看看语言学思想的发展历程。西方哲学、逻辑学、语言学对这个问题的思考由来已久。德国哲学家维特根斯坦指出，古希腊哲学家关心的一个问题是：“一个词的意义与形式之间到底有没有必然联系？”

语言与思维之间有着相互影响的密切关系，这一点似乎不言而喻。我们需要看到的是，这背后蕴含两种思想倾向，这两种倾向都可以从古希腊找到源头。一个是惯例派（规则派），也称亚里士多德学派，这一派不认为语言有什么天然属性，认为语言只不过是约定俗成的产物，惯例派主要研究规则、符号、规律、词法和语法。另一个是自然派（例外派），也是斯多葛学派的思想。自然派相信语言有先天的来源，他们主要研究词源、声音，研究不规则词汇，研究语言的用法。自然派相信所谓思维的“白板说”，他们关注语言的起源问题。

这两种倾向一路走到西方启蒙运动的 18 世纪，再到现代欧美结构主义语言学，逐渐形成了语言学的符号思想。例如，皮尔斯认为“语言和思维是符号性关系”，索绪尔则认为“语言是一种表达思想的符号系统”。

语言学家萨丕尔和他的学生沃尔夫在大约 100 年前就提出语言、思维、文化之间相互关联、相互影响的假说，被称为“萨丕尔–沃尔夫假说”。这个假说认为：真实世界很大程度上是建立在群体的语言习惯之上的。萨丕尔指出：“语言与我们的思维习惯不可分解地交织在一起，换言之，它们是一回事。”创立转换生成语法的乔姆斯基，更是认为存在所谓的“普遍语法”，认为语言能力是人类所特有的、天生的。

在西学东渐的历史进程中，中国学者接触并深入了解语言学大概是近 100 年的事情。中国传统文化思想中，也有关于语言学的专门学问，这个归在“小学”的范畴，主要是音韵学、训诂学、文字学等。中国古代的《广韵》《切韵》，以及《说文解字》等，都是对汉语语言学的深入研究。

过去 100 年来，很多汉语言学家、文学家，他们从对汉语的研究出发，认为语言和思维之间有密切的关联。例如，赵元任认为“汉语思维具有直觉性、象征性、意蕴性的特点”；徐复观认为“汉语思维方式具有以整体为主的特点”；等等。

需要特别指出的是，中国的语言学家们，并没有从语言学研究中抽象出“符号”这一概念，总是从汉字的音形义用“整体性”上来把握汉语这种独特的语言与思维之间的关系。这一差异需要引起重视。一提到语言学，今天大家约定俗成的分析结构就是主语和谓语、动词和名词的分类方式与分析结构，这种分析结构背后蕴藏的西方思想被泛化为语言学的一般规律。这件事在今天探讨 GPT 的语言学及符号学思想时，需要特别给予关注。

使用主谓结构分析中文语言，始自 400 年前明代科学家李之藻，他在葡萄牙耶稣会传教士傅泛际的协助下翻译了亚里士多德的逻辑著作选集，中文名称为《名理探》，书中将 subject 和 predicate 分别翻译为“主”和“谓”。1898 年出版的《马氏文通》借鉴主谓结构分析中文语法现象。这一做法长期以来渐渐成为汉语语言学分析的主流方法，但一直以来也不乏中国语言学家的质疑。

近现代中国语言学家赵元任、王力、吕叔湘、朱德熙等的研究表明，汉藏语系与印欧语系的结构有很大的不同，这个不同不是表面的，而是深层次的。主要体现在印欧语系的主谓结构、名词-动词分类法上，并不适用于中文。

中国哲学家、政论家张东荪在 1936 年撰文指出，主谓结构是西方文化的基石。在古希腊思想中，逻辑与语法是同源的。一部西方哲学史其实就是主谓关系的思辨史。

当代语言学家、社科院学部委员沈家煊先生，在 2019 年出版的《超越主谓结构》一书中指出，在汉语表达中，无主句、流水句、对句比比皆是，这是中文语言保持鲜活生命力的力证。沈家煊指出，印欧语系的主谓结构注重词语完形，注重细致分析主语和谓语之间的依附关系，从而形成大量围绕词性、句法、语形的语言理论。形式语言学之后流行起来的生成语法，其中心原则就是强调谓语必须有一个主语；功能语法学派虽然不注重主语和谓语的差别，但强调主语和谓语的功用。

在今天看来，过去 100 年来中国的语言学家，在风云激荡的时代变迁面前，依然坚持汉语不存在主谓结构，或者说中文的主谓结构只不过是一种比附的见解，这份坚持意义重大。这里面蕴含的深刻思想，在今天面临生成式人工智能大爆发的年代，值得我们重新理解内容、重新理解语言。

从语言和思维的关系问题出发，有两点启示。第一，西方延续两千年之久的语言学传统，逐渐在近现代呈现出符号化倾向，进而在计算科学中与计算主义合流。这里面重要的问题是，萨丕尔-沃尔夫假说隐含“语言决定思维”这样一个强相关的意味。需要注意的是，萨丕尔-沃尔夫假说，反映的是印欧语系、拼音文字的特点，还是可以无条件推广到汉藏语系、音形义合一的表意文字的特点。第二，汉语语言学的研究发现，汉语是音形义用合一、传情达意合一的，汉语语言学中没有涌现出符号的概念，这似乎在情理之中，但符号在数字时代的重要性又不言而喻。那么对于汉藏语系来说，如何构建一种新的符号体系，既能借助计算方法的优势，又不损害表意文字的“味道”，这显然是一个重大的命题。笔者认为迄今为止尚未破题。

（二）是否存在统一语言？

这个问题也是一个由来已久的问题。如果说古希腊和古罗马的语言学更多地关注语法、修辞和逻辑，那么到了中世纪中期，对“原初语言”的关切逐渐成为一股文化思潮。

中世纪的突出成就是思辨语法。思辨语法学家试图用亚里士多德“四因说”解释语法现象。这里实际上体现的是长期以来西方学术传统中“信仰与理智”“唯名论与唯实论”的矛盾。中世纪哲学家、神学家波伊修斯（Boethius），第一次提出语言的普遍性问题，认为语义和真实性有密切联系。中世纪末期，学者们致力于研究希伯来语和阿拉伯语，开始关注民族语言。例如，在意大利文学家但丁著名的作品《风俗论》中，就大力赞扬民族语言，提倡意大利语。但丁把欧洲语言划分为北方日耳曼语系、南方拉丁语系、欧亚接壤地带的希腊语系，并提出世界第一语言是希伯来语。

欧洲文艺复兴兴起时期，在理性主义影响下，很多学者尝试创造最理想的语言。例如，英国神学家约翰•威尔金斯（John Wilkins）首次提出普遍语法的思想，并称之为哲学语言；法国学者波尔•罗亚尔（Port Royal）以笛卡儿两分法思想为基础，认为理智高于一切，阐述普遍语法，揭示一切语言的语法在表达思想上的一致性。

到了 18、19 世纪，语言学的一大思潮是提出语言的“源语”问题，描绘语言的谱系。例如，英国语言学家威廉•琼斯，确定梵语与拉丁语、希腊语、日耳曼语的亲缘关系；德国学者洪堡，把语言分为三类，分别为孤立语、黏着语、屈折语，并认为发展顺序是孤立语、黏着语、屈折语，认为屈折语最先进，屈折语中个以梵语为最，其次是拉丁语，最落后的是汉语。屈折语逐渐变为分析性语言。

洪堡有一句著名的话：“一个民族的语言就是他们的精神，一个民族的精神就是他们的语言。”洪堡的观点影响了美国语言学家萨丕尔和沃尔夫，形成“萨丕尔–沃尔夫假说”，主要内容就是“语言影响思维”，到了沃尔夫这里，进一步强化成为“语言决定思维”。

对统一语言的研究在西方文艺复兴之后长盛不衰。例如，前面提到的英国神学家约翰·威尔金斯，在 17 世纪就提出过一种名为“欧洲统一语”的构想，旨在将欧洲的所有语言融合成一种新的语言。德国哲学家、数学家和逻辑学家莱布尼茨提出“普遍的字符语言”的概念，认为通过一种符号系统可以实现不同语言之间的通用性和交流。爱尔兰作家斯威夫特在小说《格列佛游记》中提出了一种虚构的“拉普特语”，认为只有使用一种共同的语言才能消除不同民族之间的隔阂和战争。

在西方语言学演变过程中，重要的标志性人物是瑞士语言学家索绪尔和美国哲学家皮尔斯。索绪尔创造了三对重要概念：所指、能指，语言、言语，历时性、共时性，这三对概念成为西方符号学、结构主义语言学的思想指南。但是，这一思想指南不可避免地带有印欧语系的本质特征，那就是“所指和能指的分离”。索绪尔符号学思想成为西方语言学、逻辑学、心理学和人类学探索所谓“统一语言”的重要思想基础。

皮尔斯的符号学和语言学思想强调了符号的社会性、意义的构建过程，以及推理和演绎的重要性。他提出了著名的“符号三角”理论，强调了符号、对象和解释之间的关系，认为符号的意义不仅仅取决于符号本身，还依赖于符号与对象和解释之间的关系。他强调了符号和语言的社会性和文化性，认为符号和语言的意义是在社会交往与共享的过程中形成的。相较而言，皮尔斯更注重符号和语言的推理与演绎能力，而索绪尔则更注重语言的社会和政治方面。

这种差异在 GPT 中貌似也有所体现。GPT 中的符号学思想，可能更偏向皮尔斯而不是索绪尔，更倾向于用逻辑演算的方式来“生成”符号串，进而拼贴出各种文本，然而意义问题依然悬而未决。符号演算悬置意义的问题，其实在语言学界和符号学界早已不是什么惊人的发现。令人深思的是，人工智能中的一系列技术创新似乎都对这个问题置若罔闻。算法工程师和模型工程师们似乎都相信“通过计算可以搞定意义”，这种自信的支撑点在哪里，有待学者做进一步的研究。

在过去几百年里，西方探索统一语言的努力并未停留在思辨层面，而是一有机会就试图付诸实践。例如，波兰眼科医生柴门霍夫于 1887 年开始构思一门能够超越国界、实现世界通用的国际辅助语，1905 年正式推广的世界语迄今为止还有少数爱好者传承，鼎盛时期一度达到了 200 万人使用世界语作为第二语言。

这种对统一语言的探索之风，在 100 年前也传到了中国。在新文化运动高涨时期，胡适、鲁迅、赵元任、钱玄同、严复等语言学家、文学家，都参与到探讨汉语言与中华文化之间的关系中来，对汉语言拼音方案做出了积极贡献，甚至一度出现汉语全面拉丁化的思潮。

到了清末民初，新文化运动的倡导者严复、鲁迅、胡适、钱玄同、刘半农等，倡导用白话来创作文学作品，以更好地与广大民众沟通。胡适还提出了“国语”概念，主张以北京官话为标准，建立全国通用的标准语言，以促进各地人民之间的交流和文化传播。

从是否存在统一语言这个问题出发，也可以看到东西方语言学思想的差异。用沈家煊教授的话说，以主谓结构为基本特征的西方语言学思想注重逻辑学和功能性；以对言格式为基本特征的汉语言学思想注重实用性和文学性。

但是，通过对“是否存在统一语言”这个问题的粗略考察，我们可以发现这样一个问题：西方建立在符号学基础上的统一语言渐渐从梦想走向实践，从结构语言学、语义学、音韵学走向运用计算机手段的逻辑语言学、计算语言学、形式语言学。反观东方的语言学研究，则仍然停留在音义训诂考据的封闭圈子里，这让人感慨万千。如果关于汉语言的计算框架、大模型研究，无法借助汉语言学研究的成果，那么汉语文化就只能沦落为深度神经网络、卷积神经网络等算法框架、训练语料库的素材。那么这对中文意味着什么呢？笔者认为这是一个非常严峻、紧迫的问题。

（三）形式语言有多好？

这个问题也可以这样来问：形式语言能走多远？这个主要从西方语言学发展的历史来看。西方语言学在索绪尔和皮尔斯之后，进入所谓现代语言学的发展阶段。这一阶段的核心思想就是提取出符号这样一个重要的概念，以符号为对象，分析语言的结构、功能和应用，并逐渐运用计量方法、实验方法、分析方法、计算方法等科学的方法论，指导语言学研究。这里最重要的概念是符号。

这个思想对后世的影响是巨大的。虽然关于什么是语言的准确定义还很难达成一致，但一般来说，主流的语言学教科书还是有共识的，如北京外国语大学刘润清教授在《西方语言学流派》中说道："语言是用于人类交际的一种任意的、口语的、符号性系统。"这就是典型的符号学思想下的语言定义。这个定义对今天人工智能领域中的自然语言处理有深刻的影响。在自然语言处理领域，语言的含义已经悄然从语音转化为符号，从分析对象转化为计算对象。然而，正是这种将语言归化为形式符号处理的思想，成为现代计算语言学、形式语言学的理论基础，同时也成为大语言模型的思想基础。对于这一点中蕴含的可解释性问题、意义问题，需要做进一步的考察。

二、计算主义与 AI 的可解释问题

索绪尔提出的"所指和能指的分离"的思想，以及皮尔斯关于"一切语言思维都是符号操作"的思想，表明印欧语系的语言学研究从此进入了一条完全不同的路线，这条路线就是语形和语义的分离。更重要的是，结构主义语言学、符号学思想，背后隐含着两个西方思想史上的隐喻：一个是巴别塔隐喻，另一个是我们今天看到的人工智能隐喻。

巴别塔的故事大家已经很熟悉了，这个故事出自《圣经》的创世纪篇章。巴别塔传说在 16—19 世纪曾引发人们关于"原初语言"的大量探索。例如，意大利人文主义者、诗人但丁就认为"原初语言"是希伯来语。发现古印度梵语和印欧语系之间具有亲缘关系的英国语言学家琼斯认为，"原初语言"是梵语。追寻"原初语言"的冲动是西方思想中的一股挥之不去的暗流，这一暗流延续了古希腊思想家关于"世界本源"的探索。

对于人工智能隐喻，约在 20 世纪 80 年代，美国著名人工智能学者 McCorduck 在《思考的机器》（*Machines Who Think: A Personal Inquiry into the History and Prospects of Artificial Intelligence*）一书中有这样一句话，人工智能是一个贯穿西方思想史的观点，是一个亟待实现的梦想。

这句话反映了某种巴别塔隐喻的严重关切，以及探索解决方案的极大热情。

著名的德国哲学家、数学家、逻辑学家莱布尼茨，在《论组合的艺术》（*De Arte Combinatoria*）中有这样一句话，“当人与人之间有争议时，我们可以简单地说：让我们计算吧！废话不多说，看谁对谁错！”这句话成为数学的抽象化、形式化、符号化思想逐渐渗透到各个学科的典型写照。

这种思想在过去几十年里逐渐演化为智能技术领域的纲领性口号：代码即法律、一切皆计算。这一口号也被称为计算主义。

计算主义是一种将人类认知视为信息处理过程的思想，在认知科学、人工智能和哲学等领域有着广泛的影响。艾伦·图灵是计算主义思想的先驱之一，他在1950年发表的论文“计算机器与智能”（Computing machinery and intelligence）中提出了著名的图灵测试，即通过模拟人类智能的对话来测试机器是否具有智能。这篇论文被认为是人工智能领域的里程碑之一，奠定了计算主义思想的基础。

第三次人工智能浪潮的核心算法，神经网络的创始人霍普菲尔德在1982年的一篇论文“具有涌现群体计算能力的神经网络和物理系统”（Neural networks and physical systems with emergent collective computational abilities）中提出了霍普菲尔德网络（Hopfield Network）模型，该模型基于计算主义思想，通过模拟神经网络的信息处理过程来解决优化问题。可以说，“计算主义”，或者说“一切皆计算”是伴随计算机、互联网、人工智能发展的重要思想。然而，这一思想隐藏了一个重要的问题，即“算法背后的可解释问题”，这个问题随着人工智能的再度崛起，逐渐成为AI所面临的终极挑战。更重要的是，这一挑战凸显了AI技术所蕴含的内在困境。

举一个例子：AlphaGo可以战胜世界顶尖围棋高手，但是它从来没有告诉我们它是怎么做到这一点的，此即“人工智能的可解释问题”。可解释的人工智能（Explainable Artificial Intelligence，XAI）来自美国国防部高级研究计划局（DARPA）在2016年提出的一个说法，指的是XAI应当提供细节和原因的说明，使得智能模型能够被简单、清晰地理解。对于时下正热的大模型来说，动辄数以亿计参数的模型、算法，假以时日，会撰写越来越多的报告、论文、小说、诗歌，创作品质惊人的海报、插画、视频、音乐，而且水准丝毫不亚于专业的高级文秘、咨询顾问、科研工作者、作家、诗人和艺术家。这意味着什么？

对因果的迷恋和对确定性的追寻，在许多人的头脑中是一件再自然不过的事情了。然而，这并不是一点儿疑问都没有。这种迷恋因果和确定性的崇拜，在计算科学大行其道的今天，带来的直接后果就是用计算替代意义、用计算解释意义、用计算摒弃意义。

三、语言学研究的双重挑战

2016 年之后，XAI 的问题逐渐浮出水面。2022 年 11 月，OpenAI 公司发布的 ChatGPT，使得这一问题日益紧迫。ChatGPT 这类大语言模型产品看上去有很强的内容生成能力，甚至是知识生产能力，但作为一个“黑箱模型”，借助海量语料库的蛮力计算和预训练算法，所表现出的“知识创造力”本质上与“理解”“意义”无关。这里需要注意两个问题：①符号主义、计算主义思想已经严重侵蚀语言学的思想领域，在这中间，汉语语言如何发展？②对符号主义、计算主义的思想根源仍然需要做深入研究，以便我们在发展汉语语言学的同时，从数学思想中找到底层思想的突破口。

我们先看第一个问题。

过去 100 年来，一部分中国语言学家如赵元任、王力、吕叔湘、朱德熙、沈家煊等，在风云变幻的动荡时代中，也始终坚持这样一个信念，就是汉藏语系与印欧语系有着本质的不同。沈家煊教授将其命名为“对言格式”，汉语以对为本，如四字格、上下句、互文回文、对仗排比、重言叠词、顶真续麻、起承转合等。在这些丰富的对言格式下，中文表现为“音形义用”四位一体的“大语法”。

沈家煊教授在《超越主谓结构》中举了这样一个例子：“对”这个字，在英文中就很难翻译，没有单一的对应词，《现代汉语词典》中针对“对”字就列举了 15 种释义。

“对牛弹琴”“隆中对”“对不住”“对不上”“说的对”“配对儿”，这里都没有单一的英文词语相对应。right 并非简单的对错之“对”，而是对应之“对”。内容要对、形式要对、寓意要对、语气要对、语境要对，都要对得上，才能说是 right。

《说文解字》里，“对”的解释是“譍无方也”。这是什么意思呢？就是“对”无一定之规。《诗经·大雅·桑柔》里也说：听言则对，颂言如醉。

所以说，对于使用汉藏语系的东方人来说，语言本身就是对话，是人与人、人与自然之间亲密无间、旨趣盎然的对话。中国的语言是鲜活的、充满生活气息的。对言，是时时处处传情达意的对话过程，并不是将意义抽离场景的过程。其实，任何口语都有这样一个共同的特征，只不过形式语言学、计算语言学因为秉持符号表征与意义剥离的思想，走向了另一条完全不同的道路。

因此，汉语其实是音形义用一体、传情达意具足的鲜活语言，如果把这种鲜活的语言，硬塞进贝叶斯算法、循环神经网络、注意力模型中去，“不管三七二十一”，让机器胡吃海塞、狼吞虎咽，耗费巨大的算力，就为了让机器“照葫芦画瓢”地超越人脑的有限算力，这是智能呢，还是大肆“祸害”语言资源呢？这是个值得深省的问题。

再来看第二个问题，符号学和计算主义思想的数学渊源。

西方数学在 14—15 世纪，经历了分叉：引入阿拉伯数字和代数的结果，是建立了以方程、演算、分析为核心的代数学，进而引入无穷量，随后发展为莱布尼茨的微积分；另一个是笛卡儿通过对几何的代数化，建立了解析几何，保留了图形的直觉成分，随后发展为牛顿的微积分。总体上，数学在 16—18 世纪大发展的阶段，是代数（计算）胜过几何的阶段。更有拉普拉斯、拉格朗日、欧拉等的推动，“符号演算”、数学分析才成为数学的主流。

16 世纪笛卡儿发明直角坐标系，第一次将几何学与代数学结合起来。这一结合开启了以代数方程研究几何问题的新领域。在微积分发明之后，数学家所面对的静态几何问题转化为动态的轨迹问题。此后 300 年的时间里，计算数学在微积分、微分方程、概率统计等多个领域获得了长足的进展。直到 19 世纪，群论、集合论、拓扑数学、非欧几何、抽象代数和布尔代数的出现，使得建立统一的数学体系之梦呼之欲出。

1872 年，德国数学家菲利克斯·克莱因发表埃尔朗根纲领，其用意在于用群论和对称性的思想，统一欧几里得几何、射影几何、拓扑几何和非欧几何。埃尔朗根纲领在 50 年后被菲利克斯·克莱因的思想弟子希尔伯特以公理化的方式发扬光大。希尔伯特在 1920 年提出数学的形式主义纲领，继承康托尔的集合论思想和数学公理化思想，彻底斩断了符号和意义之间的纽带，从而开启了现代数学形式主义的新篇章。这一新篇章的突出特点是：抽象的符号演算所表现出的强大能力，使得越来越多的学科将本学科的核心问题归结为“计算”问题。

19 世纪非欧几何的出现，是对数学思想的一大冲击。但冲击的结果是建立在康托尔集合论基础上的更加抽象的数学公理化/形式化运动、希尔伯特的形式化纲领和弗雷格的算术公理化，以及罗素和怀特海对数学整体的逻辑学构造。当然这些企图在哥德尔之后都宣告失败了。

然而，20 世纪初期希尔伯特的公理化主张影响了几乎所有的学科。英国语言学家莱昂斯，在 40 年前回顾英美语言学发展的过程中指出，英美语言学一直受制于唯理智论者的偏见，以为语言只是或基本上是表达命题思维的工具。将语言看作表达命题思维的工具，是印欧语系主谓结构的必然，也是语形与语义剥离的必然。这是一个值得认真对待的问题，如果不能从思想层面深刻理解，这一愈演愈烈的技术思潮的历史渊源、丰富内涵就无法驾驭智能科技的未来走向，技术创新的根基也就无从谈起——一切都只能是“被动应战”。

在这种欧陆形式科学、公理化数学、抽象化符号学的影响下，在英美语言哲学的支配下，计算机学科、人工智能学科可谓“中毒”颇深。大数据、GPT、DNN 等纷纷聚焦相关关系，热衷于海量数据的符号演算、概率计算，以至于图灵奖获得者、贝叶斯网络的先驱朱迪亚·珀尔，在其新著《为什么：关于因果关系的新科学》中大声呼吁，AI 需要从这种计算崇拜、相关分析崇拜中解放出来，重新回到因果关系的轨道上来。

四、重新理解语言的历史契机

透过时下的 GPT、元宇宙、加密数字货币、基因编辑、表观遗传、人工合成生命、黑洞、超弦、量子计算等令人眼花缭乱的时代热词，我们可以充分感受到人类面临一个前所未有的大变局、大融合、大发展的历史契机。这个历史契机已经把人们对心灵、意识、认知的研究，拉入到对物质、能量、信息的研究视野当中，并要求在数学思想上寻求新的突破，要求数学思想走出单纯依赖计算的“代数学”（还原性、计算性）思维，走出狭隘的“计算中心主义”框架，拥抱从结构、整体、直观层面把握世界的“几何学”（整体性、直觉性）思维，为数学思想注入更多新的营养。这一新数学思想的涌现，或许是深入研究和重新看待“人工智能的可解释问题”“意识起源问题”“意义问题”等重大命题的新的思想基础；更重要的是，这一新数学思想的涌现是摆脱“思想后手”状态的重要历史机缘，也是异域文化交流、文明互鉴的一个重要窗口。

我们知道，直觉性、象征性、意蕴性、音形义用一体、传情达意，这些恰恰是汉藏语系的本质特征。当然，如何运用符号学方法，深入探究汉藏语系的语形学编码—解码过程，以及类比与象征的语义学关联，都是很大的挑战。一方面要看到汉藏语系的符号学研究起步较晚，有很大的缺门，还需要深入学习，特别是从底层思想中学习和汲取西方符号学思想的优点。但同时也需要看到，基于语言学、符号学的视角是可以有所作为的。这里至少有 3 个方面的议题，值得从语言学、符号学的视角进一步探讨：其一，语言/符号与意义的关系；其二，口语文字与书写文字的关系；其三，汉藏语系与印欧语系在符号化中的比较。对这 3 个问题的探讨远远超出笔者的能力，这里不揣浅陋，结合 GPT 所引发的语言学、符号学挑战，简要谈几点粗浅的认识。

GPT 带来的语言学、符号学挑战表现在这样几个方面：语言的理解问题、算法的可解释问题、模型的歧义和歧视问题、生成语言的偏见问题等。这些挑战的核心要点在于，GPT 采用完全抛弃内容的意义、只保留形式的蛮力计算方法，将语言学和符号学彻底抽象化，剥离内容和形式，以单纯的计算代替表达和理解。可以说，GPT 使得语言学和符号学上百年来孜孜以求探索语言的结构与功能、探索符号的意义与表征的种种努力，变得“一钱不值”。这或许是乔姆斯基对 GPT 从内心感到愤怒的根本原因。GPT 完全否弃了语言学、符号学的研究价值和存在的意义。

从这个角度说，重新开启语言学、符号学的新的研究疆域，势必需要在 GPT

的巨大冲击之下，重新审视内容与形式、语言与思维、意义与表征等面向理解、面向人的智能的重大问题，特别是加强东西方语言学、符号学思想的融合，是重要又紧迫的时代课题。

同样，AIGC 也是一个充满激情的研究领域，但需要更多的思想家、企业家和领域专家，回到鲜活的语言本身，回到充满诗意的、生活化的语言，特别是认真研究汉藏语系，研究汉语的语言魅力。只有这样，生机勃勃的 AIGC 才会在中国迎来真正的春天。

参考文献

[1] 马库斯·托马林. 语言学和形式科学：生成语法之源[M]. 司富珍，刘文英，译. 北京：商务印书馆，2018.

[2] 沈家煊. 超越主谓结构[M]. 北京：商务印书馆，2019.

[3] 刘润清. 西方语言学流派[M]. 北京：外语教学与研究出版社，2013.

[4] 姚小平. 西方语言学史：从苏格拉底到乔姆斯基[M]. 北京：外语教学与研究出版社，2018.

[5] 车万翔，崔一鸣，郭江. 自然语言处理：基于预训练模型的方法[M]. 北京：电子工业出版社，2021.

[6] 邵浩，刘一烽. 预训练语言模型[M]. 北京：电子工业出版社，2021.

[7] 胡作玄. 20 世纪数学思想史[M]. 济南：山东教育出版社，1999.

邬 焜

信息与智能及文明形态划分相关关系的辨析

邬焜，信息社会 50 人论坛成员，西安交通大学国际信息哲学研究中心主任，国际信息研究学会副主席及其中国分会副主席，中国自然辩证法研究会常务理事及其复杂性与系统科学专业委员会副理事长。主要研究领域是信息哲学和复杂信息系统理论。

目前国内外学术界在信息、知识、数据、数字、实践与智能等概念，以及信息社会、智能社会、科技革命阶段等方面的规定和称谓及其相互关系的讨论中意见纷呈、十分混乱。有必要找到一个合理的解释维度，对诸如此类的规定、称谓及其关系进行清晰而统一的阐释，以有助于推动该领域研究的进展。

一、存在领域的划分与信息世界的实质

当代科学已经把材料（质量）、能源（能量）和信息看作构成一般事物的三大基本要素，而在一般哲学的层面，质量和能量都是物质的存在形式，所以在哲学存在论的层面上，物质和信息便是构成世界的两大基本领域。

一般而言，“存在领域的划分”是哲学的最高范式，因为只有确定了世界存在的领域，才能去探讨各领域之间的关系，才能对不同的事物和现象做出层次归属的划分与阐释。

在西方哲学的传统中，存在被归属到了三大领域：上帝（客观理念、绝对精神）、物质世界、高等动物和人的精神世界。随着科学昌明的发展，在一般科学和哲学的领域，上帝已逐步被消解，这样，遗留下来的只能是后两个领域。这就构成了传统哲学最高范式的一个基本模式：存在=物质+精神。

随着现代信息科学的崛起，一个区别于直接存在的物质世界的间接存在的信息世界逐渐被科学和哲学界所接纳，这样就有必要对传统的哲学最高范式的基本模式加以改变。中国信息哲学通过 40 多年的发展已经提出了一套系统的物质和信息双重存在与双重演化的理论。根据这一理论。新的哲学最高范式的表述应当是：存在=物质+信息。信息又包括客观信息和主观信息两大领域，而人的精神正是主观信息，是信息世界的高级形态。

早在 1980 年，中国信息哲学就从哲学存在论的层面规定了信息的本质："信息是标志间接存在的哲学范畴，它是物质（直接存在）存在方式和状态的自身显示。"[1]中国信息哲学把信息区分为三个基本形态［自在信息（客观信息）、自为信息（主体感知记忆把握的信息)、再生信息（主体思维创造的信息)］和一个综合形态［社会信息（人类创造的文化世界)］。基于信息形态的分类，中国信息哲学还提出了一个包容所有信息形态的扩展性定义："信息是标志间接存在的哲学范畴，它是物质（直接存在）存在方式和状态的自身显示、再显示，以及认识和实践主体对信息的主观把握与创造，其中也包括创造的文化世界。"[2]

在近年的研究中，邬天启运用中国信息哲学的基本理论对传统哲学中存在与非存在（有与无）之间的辩证关系重新进行了考察。他基于邬焜提出的"信息的哲学分类"将存在划分为 4 个方面：①客观直接存在；②客观间接存在；③主观自为间接存在；④主观再生间接存在。他还提出了"存在"与"非存在"相互转化过程中具有的 6 种性质：①延续性；②发展性；③偶然性；④可回顾性；⑤可预测性；⑥指向性。指向性是指"存在"与"非存在"之间的一种同指、嵌合、贯通、联系、转化的关系。这种联系和转化在思维与外部世界中同样存在。基于这一考察，他给出了一个更为全面的信息定义："信息是标志间接存在的哲学范畴，它是物质（直接存在）存在方式和状态的自身显示、再显示，以及主体对之的把握与创造，并且，它还是存在世界与非存在世界的指向者。"[3]

但是，无论这些扩展性定义包括的信息内容如何多样，其立论的根基仍然是"物质（直接存在）存在方式和状态的自身显示"。因为，所有形态的信息都是从这个"物质的自身显示"中展现并发展出来的。

由于物质和信息是构成世界的两大基本存在领域，所以，所有的其他事物和现象都应当归属到这两个领域中。通常人们所说的知识、情感、意识、智能等都属于精神现象，所以，它们都理应包容在信息世界之中，而不是超然于信息世界之外。

二、知识、数字与数据

依据上面的讨论，我们可以明确，信息是自然界中（不仅生命界中，而且有机界中；不仅有机界中，而且无机界中）普遍存在的一种现象，精神（意识、思维、知识）活动只是信息活动的高级形态。知识是通过对信息的认识和处理获得的，是认识主体的大脑通过感知和思维的信息加工、创制而形成的系统化的信息的集合。不仅知识的产生来源于主体对信息的感知、加工和创造，而且知识本身也只能以主观信息（包括它的外化形态——属于社会信息的人类创造的文化世界）的方式存在。

当代的知识论学说把人类创造的知识区分为归类知识和默会知识两类。前者易于通过语言符号或相应的技术方式进行归类、编码和度量；后者则只能通过心灵的感悟或技巧的体验来把握。20 世纪下半叶以来，学术界所称谓的数字化浪潮正是在对归类知识进行技术化处理的方向上成立的。数字化并不是信息化之外的另一个领域，它只是目前人类为实现信息化所采用的某种技术手段。因为只有把相应的信息转化为数字编码的形式才可能对其进行技术处理，并以机械的方式来实现。另外，一个明确的事实是，并非所有的知识信息都可以通过数字化来处理，也并不是所有的信息都能转化为知识。那种关于“知识的概念比信息要宽得多”，而默会知识不属于信息范围的说法显然是站不住脚的。[4]

西方信息哲学的代表人物卢恰诺·弗洛里迪（Luciano Floridi）先生提出了一个关于信息本质的定义：“信息=数据+意义。”[5]按照他的解释，数据被排除在了信息之外，只有那些被赋予了意义的数据才是信息。这种观点的狭隘性是十分明显的。其实，数据是人们通过感知（观察和试验）所获得的对象的状态信息，它以自为信息的方式存在。人们只能通过对所把握的相关数据的加工处理才可以展开其思维活动的过程。正是数据信息为人的思维活动提供了信息要素的基础。如果数据不包含信息，那么，人们通过相应数据做出的任何分析判断都将无所依据，因而也无可信服。

三、智能

智能是特指有认识能力和实践能力的主体的智慧与能力相互叠加的一个概念。人的智慧与能力一方面取决于遗传因素，另一方面又取决于在遗传因素基础上通过社会化的后天建构（学习和培养）所发展起来的生理机能、心理活动和行为方式的特质。它不仅包括通常所说的主体感知记忆的认知方式和方法、思维创造再生信息的方式和方法、情感与意向生成活动的方式和方法，还包括主体的实践活动的方式、方法和策略，因为主体的实践活动是区别于一般物的自在自然的活动及较为低级的生物本能活动的有目的、有计划的智能行为。

显然，智能与有认识能力和实践能力的主体的知识活动相关，但是它又并不简单地等同于知识。关于这一点，古希腊的哲人早已认识到了。赫拉克利特就曾说："博学并不能使人智慧""智慧只在于一件事，就是认识那善于驾驭一切的思想。"[6]从智慧是驾驭一切的思想的层次上来思考，智能便不能不高于一般的知识。从一般的意义上来说，智能便是有认识能力和实践能力的主体把握、处理、创造、开发、利用，以及实现信息（包括知识）的能动方式和方法。

诚然，智能也是信息（或知识）的一种存在形式，然而，它却并不是一般的信息（或知识）。在人的认识和实践活动的范围内，所有层面上都有智能因素的中介，并且人的认识和实践活动都是在相应层次和水平的智能的参与或制控下展开的。就这一意义而论，智能在本质上又不是外在于信息（或知识）的因素，它是能动主体在认识和实践活动中所展开的信息（或知识）活动的内在因素，没有智能这样的内在因素，主体的这些活动便不再具有主体的性质。

四、实践

中国信息哲学对人类实践和人类生产活动做出了全新的解释，认为人类实践并不是纯粹的物质性活动，它是主体目的性信息通过计划性信息的实施在客体中实现的过程。

在中国信息哲学中这样描述实践：人的实践活动首先是从人的主体目的性和计划性开始的，而这种目的性、计划性首先是人的认识和智能创造的再生信息的形式。这种认识中的再生信息转化为主体行为启动的指令信息，通过人的神经激发人的运动器官行动起来，操作工具、作用于客体对象。在这一实践的系列过程中，主体信息一直起着规定实践的方向，设计实践的程序和方式，控制实践的进度、程度的作用。主体外化出来的信息是贯穿这一全过程的主线，通过这一过程，主体的目的性信息最终在客体中得以实现，改变了客体的结构和状态，使之成为符合人的设计目的的产品。在这里，无论从实践的开始（目的性、计划性）、实践的过程（主体器官的运动、对工具的操作、对客体的加工改造），还是从实践的结果（客体的被改造）来看，主体的目的性信息都具有主体智能信息活动的意义。然而实践活动本身要完成的也只不过是把主体认识中的目的性信息转化为客体的结构信息，这一过程的完成又直接依赖主体认识中为完成这一过程所设计的计划性信息的实施。此外，对于实践过程进行得怎样，客体被改造的程度如何，主体的目的性能否如期达到等方面问题的判定，又需要主体把实践过程和被改造着的客体当作它所认识的对象来把握。在这一过程中，实践过程和客体本身生发出来的信息便是主体捕捉的对象。主体通过对这一信息的捕捉，不断地向自己的运动器官发出新的信息指令，或者使实践活动按原有计划继续进行，或者使原有计划得到某些适当的修正。就这样不断进行着的主体输出信息—客体（实践过程、被改造对象）信息对主体进行反馈—主体输出调控信息的一个信息循环运动过程，构成了实践活动本身的信息活动过程。[7]

基于上述论述，我们看到，实践不仅是一个物质性运动的过程，而且是一个信息运动的过程。对于主体认识结构的建构、认识产生的过程、认识“格局”的变化等方面来说，实践的信息运动的意义是更为重要的。正是在这一信息运动的意义上，实践才真正成了主客体相互作用、主体认识发生的现实中介。那种仅仅把实践看成是能动的物质性活动的观点，是远远不能把握实践的深刻本质的。

然而，我们还必须看到，实践虽然在信息活动的意义上成了认识产生的中介，但是这个中介对于认识的产生来说却不是唯一的，因为还有实践活动所不能包括的使认识产生的信息活动方面。例如，人类认识的原始起源的信息凝结过程、个体从无意识到有意识的认识结构最初建构的信息凝结过程，都是实践所无法解释的；再如，主体的某些内在意识中的信息自调、重组活动，从潜意识到显意识的涌现和建构也是实践所无法全部包括的。

中国信息哲学不仅关注人类物质资料的生产实践活动，而且还关注人类精神生产、人本身的生产、人的交往关系的生产、虚拟化生产等诸多生产实践形式，并把这多种生产实践形式看作相互交织、内在融合，并互为基础和前提的统一性过程。[8]

中国信息哲学根据科学所提供的物质（质—能）守恒、信息不守恒的原理，得出人类生产不可能是物质生产（因为物质不能创造也不能消灭，这里的物质指的是哲学和科学的一般抽象概念，不同于“物质资料”的提法），只能是信息生产（因为信息可以创生或耗散），以及人类生产力不可能是物质生产力，只能是信息生产力的新结论。[9]

五、人类活动中的信息、知识、智能、实践的全息统一性

中国的信息哲学研究把人的认识和人的实践活动看作一种高级信息反映、把握、创造和实现的信息活动过程。信息的自在活动、信息的直观识辨、信息的记忆储存、信息的主体创造、主体信息的社会实现由低到高依次构成主体信息活动等级的 5 个基本层次。在这诸多信息活动层次内部、之间存在特定的信息加工操作的方式和方法，这就是人的智能的作用和体现。在这种人的智能制导下，人的不同信息活动层次之间存在着复杂的相互作用。在这个统一的相互作用过程中呈现出了 4 个方面的基本规律：①人的信息活动层次由下到上的递进建构关系；②人的信息活动层次由上到下的全息制控关系；③人的信息活动层次的综合参与关系；④人的信息活动层次的相互转化关系。显然，在这样全息综合的复杂性关系中，不仅高层信息活动通过低层信息活动的综合建构而涌现出来，并且高层信息活动的某些内容也会不同程度地转化为低层信息活动的内容，另外，高层信息活动的某些方式同样会反过来影响、控制低层信息的活动方式。[10]显然，无论是全息控制，还是综合参与，或是相互转化，其所起的作用都是提供了某种活动的方式和方法，这也是一种智能化的效应。

六、智能制导下的人的信息活动层次和层次间的相互作用

人的认识和实践是一个高级的信息把握、创造和实现的活动过程。这一过程包含诸多复杂相互作用的层次，在这诸多信息活动层次的内部，以及层次之间的复杂相互作用中必然同时存在着智能的控制、导引和支配。

图 1 简略地显示了在智能控制、引导和支配下的人的信息活动层次和层次间的相互作用。

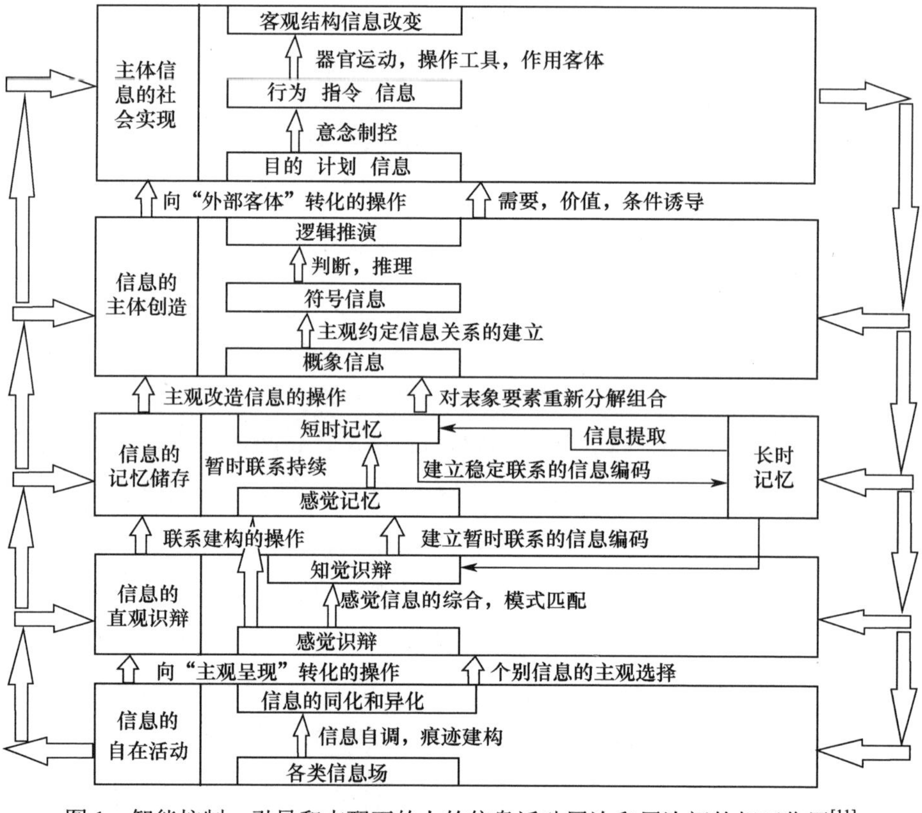

图 1 智能控制、引导和支配下的人的信息活动层次和层次间的相互作用[11]

七、信息范式与信息文明

信息科学和信息哲学的崛起从根本上改变了人们认识世界的方式。最初在古希腊哲学和近代科学中提出的人类科学和哲学的第 1 个标准的理论范式是实体范

式。这一范式认为世界是由具有质量的微粒构造的。古希腊的原子论学说正是这一范式的哲学代表，而牛顿的质点力学及近代科学提出的原子—分子论学说则是这一范式的科学代表。人类科学和哲学的第 2 个标准的理论范式是能量范式。这一范式认为，世界是由不具有静止质量的能量场构造的。现代科学中的电磁场理论、量子力学、相对论、现代宇宙学等学说是这一范式的科学代表，而相应崛起的以唯能论为基础的当代实在论学说则是这一范式的哲学代表。人类科学和哲学的第 3 个标准的理论范式是信息范式。这一范式认为，事物的性质不能简单由质量的多少和能量的大小来决定，而必须考虑质—能的结合方式、蕴含的信息内容、信息所决定的演化程序和过程。当代复杂信息系统理论的崛起是这一范式的科学代表，而中国信息哲学提出的物质和信息双重存在和双重演化的理论则是这一范式的哲学代表。

早在 20 世纪 80 年代初，美国未来学家阿尔温·托夫勒就形象地把人类文明的发展比喻成 3 次文明：农业文明、工业文明和信息文明。事实上，这 3 次文明的划分是以人类利用的生产工具的模式为标准的。农业文明的生产手段是人力、畜力操纵的手工工具；工业文明的生产手段是以蒸汽、电力为动力的机械工具；信息文明的生产手段是以信息化和智能化为标志的智能工具。不同文明的区别除生产的某些对象和能力上的差别外，主要源于其生产方式的差异。在农业文明时代，人类的体力劳动和脑力劳动主要是凭借自然直接赋予人的能力完成的；工业文明的大机械生产方式在极大的程度上降低了人类的体力劳动强度；而信息文明创造的信息化和智能化生产方式则使人类的脑力劳动日益获得解放。

随着信息文明的到来，学术界先后提出了很多关于时代划分的理论：后工业时代、后现代；数字化时代、智能化时代；等等。虽然这些提法从提出者思考的独特角度来看或多或少都具有一定的意义和价值，但是严格而论，都分别具有某种程度的不严谨的狭隘性。

后工业时代、后现代这样的提法只是昭明了传统的时代已经终结，新的时代已经开拓，但是，现代和后现代、新和传统是相对的，随着时间的推移，后现代也会转化为现代，新的也会转化为传统的。事实上，这样的提法不仅未能恰切地揭示新时代的具体特征和性质，还会导致后续时代命名的困惑。如果再有一个更新的时代来临，我们是否要用“后后工业”或“后后现代”来称谓呢？

基于前面已讨论的观点，数字化仅仅是目前实现信息化的一种技术手段，用它来标明一个新的文明时代和经济体制显然不能贴切地揭示新文明和新经济的本质特征。同理，因为智能乃是主体在认识和实践过程中把握、处理、创造、开发、利用和实现信息的能动方式与方法，所以它是包含在信息世界之中的，且必须以信息的方式存在。这样，单独以智能化来称谓我们这个时代，仍然不能全面概括基于信息范式的时代的本质和特征。

信息时代的发展最初更多地体现在计算机和通信技术、微电子及网络化技术、空间技术、生物信息的基因工程技术等领域，而新近的发展又涌现出了大数据、云计算、深度学习、虚拟现实、量子信息、基因增强等众多全新技术领域。虽然这些全新的技术领域的智能化程度，确实在不断地增强，但是它仍然属于信息技术的领域。据此，我们可以把智能化的新发展看作信息时代发展的一个新的阶段。显然，那种把智能文明看作超越信息文明的一个新的文明时代的观点是站不住脚的。

目前有一种盛行的观点认为人类正在进入第 4 次工业革命的新阶段。这一观点所强调的 4 次工业革命分别是：蒸汽技术革命；电力技术革命；信息技术革命；人工智能革命。这一划分的缺陷是十分明显的。首先，这样的划分仍然沿用了“工业革命”的标签，并未清晰地看到信息文明的变革已经超越人类工业文明的时代。其次，将信息技术革命和人工智能革命看作两个迥然不同的革命阶段。这就有必要回答一个问题：人工智能还属不属于信息技术的范围？再者，从存在论的基础和科学技术范式的角度来分析，蒸汽技术革命利用的是分子层级的质量要素所提供的动力，其存在论的科学技术范式是实体实在论；电力技术革命（其实也应该包括核能技术的开发和利用）利用的则是能量场所提供的能量，其存在论的科学技术范式是场能实在论；信息技术革命和人工智能革命利用的都是信息处理和创制技术，其存在论的科学技术范式都是信息范式。就此而言，人工智能革命并不是独立于信息技术革命的一次全新变革，而只能是信息技术革命发展的一个新阶段。

正如人类的农业文明、工业文明也都经历了不同的发展阶段一样，人类的信息文明也一定会经历若干不同的发展阶段；而目前我们正处于信息文明蓬勃发展的时代。至于信息文明之后的下一个文明是什么，目前我们仍然没有看到明晰的迹象。

参 考 文 献

[1] 邬焜. 哲学信息的态[J]. 潜科学杂志，1984（3）：33－35.

[2] 邬焜，王健，邬天启. 信息哲学概论[M]. 西安：西安交通大学出版社，2020：143.

[3] 邬天启. 信息哲学存在论新探[J]. 自然辩证法研究，2023（3）：26-32.

[4] 邬焜，邓波. 知识与信息的经济[M]. 西安：西北大学出版社，2000：73-75.

[5] 卢西亚诺·弗洛里迪. 计算与信息哲学导论（上）[M]. 刘钢，译. 北京：商务印书馆. 2010：128，150.

[6] 北京大学哲学系外国哲学史教研室. 西方哲学原著选读（上卷）[M]. 北京：商务印书馆，1981：26.

[7] 方元. 哲学认识论的信息中介论探讨[J]. 兰州学刊，1984（5）：57-63.

[8] 邬焜. 论马克思和恩格斯“全面生产”理论的复杂性特征[J]. 中国人民大学学报，2006（6）：86-92.

[9] 邬焜. 信息生产和信息生产力[J]. 哈尔滨师专学报，1997（3）：28-39.

[10] 邬焜. 主体信息活动的层次和层次间的相互作用[J]. 西北大学学报（哲学社会科学版），1993（3）：43-49.

[11] 邬焜. 信息哲学——理论、体系、方法[M]. 北京：商务印书馆，2005：108-133.

[12] 邬焜，罗丽. 试论信息、知识、智能、实践的全息统一性[J]. 情报杂志，2018（5）：21-25，51.

翟振明

元宇宙的哲学预设与造世伦理

翟振明，信息社会50人论坛成员，广州大学R立方研究所所长，中山大学人机互联实验室主任，哲学教授。其著作《虚拟现实的终极形态及意义》被美国评论者认为“有可能在虚拟现实技术和哲学两个领域都成为里程碑性的著作”。

一、引言：“虚拟—现实”的无缝穿越实验

在中山大学人机互联实验室中，我们可以感受一次身临其境的实验体验。当我们和其他两个人进入一个实验室，坐上一辆高尔夫球车，戴上被改装过的头盔时，高尔夫球车起步了，我们能够看见某个熟悉的教授及其他教授的办公室，能够看到长安街、天安门、歌剧院、UFO飞碟、UFO上的翟教授……我们和对面的人打招呼，和朋友聊天，畅游一番，然后一起回到中山大学的校园。摘下头盔后我们又回到了实验室。回想刚刚发生的一切，什么时候从真变假，从现实变成虚拟，这一切的感受是真真实实地发生着的，一开始从现实到虚拟是无缝的，现在从虚拟出来回到现实也是无缝的，技术模糊了我们对虚拟与现实边界的感知，这是一次无缝穿越实验。这个无缝穿越实验正是元宇宙的雏形，在这个无缝穿越实验中涉及元宇宙哲学中的几个重要问题：比特世界与原子世界的无缝对接问题，人工智能（Artificial Intelligence，AI）、虚拟现实（Virtual Reality，VR）、扩展现实（Extended Reality，ER）概念中的哲学预设问题，元宇宙造世中的伦理问题。

二、元宇宙：比特世界与原子世界的无缝对接

上述的无缝穿越实验说明元宇宙的一种进入方式，即通过各种设备无缝从现实世界进入虚拟世界。元宇宙涉及两个世界的共生，一个是虚拟世界，一个是现

实世界；或者称一个是比特世界，一个是原子世界。元宇宙的技术要实现从实到虚和从虚到实，从原子世界到比特世界和从比特世界到原子世界的无缝穿越，依赖各项技术的发展，如人工智能技术、交互技术、物联网技术、数字孪生技术、区块链技术等，但需要澄清的是，每项技术发展的基本节奏不同，未来发展的前景也是不同的。

（一）AI 技术中的自我意识难题

我们可以想象一个人戴着 VR 头盔和一台计算机戴着头盔有什么区别，一个人戴着 VR 头盔能够“进入”虚拟世界，而以计算机为代表的 AI 智能机器戴着 VR 头盔却无法“进入”虚拟世界。这是为什么呢？两者最大的区别在于我们先设定了人有自我意识，而人工智能没有自我意识。也有人试图论证强人工智能可以具有自我意识，比如波斯特洛姆在《超级智能：路线图、危险性与应对策略》一书中尝试从人工智能、全脑仿真、生物认知、人机交互及网络和组织等方面论证强人工智能的可能性，他使用“超级智能”（Super Intelligence）一词来描述机器“智能爆发”之后的智能状态。但波斯特洛姆的这个概念没有把工具性智能与人类的意识和自我意识等第一人称世界的内容区分开来，也没有深入探讨人类智能现象的本质究竟是什么。笔者在“‘强人工智能’将如何改变世界——人工智能的技术飞跃与应用伦理前瞻”一文中对其进行了回应。[1]

人工智能技术在不断发展，但出现自主意识的强人工智能却很难得到论证。强人工智能的认证判断标准为：除非有确凿的证据向我们证明如何按照非定域原理（量子力学的原理）把精神意识（或意识）的种子引入某个人工系统，否则无论该系统的可观察行为与人类行为多么相似，我们都不能认为该系统真的具有了精神意识。

在心智哲学和认知科学领域，包括计算主义在内的物理主义有一个基本预设，即定域原则（Locality Principle）。许多“计算主义者”和“物理主义者”认为受定域性原理限制的物理主义可以胜任对意识的神经元对应项（NCC）的描述，人的情感、意向性、自由意志等意识本身或与意识直接相关的内容在牛顿力学框架下的物理因果关系模型中能够解释意识及其相关内容。在定域性原理框架下，计算主义在内的物理主义有一个基本预设，即设定任何物理系统都能够被分解为独立的局部要素的集合，且各要素仅同其直接邻近的物件相互作用。这是经典力学的基本原则，也是当代神经科学默认的前提，从而也是物理主义的预设。计算主义则强调符号关系，它与其他版本的物理主义相比，主要是分析要素不同，但这种不同却无关宏旨。这是因为，符号关系试图解释的也是意识现象或心智事件的产生和关联的机理，是实质性的关联，而不是纯逻辑的关联。基于这种认知框架，他们倾向于认为，大脑的符号系统的状态，就是各个单一独立要素的神经元的激发/抑制状态聚合起来的某个区域的总体呈现。

笔者认为这种“计算主义”“物理主义”的论证具有悖谬的本性，他们混淆了“内在描述”与“外在描述”功能，会陷入“整一性投射谬误”。美国哲学家查尔默斯（D.Chalmers）比较温和地指出这种类型的物理主义者只能处理有关意识的“容易的问题”（Easy Problem），不能处理有关意识的“艰难的问题”（Hard Problem）。[2]笔者认为，这种类型的物理主义、计算主义无法解释最基本的意识感知现象（如双眼综合成像），因为这类现象涉及的同一时空点的变量个数远远超出在局域性预设中每个空间点可容纳的物理变量个数。针对这一问题，笔者在“心智哲学中的整一性投射谬误与物理主义困境”一文中进行了详细论证。[3]

概而言之，以定域性预设为前提的物理主义和计算主义原则上不能解释人类的意识现象。量子力学已经不得不抛弃定域性预设，这就在逻辑上打开了其解释意识现象可能性之大门。近年来，彭罗斯和斯塔普等人也意识到这个问题。斯塔普说：“没有定域原则为限制条件的量子力学，使得内在描述无须观察者的投射就可以具备外在描述的功能。”只有量子力学才是对意识进行物理学研究的可能进路。

（二）脑机接口技术的使用边界

脑机接口（Brain-Computer Interface，BCI）技术可以追溯到20世纪60年代耶鲁大学的荷塞·德尔加多（Jose Delgado）教授设计的无线电遥控的脑部电刺激仪实验，他将1～2根电极的脑机接口植入公牛体内，成功让一头愤怒的公牛掉头逃走。美国学者拉奥在《脑机接口导论》一书中指出脑机接口技术的研究目的是“把大脑活动转变成对设备的控制指令，或者通过刺激大脑提供感觉反馈或修复神经功能”。所以脑机接口技术最先用于医学领域，目前已经应用于感知恢复、运动恢复、脑控轮椅、阿尔茨海默病失忆患者治疗等领域。2020 年，马斯克的脑机接口公司 Neuralink 再次加大对脑机接口技术的研究。在元宇宙的讨论中，一直留有一个疑问，即脑机接口技术能否实现比特世界和原子世界的有效对接，或者说人机的高度互联能否作为元宇宙沟通现实世界与虚拟世界的有效通道。

在元宇宙中，数字技术时代出现的信息泄露、数据安全、隐私保护、算法歧视等问题仍然会存在，元宇宙的人机互联会在人联网和物联网之间进行。人联网是网络化的虚拟世界，虚拟世界平台通过数码替身，以实时受控的三维形象的方式将人与人集结在一起，进行交流与创造性活动，物联网是把人造物，甚至自然物接入一个巨大的网络。在人联网和物联网的互联中，我们需要注意几个方面的问题：其一，认知信息，通过外部世界给人提供判断的原材料；其二，控制信号，使外部世界对象按照主体的需求改变（或保持）周边环境，即控制系统的脑神经信号；其三，对信号做出回应，并发出信号，人的自然感官监视、接受认知信息，进行判断和认知，然后通过大脑神经元发出信号；其四，信息与信号在概念上不可混淆，否则人就会被物控制，泄露个人信息，出现数据信息安全问题。笔者认为脑机融合有很多不可控的偶发性因素，比如：机器控制人的自我意识，人变成机器；自我意识被外来的控制信号干扰从而被控制或者被整个抹除，使人成为“行尸走肉”，成为邪恶的工具。

因此，元宇宙技术的发展不能违背最基本的伦理共识，即康德伦理学主张的“人是目的”的基本伦理原则。在数字技术、信息技术的发展过程中，笔者主张人机关联要遵循“不对称原则”。在科学哲学中，拉图尔依据“对称原则”提出行动者网络理论（ANT），认为通过行动者的磋商、征募、转译，可以让所有行动者有意识地建立行动者网络，因此，应当依据“对称原则”看待人类与非人类（研究对象、虚拟人等）。[4]相反，笔者认为“不对称原则”才是人机互动、人机互联、人机融合的基础性原则。数字技术发展中的“不对称”即主体、客体、信息之间的不对称，具体可以表述为以下内容。

（1）在客体到主体这个方向，信息越畅通越好，信号阻滞度越高越好。

（2）在主体到客体这个方向，控制信号越畅通越好，信息密封度越高越好。

（3）以上两条原则的松动，以最严苛的程序保证以各个主体为主导。

脑机接口并不是使比特世界和原子世界对接元宇宙好的方式，它所面临的伦理争议和控制风险非常大，甚至会导致人类自我意识和主体性的毁灭。相较而言，笔者更倾向于主张通过发展可穿戴的物理设备来发展元宇宙。

三、扩展现实：元宇宙技术中的哲学预设

在元宇宙的技术建构中，要避免脑机接口技术对人自我意识的控制，笔者更主张利用可穿戴的物理设备（如传感器、光学仪器等），以沉浸式的方式模拟、增强和扩展其现实性，从而实现元宇宙多重平行世界的建构。在虚拟现实、增强现实（Augmented Reality，AR）和扩展现实中，有哪些哲学预设是我们需要探寻的呢？

虚拟现实技术以高性能的智能技术，结合传感器、光学仪器等为个体的认知、心理等组合创建出有形和无形的虚拟现实空间，通过主体的随意组合来模仿创造新的现实，便于主体介入、互动，使得主体感官刺激由弱变强，由单独感官变为感官集成，由部分趋于完整，主体对客体的认知也由间接转为直接，使认知对象新鲜活泼、具象成形，人可以沉浸于此并与之发生交互作用。可以说，VR 有两条基本原理。

虚拟现实的第一条原理是个体界面原理：人的外感官受到刺激后，得到对外界时空结构及其中内容的把握，只与刺激界面发生的物理、生理事件，以及随后的信号处理过程直接相关，而与刺激界面之外的任何事物不直接相关。

在这一条原理中，个体界面指可以被感觉器官感知的界面，如视网膜是视觉界面，耳膜是听觉界面。人的感官界面是第一人称与第三人称的分界面。以视觉为例，视网膜外是第三人称的客体世界，进去就是第一人称的主观世界。更重要的是第一人称世界不是第三人称世界的一部分。笔者在前面已经论述过除非以量子力学原理来设计它，才有可能突破第一人称主观世界与第三人称客观世界的界

面连接，否则主体与客体的分离是必需的，而不是可选择的。在整个循环中，虚拟世界中的事件可以发生当且仅当一个有意识的心智在界面刺激（在第一人称与第三人称之间的无限小空间中实现）后参与其中。这个刺激界面（视觉上就是视网膜）是无限小的空间，是一个理论空间，不是实际空间。也就是说，在界面刺激之后，有一个意识发生作用，才有了第一人称的世界，即虚拟世界。只要视网膜上发生的信号的内容和自然刺激的内容是相同的，它就能得到整个世界的虚拟世界。

虚拟现实的第二条原理是群体协变原理：只要我们按照对物理时空结构和因果关系的正确理解来编程协调不同外感官的刺激源，我们就能获得每个人都共处在同一个物理空间中相互交往的沉浸式体验，这种人工生成的体验原则上与自然体验是相同的。

第二条原理是关于在网络化的虚拟现实中，不同的人为何可以获得共处同一个物理空间的知觉的原理。它说明我们通过编程能够将不同人的不同感官，包括我们的视觉、听觉、触觉等，以及本人和他人的不同感官，包括本人的视觉和他人的视觉、本人的听觉和他人的听觉等协调起来，从而获得每个人都共处同一个物理空间中相互交往的沉浸式体验。

虚拟现实可以被分成两个部分，一个是基础部分，一个是扩展部分。前者具有我们借以操纵物理因果过程的遥距操作功能，而后者却不具有遥距操作功能，因为我们在这个扩展部分里只进行创造性的活动，这种活动与我们的基本生存需要无关，所以无须对自然因果过程定向施加作用。从虚拟现实开始才有了元宇宙的基本元素，此时时空结构的形而上学层次才被虚拟出来，才基本有了元宇宙的萌芽。美国洛约拉马利蒙特大学计算机系的教授指出元宇宙的 4 个核心特征是现实性、无处不在性、互操作性和可扩展性[5]。这里的现实性即沉浸现实性。元宇宙要沉浸现实，要增强现实，就要尽可能在所有感觉（视觉、听觉、触觉、味觉和嗅觉等）上接近真实物理世界的效果。目前，Oculus 的头显设备，Meta 的仿生眼专利（Two-axis Rotatable Mechanical Eyeball），美国卡内基梅隆大学开发的 Reski 触摸感应机器人皮肤都增强了从虚拟到现实的视觉直接可见性和听觉直接可听性。

笔者更想强调的是元宇宙的可扩展性——扩展现实。和虚拟现实、增强现实一样，ER 也是元宇宙发展的一个非常重要的概念。相较于虚拟现实、增强现实，它可能比元宇宙概念覆盖的内容更多，可以构造一个无限延展的世界。

扩展现实是指人联网、网络化的虚拟现实与物联网（IoT）的相互连接、叠加和扩展。扩展现实中有可能构造一个纯粹模拟的世界，也有可能扩展为一个终极的重建的世界。这个世界与现实世界中的因果过程相关，通过主从机器人连接物联网，也就是说人通过主从机器人的从方人体替（Avator）控制物联网中的各种设备。在这个世界中，由一个用户直接操纵的，具有主体表征的数字替身，笔者称之为“人替”（Avatar）。“人替”是虚拟世界模拟真人制造出来的虚拟人，也有人称其为数字替身。“人替”与现实社会中的个体相互对应。“人替”可以在完全的沉浸式环境中与物理身体的视像在空间上重合，并由第三人称的对象性表征转化为第一人称试听场域的主体表征。在扩展现实中，系统会创设或用户会自己创建由人工智能驱动的摹拟人，笔者称之为“人摹”（NPC）。此外还有用户在离线或脱线状态下选用人工智能驱动的多个“人替摹”（Avatar Agent）。与之相对应的元宇宙世界会产生物替（Inter-sensoria）、物摹（Physicon）、动物替（Animal Avatar）、动物摹（Animal Agent）等，原子世界的丰富多样性在元宇宙世界中都能完成其“替”和“摹”的建构。这样就会发展出扩展现实的基本原理。

虚拟现实中的个体不仅可以在元宇宙世界中有沉浸式的体验，还可以操纵物联网，通过主从机器人的从方人体替（Avator）操纵机器。个体如果不退出，可以一直生活发展在扩展现实之中，不断延展、建设、再造元宇宙。

在虚拟现实的基础部分，我们可以通过各自操作相应的机器人替身进行相互合作，一起完成与我们的生存发展相关的工程作业，而这些作业都是由一个有自我意识的类人主体“人替”完成的。如果我们在基础部分的虚拟世界中虚拟地伤害一个人，那么遥距操作设施就很有可能导致现实世界中的人也会受到伤害。但在虚拟世界的扩展部分，不仅有代表真人的“人替”，还可以有纯粹由编程造就的、不与真人相对应的似人对象“人摹”。这个扩展部分不具有与基础部分相同的本体论地位，在真实世界中也没有基于物理因果性的对应物，其行为活动完全由程序决定。它们不是能动者，没有自我意识，也不能感觉或体验到任何事物，可见在扩展现实中的“人摹”“人替摹”是物，并不是人，没有自我意识。

扩展现实可以直接控制物联网，可以在虚拟世界中遥控物理世界中的设施。特别需要说明的是，这里有个伦理上的底线，即康德伦理学的铁律“人是目的，物是手段”。元宇宙建构的底线伦理就是不能由物操控人，不能让“人摹”“人替摹”或物联网控制“人替”，也不能由数字平台、数字公司等来操纵个体的主体选择。因此，在以扩展现实为基础的元宇宙建构中，最重要的是我们如何建构一个以“人替”为中心元宇宙的伦理文化，这种伦理文化的建构决定着元宇宙未来发展的持久性。

四、元宇宙扩展现实世界的伦理问题

美国斯坦福大学虚拟人机交互实验室创始主任拜伦森（Jeremy Bailenson）在其著作 *Experience on demand: What virtual reality is, how it works, and what it can do* 中，描绘了一个美好的虚拟世界场景。他认为虚拟世界可以让人的世界观变得更好；虚拟世界中的用户可以通过模拟练习提高学习能力和沟通能力，增强同理心和想象力。拜伦森认为虚拟现实不是让我们远离了现实，而是丰富了我们的生活并使我们更好地对待他人、环境及自己。[6]然而，元宇宙世界中的是非、善恶、可行与不可行、应当与不应当与现实世界有很大的不同，元宇宙想创造一个可能世界，而在这个可能世界中，如果脱离理性根据和伦理考量，元宇宙的可能世界会变成一个糟糕的可能世界。因此，我们必须以高度的责任心对元宇宙的造世伦理学进行系统、深入的研究探讨。元宇宙显然不会复刻现实世界的伦理规范，在拓展内部现实世界、数字虚拟世界、多重数字虚拟世界中会遇到许多新的伦理问题。

（一）伦理主体：责任主体的双重身份与多重交替

当前现实物理世界中的伦理规范，无论是后果论、义务论，还是美德论，都是围绕有自由意志的道德主体——人展开的。元宇宙的造世伦理学需要建构的是以“人替”为中心的伦理规范。“人替”作为元宇宙世界中具有道德主体地位的虚拟个体会面临两个方面的伦理难题。其一是同一责任主体的双重身份问题。在道德和法律层面的单个责任主体在现实世界和虚拟世界分别为不同的角色，那么该如何判定其在虚拟世界中的行为责任呢？以性别和年龄为例，很多用户在虚拟空间的“人替”是与其真实性别相反、真实年龄差别相差很大的角色。如果一种道德或法律责任与性别或年龄紧密相关，那么在虚拟世界内部发生的纠纷在追到现实世界中的责任主体时，原来的现实世界规范的适用性就要求按照新原则进行解释。那么这种新原则到底是什么，以及如何论证其合理性和普遍有效性也是值得思考的问题。其二是“人替”“人摹”“人替摹”之间不同责任关系的界定责任问题。如果虚拟世界中的“物摹”和“物替”从原则上被设计得与“人替”相同，那么就不会存在原则上的区分问题；但实际上在赛博空间里，“人摹”与“人替”在本体论上是不对等的。[7]从心灵的先验性和非对象性的角度看，心灵的断定只能是第一人称的直接的自我断定，而不能从第三人称旁观者的角度达成。但从技术层面衡量“人摹”与“人替摹”设计之成功的最重要指标，就是要其行为表现无限接近“人替”的行为表现。如果以图灵关于区分人机行为的判据为准绳，那么虚拟世界里“人摹”的行为与“人替”的行为就有可能做到在经验上不可分辨。因此，当“人摹”与“人替摹”的技术逐日完善，用户逐渐失去区分这 3 种对象的能力时，我们还应当考虑仅把“人替”当作一个道德上负责任的主体是否妥当，以及元宇宙是否会出现多重道德主体的问题。

（二）伦理行为：双重意图与双重后果

即使我们承认虚拟世界中的“人替”是仅有的道德主体，但“人替”作为道德主体是现实世界人在元宇宙空间的延展，其行为意图和后果之间的关系比现实世界中的人作为道德主体要更复杂。在虚拟世界中，数字交往的行动要素是用户决定的，用户要在虚拟世界里活动，就要在虚拟世界内部发生作用，所有的虚拟行动都要服从人的意向性（Intentionality）。“人替”是人的直接的感性呈现，道德主体（用户）对其负有直接的道德责任，这就涉及意图和后果的难题。假设用户在虚拟世界里的一切行为只是为了向物联网施加遥距操作做准备，那么他真正期待的后果会在虚拟世界之外发生。在遥距操作实施前，在虚拟世界中做的事仅仅是具象化的意图，而“人替”互动导致的在现实世界溢出的后果与遥距操作导致的后果则应该被归为另一类，这样就出现了双重意图与双重后果的问题。意图与后果的关系问题是伦理学中责任概念的关键问题。在现实世界中，一个行为与道德相关，就体现在意图和结果上，如果一个行为既无伤害意图也无伤害结果，那么这就是一个道德无涉的行为。但在元宇宙中“人替”的行为意图和后果之间至少涉及多种关联组合。在虚拟世界及一般的网络游戏中，攻击一个“人替”，一般是出于人身攻击的意图或冲动，但是如果这种攻击不与某种导向现实世界人身攻击动作的遥距操作相连接的话，实际的结果最多只能是对方的财产损失或尊严的贬损。这种行动的当下意图和预料的结果之间的必然相悖，势必导致道德判断或法律判断的困境。那么我们要遵循什么样的路径，才能走出这种困境呢？

（三）伦理原则：权利、自由与边界

元宇宙要建立以“人替”为中心的伦理法则，然而根据人机交互的“不对称原则”，“人替”作为自由主体的延展最好能以隐匿的方式，更有效地保护隐私，这样为“人替”建立自我身份认同的“防火墙”就显得十分必要。但同样面临难题：如何保证虚拟世界中以“人替”为中心？如何使私人空间的界定既有利于维护每个个体的基本权利，又不赋予用户以完全隐匿的方式活跃在赛博空间中制造事端的权利？对这些隐匿主体在赛博空间制造的伤害应如何判定？如何认定用户的受伤害程度？没有物理接触的伤害是否是伤害？“人替”产生的物理伤害是不是应该由现实世界中的个体承担，以及在何种程度上承担？显然现实世界用来区分物理伤害和心理伤害的标准已不再适用于元宇宙。在虚拟世界及在一般的网络游戏中，攻击一个“人替”，从虚拟世界内部看是“物理”性质的，而从现实世界的观点看却可能只是“心理”性质的。那么，元宇宙制度设计中该建立什么样的规则才最符合普遍理性的要求呢？

元宇宙的边界会不断扩展，虚拟世界中用户创建的“自然”景观同时也是“人替”的人造物，那么在元宇宙世界中如何区分哪些是“人工物”，哪些是“自然物”，如何扩展对财产权、所有权概念内涵和外延的理解，这些都是我们需要处理的新的问题和界分。当然，元宇宙更大的边界问题是：如果我们的技术发展到我们将虚拟世界和现实世界的边界在经验层次抹掉的时候，我们应该如何面对这种颠覆性的越界的可能，我们如何保有自我意识的真实性而不是把虚拟经验仅当作自我意识的投射？日益发展的比特世界会不会推动原子世界的隐退，过于沉浸于元宇

宙世界中的个体会不会更在意“人替”的经验体验而导致个体的自我幽闭，理性的自我主宰又如何脱离虚拟空间茧房的藩篱？

五、结语：元宇宙的造世伦理学与虚拟大宪章

可以说，虚拟现实技术改变了我们自己构建世界的感觉框架，这个通过感觉框架存在的世界，在本体论上和自然世界是对等的，在感觉体验中又是更丰富的。我们在元宇宙中可以通过“人替”设计不同的角色、形象、职业，开展不同的体验，但同时我们在元宇宙中又会遇到很多新的问题，需要设计、探讨和制定一套最佳的、相互协调的“物理”规律来丰富元宇宙。例如，虚拟世界中的造物可以变旧吗？“人替”可以在与自然和他人的互动中被损坏吗？虚拟世界中允许“自然灾害”的发生吗？在元宇宙中，虚拟世界的“物理”规律是人为设定的，人可以创造任何数字化的虚拟存在，通过“人替”不断扩展“替”和“摹”的设置，赋予其意义、获得其体验等。在回答这些“物理”规律问题的同时，作为主体技术的元宇宙技术要对这些基本的伦理规则进行深入探讨，这就是“造世伦理学”的基本含义。目前看来，元宇宙是一个由数字技术实现的，最有可能颠覆现实世界文明的新世界。虚拟现实技术不是制造工具的技术，而是制造整个经验世界的技术。元宇宙世界是依照“物理”规律建造的新世界，却并不是只追求制造工具和客体技术的新世界。“人替”作为元宇宙的道德主体具有完整性吗？“人替”存在人格同一性问题吗？“人替”“人摹”“人替摹”在元宇宙中的哪些虚拟活动需要承担道德责任？杀死“人替”是虚拟暴力犯罪吗？基于对这些问题的思考，以“人替”为中心的伦理学应当成为元宇宙研究的重要领域。

元宇宙是人类通过主体技术创造出来的一个以“人替”为中心的无限世界。在元宇宙的多维数字空间中，我们通过虚拟现实、增强现实和扩展现实不断创造新世界。如果元宇宙技术是一项涉及人的主体性发展的技术，那么我们必须警惕元宇宙之“恶”。我们必须考虑：是否应该将全部生活场景、生活方式全方位地向元宇宙推进；如何保证所有个体的主体意识足够强，能够分辨现实世界与虚拟世界的界限；完全地沉浸会不会模糊界限，让人陷入癫狂；如何在元宇宙中扩展个体权利、自由的边界，在探寻无限世界的时候守住伦理底线，追求更高层级的伦

理文明；如何保证元宇宙的文明是一种更好、更值得追求的文明，如果不能，那么如何避免元宇宙文明对现实文明体系的冲击和反噬。可以说，元宇宙的伦理是元宇宙建构中最重要、最前瞻、最基础的部分。在元宇宙发展之初，我们抛开个体偏好、宗教理念、政治意图、纯粹的商业利益，通过对人类价值理性的思考与探讨，凝聚一定程度的价值共识，制定开放性的虚拟大宪章，才能更好地推动元宇宙发展、拥抱新世界。

参考文献

[1] 翟振明，彭晓芸. “强人工智能”将如何改变世界——人工智能的技术飞跃与应用伦理前瞻[J]. 人民论坛·学术前沿，2016（7）：22-33.

[2] Chalmers D J. Reality+: Virtual worlds and the problems of philosophy[M]. Penguin UK, 2022.

[3] 翟振明，李丰. 心智哲学中的整一性投射谬误与物理主义困境[J]. 哲学研究，2015（6）：105-112，129.

[4] Latour B. Pandora’s hope: Essays on the reality of science studies[M]. Massachusetts:Harvard University Press, 1999.

[5] Dionisio J D N, Iii W G B, Gilbert R. 3D virtual worlds and the metaverse: Current status and future possibilities[J]. ACM Computing Surveys (CSUR), 2013, 45(3): 1-38.

[6] Bailenson J. Experience on demand: What virtual reality is, how it works, and what it can do[M]. New York: WW Norton & Company, 2018.

[7] 翟振明. 虚拟实在与自然实在的本体论对等性[J]. 哲学研究，2001（6）：62-71.

左鹏飞

元宇宙的发展态势、风险研判与对策建议

左鹏飞，信息社会50人论坛成员，中国社会科学院数量经济与技术经济研究所创新政策与评估研究室副主任、副研究员，中国社会科学院信息化研究中心副主任。主要研究方向为信息技术经济、数字技术创新。

一、引言

近年来，元宇宙相关话题一直保持较高热度。科技界、投资界、产业界及地方政府都对元宇宙的发展表现出较高热情。美国、日本和韩国等国家的政府和企业逐步意识到元宇宙发展带来的巨大潜力和战略价值，争相投入重要资源布局元宇宙赛道。国内多地政府已着手布局元宇宙产业，北京、上海、重庆、浙江、安徽和江西等省（直辖市）已出台相关支持性政策。当前，传统互联网红利的逐步消退与虚拟现实技术的不断进步正在形成交汇，元宇宙顺势而出，成为未来经济社会数字化转型的主要手段之一，并承载了对下一代网络空间发展的期望与探索。

二、元宇宙的影响探析与发展态势

（一）影响探析

对于元宇宙可能产生的影响，总体上可以分为悲观派和乐观派两种。悲观派认为，元宇宙的发展有可能导致巨大的虚拟化陷阱的产生，对现实社会造成多重冲击，甚至可能威胁人类文明的延续；乐观派认为，元宇宙将与现实世界形成良性互动，成为现实社会发展的有益补充。[1]本文分别从宏观社会、中观产业和微观个体三个层面对元宇宙可能产生的影响展开分析。

首先，元宇宙有望推动社会生产和组织方式变革。每一轮技术革命必然带来社会结构、关系和分工的联动变革。元宇宙蕴含着改变社会生产和组织方式的巨大潜力与创新动能。一方面，在元宇宙世界中，我们习惯的物理规则和现实约束会在一定程度上被打破与重塑，时空边界、产业边界、资源边界和组织边界等逐渐趋向模糊。元宇宙的发展将促进不同产业和不同领域的跨界融合，激发融合创新效应，颠覆大部分传统社会活动中的场景和方式，促进形成虚拟与现实融合的超大规模协作体系，有效提升全社会的生产效率。另一方面，元宇宙将加速社会各领域的数字化转型步伐，推动金融、政务和物流等多个领域的数据贯通与业务协作，助力构建更加立体化、智能化的连接型社会，引导和推动传统生产组织体系发生根本性转变，促进社会不同领域形成多元利益主体密切协同的新型合作机制。[2]

其次，元宇宙可能引发全面而深刻的产业变革。与互联网一样，元宇宙作为一种通用型技术兼具基础性和创新性，既能培育壮大新兴产业，也能赋能传统产业转型升级，并推动形成新的产业机遇和经济增长点。一方面，元宇宙将成为培育壮大新兴产业的重要力量。在虚拟现实、数字孪生等技术驱动下，元宇宙的发展将加速可视化应用场景向不同领域渗透和拓展，通过虚拟空间促进不同产业生产场景重构，激发技术创新活力，促进商业模式创新，催生出一批新产业、新业态和新模式。另一方面，元宇宙将成为赋能传统产业转型升级的重要力量。元宇宙在与不同产业深度融合的过程中，扩大了传统产业可投入资源要素的范围，激发了传统产业发展动能，进一步推动传统产业组织数字化重构和产业生态平台化重塑，带动传统产业链条跃迁升级，推动传统产业向新范式转轨，促进形成新的产业发展逻辑，创造新的产业空间。

最后，元宇宙能够促进个体进一步提升创新创造能力。技术的演变必然导致个体从观念到行为发生持续性变革，并引发一系列具体工作内容的深刻变化。元宇宙通过立体视觉、深度沉浸等场景，推动办公、娱乐和学习等工作场景与生活场景“搬迁”进入元宇宙，给个体的工作和生活带来巨大变革。这将催生出一系列新职业，如元宇宙空间设计师、元宇宙系统工程师等。同时，元宇宙增强了人们工作的便捷性和参与感，进一步提升了跨区域、跨时空的产业协作能力，有效激发了各类人才的创新创造活力，促进了人力资本潜在价值的挖掘和释放。另外，元宇宙能够有效促进个体的物理身份和数字身份形成混合主体，也为推动我国从人口红利迈向数字人口红利提供了一条新路径。

（二）发展态势

元宇宙的发展应时代而生，目前对其发展态势的分析主要分为两类：一类是基于虚拟世界的典型样本，如 3D 游戏、虚拟社区等已有场景，对元宇宙的未来展开构想；另一类是对元宇宙市场规模和投资机遇的前景进行描绘。

第一，信息展现形式从二维转向三维。在需求升级与技术升级的合力作用下，信息展现形式从二维平面转向三维空间成为一种趋势，这一趋势与元宇宙最初的出发点——数字分身在虚拟三维空间中开展活动——相一致。从需求来看，随着视觉展现形式的不断升级，人们已经不再满足于文字、图片和视频等二维信息的交互方式，开始追求更具可视性、更立体化、更有想象力的信息交互场景。从供给来看，伴随新一代信息技术的快速演变与迭代，支撑虚拟空间和现实空间连接的技术日益成熟，为元宇宙场景的落地打牢技术基础。目前这类应用场景不断涌现，2021 年 Meta 和微软先后推出了远程办公产品 Horizon Workrooms 和 Mesh for Teams，主要通过三维虚拟办公空间来增强用户参与会议、研讨、合作等线上活动的临场感。

第二，网络连接从信息转向价值。现代社会是陌生人组成的社会[3]，信息技术的发展推动社会关系架构不断变化。从发展趋势来看，网络连接的目标逐渐从信息转变成人，即从单一的信息传递转变为满足人的各种需求，如社交、购物和办公等。元宇宙作为信息技术的前沿表现形式和功能载体，实质上仍致力于提升网络连接的水平和层次。当前的网络空间主要通过文字、图片、音频和视频等信息交互方式，实现人与人之间的抽象连接，但仍难以有效识别个体身份的独特性和主体性，即当前网络只能传递信息而无法传递价值。在区块链、NTF 等技术的驱动下，元宇宙将在现有网络空间基础上提供更加形象化、生动化的虚拟活动场景，推动价值创造和价值获得过程的有效识别，进而推动网络连接从信息传递向价值传递转变。

第三，主要功能从娱乐转向实用。从实际应用情况来看，现有的元宇宙应用场景多为试验性和局部性的前期探索，实用性不强，因此当前元宇宙应用的代表性案例多发生在游戏、娱乐等领域。未来一段时期，伴随元宇宙的各类场景从封闭走向开放、从实验室走向应用场，元宇宙在各行各业中的应用将不断增多，实用性也将日益增强。例如，从工业方面来看，元宇宙通过连接虚实空间重塑传统工业生产场景，赋能研发设计、生产制造和流程管理等不同生产环节的优化升级，促进形成新型制造与服务体系；从教育方面来看，元宇宙中海量的学习资源、沉浸式的学习环境及多元交互的学习方式，为抓取学生注意力、提升学习效率提供了全新模式。可以预见，随着技术成熟度的不断提高，未来元宇宙有望在多个领域发挥巨大作用，成为赋能现实经济社会发展的重要新手段。

第四，内容创作生产从用户转向机器。内容创作生产是推动元宇宙发展的重要一环。在互联网发展早期，网络内容主要由专业人士，如程序员、架构师等生产，被称为专业生产内容（Professionally-Generated Content，PGC）模式。伴随计算机网络的快速普及，普通用户也可以利用数字工具进行内容生产，网络内容生产从 PGC 模式逐步转向用户生产内容（User-Generated Content，UGC）模式。在元宇宙发展过程中，基于开源和分布式的数字生态整体架构，人与机器、机器与机器将实现高度互动，内容生产模式也随之发生改变，由 UGC 模式转向人工智能生产内容（AI-Generated Content，AGC）模式。在人工智能生产内容的过程中，用户或者创造者将通过内容和数据的所有权来获得收益。未来，城市规划、产品设计、工艺优化甚至一些突发事件的紧急预案都有可能通过 AGC 模式完成。

第五，体验经济模式从线下转向线上。伴随生活水平的持续提升，人们对消费体验的要求也不断提高。体验经济模式是一种能够满足大众个性化消费需求的服务经济模式。[4]然而，长期以来，体验模式以密室游戏、田园采摘和主题餐厅等为主，互联网等科技手段虽然在一定程度上帮助用户定制了一些个性化的线上服务，但与线下体验仍存在较大差距。元宇宙的出现为体验经济模式创造了新窗口。在大量体感技术的支持下，元宇宙通过感官输入、认知计算等手段，极大增强了用户的在场感、沉浸感和真实感，有力推动了体验模式从线下转向线上，并有望成为体验经济迈向高质量发展的高阶通道。

三、元宇宙的风险研判

元宇宙如同一个新物种正在快速进入不同的行业、领域及场景，在产生积极影响的同时，不可避免地带来一些风险与挑战。

一是元宇宙可能存在被攻击破坏的风险。在数字经济时代，网络空间已经成为现代社会的重要基础设施。当网络空间被攻击破坏时，影响会迅速从虚拟空间蔓延到现实空间，有可能导致群体恐慌和社会动荡，并可能造成严重的经济损失，甚至威胁国家安全。从发展趋势来看，未来元宇宙不仅是技术与商业的重要载体，而且是比网络空间更重要的基础设施。相较于互联网，元宇宙将进一步打破虚拟世界和现实世界的界限，被攻击时产生的影响更容易传导到现实社会。如果元宇宙遭到攻击、入侵、干扰和破坏，可能会对经济运行和社会发展产生剧烈的冲击。

二是元宇宙可能面临更加棘手的数据“不可能三角”问题。互联网产业的快速发展离不开数据的支撑，而在这一过程中数据“不可能三角”问题也日益突出。相较于互联网，数据资源更是成为元宇宙发展的刚需和核心内容。一方面，为有效满足用户的智能感知需求，元宇宙相关场景的实现需要更大规模、更多维度的数据支撑，因此对个体工作和生活相关数据的收集将更细致、更全面，其中会涉及大量的个人隐私信息，由此可能产生更多的数据安全问题。另一方面，由于元宇宙与现实世界的关联程度更加紧密，所以如果发生数据泄露、窃取及篡改等问题，产生的后果也会更加严重。另外，当前全球数据安全监管形势整体趋严，元宇宙发展面临的数据“不可能三角”问题可能会更加棘手。

三是元宇宙运营可能带来行业垄断风险。一方面，元宇宙建设需要数字基础设施与传统基础设施的合力支撑，同时还需要实现超大规模的用户连接。因此，元宇宙建设过程需要大量的人力、物力和财力，显然大型企业更具建设能力，这在一定程度上导致元宇宙自带垄断基因，更容易演变成行业垄断。另一方面，由于元宇宙蕴含着巨大的发展机遇，数字科技巨头、风险投资纷纷涌入元宇宙领域，竞争未来发展赛道。例如，当前国内大型数字科技企业普遍将未来产业转型升级的着力点定于元宇宙，这也在一定程度上增加了元宇宙在产品开发与投放上的垄断风险。与此同时，人工智能是支撑元宇宙发展的关键技术，而人工智能算法的应用也日益成为加剧垄断风险的重要因素之一。[5]

四是元宇宙发展可能加剧数字成瘾问题。伴随互联网应用的不断加深，以算法俘获为内核的数字产品的用户黏性不断增强。元宇宙更加强调接近现实的感官体验，也因此具有更强的用户黏性。在各种智能穿戴设备的支持下，用户可以进入高仿真性、强交互性的元宇宙世界，这将比当前的互联网应用具有更强烈的沉浸感和代入感，因此元宇宙的发展可能进一步加剧数字成瘾问题。另外，互联网的发展深刻改变了人们的生产生活方式，并在一定程度上降低了现代人的婚恋、生育和面对面交流等方面的意愿，元宇宙的发展可能进一步强化这种意愿，并由此引发更多的社会伦理问题。

五是元宇宙发展可能面临高能耗问题。元宇宙的正常运转不仅依赖算力、网络和数据中心等数字基础设施，还高度依赖能源供给。为满足大规模用户的高真实感体验、与现实世界高频互动等需求，元宇宙不仅需要巨大的算力支撑，还需要大量的能源消耗。以数据中心为例，2020 年国内数据中心年耗电量达 2045 亿千瓦时，占全社会用电总量的 2.7%。[6]随着元宇宙应用范围和层次的持续拓展，尤其是元宇宙在产业端应用的不断深入，对算力和能源的需求将呈爆发式增长。因此，未来需要一个庞大的能源体系来支撑元宇宙运行。

四、元宇宙发展的对策建议

第一，坚持科技创新与产业发展联动发力，推进元宇宙产业生态体系建设。科技创新是推进元宇宙产业化发展的根本动力。一方面，要靶向推动元宇宙核心技术攻关。聚焦 GPU 芯片、虚拟现实、体感交互、量子信息和边缘计算等关键核心技术，加紧技术研发布局，加大对基础研究的投入力度，鼓励大型数字科技企业和科研院所组建联合研发平台，合力推进元宇宙关键核心技术攻关。另一方面，加快推进元宇宙行业技术标准建设。鼓励企业、科研单位积极展开元宇宙相关标准研制工作，建立健全元宇宙行业技术标准体系，为元宇宙产业发展提供标准支撑；积极拓展国际合作交流，推进国内标准向国际标准转化。

第二，坚持积极引导与有效治理协同并进，促进元宇宙健康有序发展。元宇宙的发展仍然充满不确定性，加强引导与治理工作是促进元宇宙行业健康有序发展的现实要求。一是引导元宇宙健康发展。加快制定数据搜集与使用、算法应用等规范性文件，引导和规范元宇宙企业行为，以科技向善为导向推动元宇宙相关技术的正确运用，促进元宇宙行业建立良性的竞争秩序。二是建立健全元宇宙法律体系。加强隐私安全、数字资产等方面的法治建设，明确产品开发者和平台运营者的法律责任，定期发布元宇宙相关典型法律案例。三是构建元宇宙治理体系。加快搭建国家层面的元宇宙治理框架，推动建立跨部门协同治理机制，探索建立与元宇宙持续健康发展相适应的治理模式。

第三，坚持发展与安全并重，加快构建元宇宙安全生态。元宇宙有望成为未来人们生产生活的重要载体，因此元宇宙的安全性关系到国家安全和社会安定。一方面，要提升元宇宙安全技术保障能力。密切跟踪元宇宙前沿技术发展情况，有针对性地加强算法安全、数据安全、网络安全和模型安全等方面的技术研究，建立健全元宇宙安全标准体系，做好元宇宙技术和应用的安全评估工作，增强元宇宙安全技术保障能力。另一方面，要推进元宇宙数据保护与使用融合发展。数据安全是元宇宙发展的生命线。加快制定符合我国国情的数据保护规则，推进对个人数据、场景数据和运营数据等的分类分级保护，强化对元宇宙企业采集和使用数据的全过程监管，建立元宇宙企业间数据共享的法律和政策框架，实现数据保护与数据使用的平衡。

参 考 文 献

[1] 何哲. 虚拟化与元宇宙：人类文明演化的奇点与治理[J]. 电子政务，2022（1）：41-53.

[2] 吴曼青. 信息技术会创造什么样的未来[N]. 人民日报. 2017-3-23（7）.

[3] 费孝通. 乡土中国[M]. 北京：人民出版社，2008.

[4] 赵放，吴宇晖. 体验经济的思想基础及其规定性的阐释[J]. 吉林大学社会科学学报，2014，54（2）：62-69，173.

[5] 唐要家，唐春晖. 基于风险的人工智能监管治理[J]. 社会科学辑刊，2022（1）：114-124，209.

[6] 李力可，唐文豪. “东数西算”夯实数字经济绿色底座[N]. 经济参考报，2022-3-21（8）.

腾讯研究院

谁在布局生成式 AI

纵览生成式 AI[1]（以下简称“AIGC”）进化史，从 AI 诞生之始，人们就试图让机器生成内容，与其对话，并诞生了最早的图灵测试标准。多年来，AIGC 的发展一直不温不火。直到 2022 年 Midjourney、Stable Diffusion 等文生图应用点燃了大众的热情，再到 2022 年 11 月 ChatGPT 的横空出世，更是引发了现象级热潮，让 AIGC 走入了亿万用户的视野。本文意在结合国际企业实践经验，从大模型生态构建方式、行业应用的切入路径这两个视角切入，描绘 AIGC 的行业应用版图，分享我们初步的观察与思考。

一、大模型的生态

（一）模型即服务（MaaS）的新生态加速形成

结合目前行业“基础设施层—模型层（MaaS）—应用层”的三层结构，我们预计未来可能会形成一个模型即服务（MaaS）的新生态。自下而上，三层结构的构成如下。基础设施层包含 GPU 芯片、AI 芯片、超级计算机等算法基础设施，以及机器学习框架、云操作系统等软件。模型层包含通用 AI 大模型，以及基于 AI 大模型在垂直领域训练生成的行业模型，在预训练 AI 大模型基础上，可以快速微调或使用嵌入等方式开发出场景化、定制化、个性化的中小模型，实现在不同行业、垂直领域、功能场景的工业流水线式部署，同时兼具按需使用、高效经济的优势。应用层包含 AIGC 技术面向终端用户带来的新的功能、产品、服务和应用等。正如之前的“互联网+”，“AIGC+”或者说“AI+”将来有望与各行各业深度结合，持续带来新的应用形式。未来，一方面，现有的 App 都可以用大模型重做一遍，另一方面，还会出现更多新的 AI 原生类 App，从而诞生更多新的独角兽甚至巨头企业。

---

① 生成式AI即Generative AI或AIGC，两种表述均可，国内更多使用AIGC。

（二）大模型走向通用性和垂直性并重的纵深布局

在 AIGC 技术应用布局上，将呈现通用性和垂直性并重的局面。

所谓“通用性”指的是横向能力，适用于各个行业，具体包括语义多轮对话、知识库构建、智能搜索、企业级 RPA、多模态内容生成、代码生成等方面。

（1）语义多轮对话。AIGC 技术在语义多轮对话中，尤其在高客单价销售和私域交流场景下发挥着巨大的优势。例如，在直播话术中，AIGC 能够迅速学习并掌握最佳实践，如各类 Chatbot。

（2）知识库构建。AIGC 技术能够实现的功能从简单的资料概括整理发展到帮助用户阅读理解、生成个性化资料库，以及基于高效资讯进行归纳和搜索。这使得 AIGC 既可应用于企业级人工智能，也可成为个人助理（如 Mem）。

（3）智能搜索。AIGC 在智能搜索领域的应用也取得了显著成果，如 New Bing、Perplexity 等。凡积累了知识库的系统，都可以借助 AIGC 实现语义搜索功能。

（4）企业级 RPA（Robotic Process Automation）。结合 LLM（Large Language Model）技术和 RPA，AIGC 在企业级应用中发挥着重要作用。典型应用包括微软的 Copilot 及 CRM 领域的 Salesforce 等，它们紧密结合行业场景，为用户赋能。

（5）多模态内容生成。在智能写作助手、广告主视觉创作、智能 NPC 等领域，AIGC 技术带来了创新应用，除了生成文字，还可以生成图片、视频，甚至 3D 数字内容。

（6）代码生成。代码是一种标准化文本，AIGC 在代码生成方面具有巨大潜力，如 GitHub Copilot 已经有很不错的表现，在这个领域，正在有更多的代码生成工具出现，有望大幅提升程序员的生产力，也为普通的非技术工作者提供了更为便捷的工具，大幅降低了编程门槛。所谓“垂直性”指的是纵向能力，通过对不同行业 Know-how 的学习，AIGC 技术可以进化为行业专家，从而大幅加速各行业的数字化转型。

（三）国外科技企业纷纷“卷”出了新高度

在 OpenAI 的直接带动（如微软）或刺激（如谷歌等）下，大模型已经成为巨头军备竞赛新的“杀手锏”。不仅加速大炼“大模型”，还在原有的产品中快速加入大模型的能力，以期在新的范式转换和技术浪潮中占得先机。

先是在 2023 年 5 月初，谷歌 I/O 大会推出 PaLM2 大模型，其对话产品 Bard 未来也能像 ChatGPT 一样接入网络，实时搜索网页。同时推出 Duet AI，给谷歌的办公套件 Workspace 全新升级。微软开发者大会则推出了 Windows Copilot，致力于打造每个人的 AI 助手。Windows Copilot 将直接集成到 Windows 11 中，在所有应用和程序中都可使用，就像我们在 Edge、Office 程序和 GitHub 中看到的 Copilot 侧边栏一样。

除了传统科技巨头，创业企业同样表现出极高的市场活力和技术实力，各模态应用快速落地，爆款产品不断推出。随着技术不断演进，尤其是 Diffusion、Transformer 和 CLIP 等模型的提出，AIGC 的商业化在多个领域开始落地，其中在代码生成、文本生成、图像生成、音视频/游戏等领域已有不少爆款级产品。

二、大模型生态合作的 5 种典型方式

目前，大模型可能的生态合作和商业模式正在逐步展开，我们梳理了 5 种主要模式，如图 1 所示，其中 API 调用和插件模式是大多数公司接入大模型能力的主要方式。

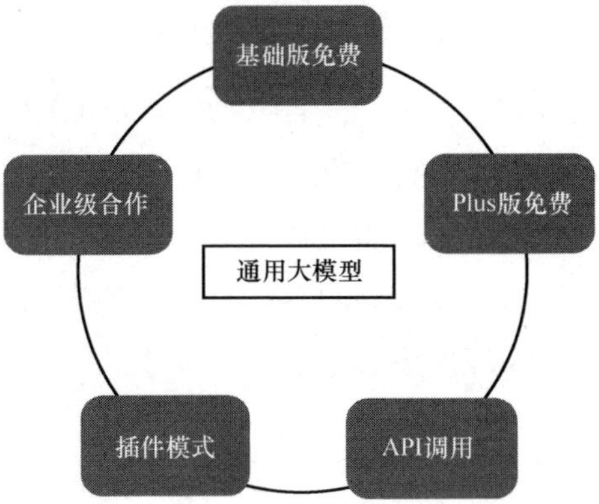

图 1　大模型可能的生态合作和商业模式

（一）API 调用：大多数公司接入大模型能力的主要方式之一

API 调用为大多数公司接入大模型能力的主要方式之一，API 调用与企业自有数据的关系如图 2 所示。

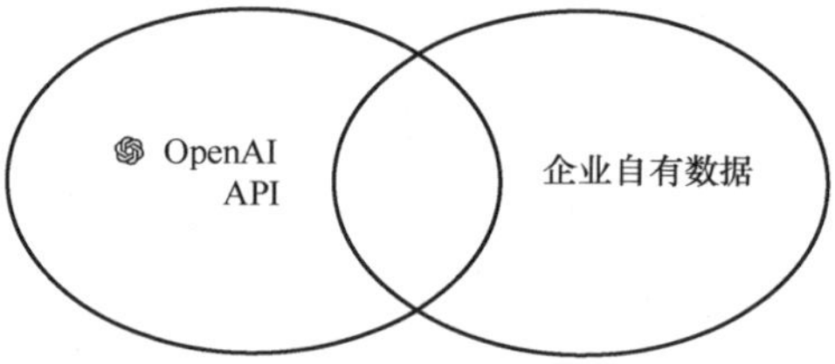

图 2　API 调用与企业自有数据的关系

在当前的技术环境下，API 调用被广泛应用于知识库和客户服务领域。公司能够利用 ChatGPT 开放的 Fine Tuning API，将自有的知识库（Knowledge Base；包括产品文档、常见问答、客服历史对话等）上传到 ChatGPT，从而建立私有模型。值得注意的是，尽管如此，创业公司仍无法拥有该模型的所有权。

通过这种方式，ChatGPT 的用户可以拥有专属的 ChatBot，它不仅具备常规对话功能，还可以利用企业自有，甚至非公开的训练数据来提供高度针对性的服务。

以 OpenAI 的 GPT-3/3.5/4 为技术基础，一些公司如 Quantum Engine 旨在基于 ChatGPT 改善玩家体验并提升生产环节效率。这些公司通过引入开放式对话，重新探索 NPC 的价值，以提升沉浸感与交互方式；同时，实现了开放式游戏视觉引擎联动的 3 个步骤：生成对话、行为的自动化，以及蓝图的自动化。在价格方面，尽管不同类型、不同公司的定价方式各有千秋，但整体上大模型日益向生态扩展方向发展。典型的如 OpenAI 开放了 GPT-4 API、ChatGPT API 和 Whisper API，允许开发者将 ChatGPT 集成至他们的应用程序和服务中。2023 年 3 月 1 日，OpenAI 基于 GPT-3.5 Turbo 模型开放了 ChatGPT API，该 API 的收费模式为 0.002 美元/1000tokens。相较于前一代开放接口 GPT-3，在性能更强的同时，价格下降了 90%，进一步加速了 ChatGPT 相关应用生态的发展。

（二）插件模式：Plugin 让大模型有望成为新的 OS

除 API 调用外，2023 年 3 月 24 日，OpenAI 公布了重磅消息：ChatGPT 支持

接入第三方插件，并一次性上架了 11 个插件。通过这些插件，用户可以用 ChatGPT 购买商品，预订酒店、机票，搜索专业数据等，这大大解放了 ChatGPT 的生产力，为其发展带来了更多的可能性。这种插件模式为 Plugin 可能的应用方式和影响提供了丰富的发展前景。

总之，无论是作为操作系统还是应用商店，AI 的转折点已经到来。

（三）进一步探讨：机遇还是陷阱，护城河在哪里

综合上述 API 调用方式的分析，我们不禁产生一个灵魂之问：模型是 OpenAI 的，核心技术不在自己手里，那么 AIGC 应用层企业的"护城河"在哪里呢？

PitchBook 调查数据显示，仅在 2022 年，生成式 AI 的赛道就发生了 78 笔投资，总融资金额超过 13.7 亿美元，几乎相当于过去 5 年的融资总和。同期，出现了 OpenAI、Stability AI、Jasper 等估值超过 10 亿美元的独角兽公司。预计 2023 年，生成式 AI 赛道的融资次数、额度将会更多。

然而，GPT 狂飙，AI 投资突进，整个创投市场都热得发烫。稀缺的公司分分钟成为独角兽公司，做大模型的人才出 500 万元年薪也难招，但与此同时，有的创业公司还没来得及在市场上露出锋芒，就已经被一日千里的 OpenAI 拍倒在 PPT 阶段，难以翻身。那么 AIGC 应用层融资过热，是否为"虚假繁荣"？

换言之，ChatGPT 更强、更快、更便宜了，现有应用还有市场吗？关于这个问题我们将以 Grammarly、Jasper.ai（以下简称"Jasper"）的使用体验及 Quantum Engine 创始人的现身说法为例尝试做出回答。

（1）ChatGPT 对 Grammarly 说：我干掉你，与你无关？

Grammarly 为全球每天的 3000 万名用户（包括 5 万个专业机构）提供语法校对服务。然而，在 ChatGPT 出现后，这一市场格局可能面临挑战，据悉，在 Reddit、Twitter 等应用中有许多正在认真考虑退订 Grammarly 的用户。

（2）Jasper"真香"，为什么？

Jasper 支持各平台广告/博客图文的内容生成，截至 2022 年 12 月底，Jasper

付费用户数达到 7 万，估值已达 15 亿美元，旗下有多款产品接入 GPT-3 进行商业性文字创作。虽然底层模型属于 OpenAI（调整设问方式后可在 ChatGPT 中得到高度一致的营销文案结果输出，核心功能可替代），且 Jasper 定价更高，但截至目前，Jasper 的估值和用户量并未受到影响，这引发了关于其发展和市场竞争力的思考。

（3）创始人视角：应用层壁垒在于前端用户体验。

Quantum Engine 的创始人表示，ChatGPT 在游戏行业的应用呈现出巨大潜力，包括游戏角色对话生成、剧情编写、游戏元素创意等方面，将为游戏开发者提供强大的支持。作为对话生成应用，低延时性对用户体验至关重要，类似于在弱网条件下云视频会议产品 Zoom 适当牺牲视频质量以保障音频流畅，从而保证用户通话体验，AIGC 应用也需要关注此类需求，为用户精准提供更舒适的前端用户体验。由此看来，行业应用层的独特优势决定了未来百花齐放的生态，深耕行业特性、优化前端体验才能应对大模型飞速迭代带来的潜在危机。

三、行业应用的切入路径

按用户侧类型划分，AIGC 在 C 端市场和 B 端市场呈现出两类路径，其中 C 端市场已经达到可用，甚至好用的临界点，B 端市场将从高价值先导领域向 MaaS 生态扩展。

（一）C 端市场已经达到可用、甚至好用的临界点

C 端应用涉及效率工具的下一代产品、游戏未来的新形态和制作新方式，能够为数字人、元宇宙、机器人等交叉领域带来新空间。此外，AIGC 还带来了内容创作领域的大爆发。

（二）B 端市场将从高价值先导领域向 MaaS 生态扩展

首先，AIGC 从效率角度切入，能够提升用户的写作能力和生产力。例如，在会议、招聘、各类办公（文档撰写、编程）等场景均可应用。

其次，AIGC 在高价值领域，如营销、金融等领域率先切入。在营销领域，

AIGC 技术可以大幅降低创意成本，大量生成广告素材和文案。Jasper 作为市场上最火爆的广告、营销图文生成产品之一，截至 2022 年 12 月底，付费用户数达 7 万，2022 年年收入达 7500 万美元，估值已达 15 亿美元。在金融领域，AIGC 应用探索方向集中在智能客服、智能投顾、商户入网、欺诈检测、智能营销等领域。然而，AIGC 在算法风险、隐私保护、信息安全等领域的应用仍然面临较大的挑战。

最后，知识密集型领域蕴含着生成式 AI 应用的巨大潜力。在医疗领域，GPT-4 可作为一种医学 AI 聊天机器人，其潜在应用方式主要包括医疗记录、医学知识查询和医疗咨询，有助于提升医护人员的工作效率和患者的问诊体验，但它也存在一定局限性，并可能带来系列潜在风险。在教育领域，GPT-4 的应用已经较为成熟。以 Duolingo 为例，他们利用 GPT-4 推出了新产品“Duolingo MAX”学习平台，提供了“解释答案”和“角色扮演”两项全新的 AI 功能。

在这些领域，AIGC 技术不断拓展应用场景，为各行各业带来了前所未有的效率提升和创新机遇。但我们也应当关注到其中的挑战与风险，确保技术在发挥潜能的同时，也能保障用户的利益和安全。

除了千行百业的多模态应用，在 B 端市场，模型层中 AIGC 技术也在围绕头部几个大模型形成的 MaaS 生态发展。

四、进一步的探讨

畅想未来，AIGC 将进一步与人们的生产、生活深度融合；而大模型带来的变革才刚刚开始。

（一）“企业级 RPA+大模型”的 AutoGPT 方式可能颠覆现有的软件模式

在产业层面，“企业级 RPA+大模型”的 AutoGPT 方式将在更多行业实现落地（如金融、零售、政府、制造、物流、地产、教育等），并在财务、HR、客服等应用场景展现极为出色的能力，从而提高工作流程和业务处理效率。例如，AutoGPT 已预示 Prompt 工程的下一个前沿，即使是非科班出身的“小白”，借助 AutoGPT 不到 3 分钟就能成功建立一个网站，也能在弹指间轻松完成一份翔实的市场调研。

（二）组织变革和个人自雇等兴起，将带来应用软件的全新革命

当一个人就能成为一支团队时，这将有可能诞生具有 To C 体验的 B 端现象级产品。在产业变革的加速驱动下，组织层面也将发生深刻变革，个人和小团队模式可能成为重要形态，引发 To B 软件和 To C 软件的边界进一步模糊。

当然这还只是我们初步的思考，AIGC 技术影响下的未来势必继续颠覆我们的认知，持续突破我们想象的边界，带来生产力的新革命。无论如何，未来已呼啸而至。

执笔人：白惠天（腾讯研究院研究员），王强（腾讯研究院资深专家、前沿科技研究中心主任）

数据洪流

姜奇平

数字经济将带来市场机制的一场变革

姜奇平，信息社会50人论坛理事，中国社会科学院信息化研究中心主任，《互联网周刊》主编。2009年当选中国互联网10位启蒙人物之一，被《硅谷时代》评为“带领我们走向数字时代的20位中国人”之一。

一、市场经济体制改革议题的变化：市场机制改变

由于最主要的生产要素从实体要素转变为数据要素，所以数字经济发展向人们提出修正市场经济体制改革议题的要求，并提出了市场经济体制转型的新议题。

概括而言，数字经济资源配置的基本单位将从传统市场转型为生态。生态作为新的市场机制，具有与传统市场相反的性质。相反之处在于外部性这一点上：传统市场排斥外部性，而生态内生外部性。这意味着数字经济将带来市场机制的一场革命。

（一）资源配置与利益分配的市场机制受数字化冲击发生变化

我们从两个主要的方面，即资源配置机制方面与利益分配机制方面，讨论这种改变。

1. 资源配置机制的改变

资源配置机制的改变又可以细分为价值交换与使用交换两个方面。二者的共同点在于，改变都集中在从同质性市场向异质性市场改变这一总方向上。价值交换上的改变，主要在于异质性作为外部性内生于市场机制，这迥然有别于工业经济中标准的市场机制。本文主要从商品交换这个层面讨论新机制的问题。使用交

换上的改变，主要在于异质性以通用性这种特殊性质，决定了数据要素的产权交换，不同于实体要素的产权交换。这将对市场经济体制改革中“充分利用资源”这个命题产生颠覆性的冲击，会导致淡化所有权、强化使用权，有利于市场经济体制改革的实现。

外部性和通用性是数据与数据要素基本性质的一体两面，外部性是价值方面的性质，通用性是使用价值方面的性质。在数字经济中，外部性主要通过通用性表现出来；通用性也一定表现为外部性。这与工业经济中的实体要素形成对比。

2. 利益分配机制的改变

利益分配机制的改变主要在于分配的平等性方面的改变，在于“平等使用”这个主题的凸显。在数字经济的市场机制设计中，需要将机会公平内生于资源配置机制，但这会产生零次分配（数字化生产资料可不可以共享）这样的新问题。

市场经济体制改革议题的修正表现在：从分配均衡角度提出面向平等的资源配置（平等使用生产要素）的要求。

（二）重置市场经济体制改革的底层逻辑

传统市场经济体制改革的目标模式所依据的一些纯工业化的前提假设正在数字经济条件下发生改变，这些改变对市场经济体制改革的底层逻辑提出了议题重置的要求。

首先，传统市场经济体制改革，主要是价格改革，而价格改革的思路主要是促进市场竞争。数字经济带来的新变化是市场将外部性加以内生后，客观要求竞争政策向竞合政策转变，也就是说，在鼓励竞争的基础上，还要促进合作，实现生态双赢。当前理论创新还跟不上，需要从均衡点的变化入手，讨论市场经济体制改革第一个方面的新逻辑。

其次，数字经济还带来原有工业经济不存在的一个新问题，也就是两权分离比两权合一更有利于“资源充分利用”这个配置目标。这要求数据要素淡化所有权、强化使用权。对市场经济改革思路的最直接改变，是要认清共享经济比明晰产权具有更高资源利用效率。

最后，数字经济在资源配置机制中发现了新的公平逻辑，从而要求市场经济体制改革补充关于公平的新逻辑。此前，在工业化条件下，人们普遍认为公平会降低效率。但在数字经济中，因有偿共享通用性资产导致的机会公平，可以比不公平、不共享更能提高效率。因此，倡导效率的市场经济体制改革应加入以公平促进效率的新内容。

二、价格信号机制应根据数字经济规律演进

（一）价格信号机制的内部变化

市场配置资源的作用最集中表现为价格信号的作用。数字经济带来的最大变化是市场正在从同质性市场转向异质性市场。这直接意味着价格机制中的定价机制发生新的变化。

1. 异质性对定价机制的改变：异质市场

对于原有的市场有效性假设，隐含的假设是市场价格信号的有效性，建立在窄义帕累托最优标准（同质性市场）之上。它排除了质量、创新与体验在定价中的主导作用。市场是否有效的问题有时不待市场失灵出现就已经发生。对市场机制设计来说，要让市场发挥有效作用，在这里先要重新回答这个“有效”是指什么。

一个体现质量、创新与体验信息的价格信号，必然以广义帕累托最优为标准（其中，均衡从一个点变成了等均衡线，即长尾曲线）。因此市场在配置资源中的决定性作用就开始出现新含义，从边际成本定价系统地转向平均成本定价。市场机制设计因此多了一个新要求。实际面对的问题是市场机制设计从鼓励打价格战转向高质量发展（如品牌化）、创新驱动（内生固定成本，如罗默），以获得附加值。不沿着这个新方向进行市场机制设计，就会遇到企业不愿在这样的市场环境中进行研发投入之类的现实困境。

2. 生态化对定价机制的改变：市场+平台

同样，竞争有效的市场，合作未必有效。数字经济中的生态化定价，就是一

个“竞争+合作”类型的定价机制。价格机制包含了市场与平台的双重作用。

生态化使中间产品与最终产品从相互独立市场变为同一市场的上下双层结构，进而影响中间产品与最终产品的定价机制。

在以边际成本定价为最优标准的传统市场价格机制中，边际成本定价作为一种效率标准，既适合中间产品，也适合最终产品。如果加以区分，一些理论将内生品种的垄断竞争定价作为中间产品的价格机制。

但在数字经济中，出现了以生态形式的价格信号配置资源的情形。这是指在平台生态这样一种特殊市场（双边市场）中，中间产品市场的定价可能依边际成本定价，而最终产品市场（如 App）的定价可能依平均成本定价（甚至可能出现歧视性定价、情境定价等），两种定价方式互补，具有合作的性质。

在传统竞争政策中，常常会割裂二者的互补关系（视它们为分别的市场）。平台方依边际成本定价，或低于边际成本定价，就判断为其增进了消费者福利，或将其视为掠夺性定价。但这些都没有把握生态定价机制的实质。

数字经济价格机制在这里成为一个市场定价与平台定价结合的问题。这样的市场机制设计，着重点必然有所不同。

（二）非价格机制与信息机制的内生

在数字经济的市场机制设计中，还会遇到另一类新的问题，就是价格机制外的配置机制问题，即经济学中所说的匹配（配对市场）问题。这一问题与数字经济存在内在联系。因为任何匹配与配对，都只能是信息在匹配与配对，而不是物本身在匹配与配对。

从信息角度看，价格市场只是配对市场的一个特例。因为价格只是代表共同价值的同质信息（抽象价值信息），而匹配则涉及私人价值背后的异质信息（具体价值信息）。

在现实中，双边市场就是一个典型的配对市场。其中，供求配对中批量化进行的比例逐渐下降，个性化一对一匹配逐渐成为趋势。然而，利用流量外部性作为公共池资源有效降低一对一配对的交易成本，就成为创新的方向。需要一个公共池机制作为流量变现的中介平台，这是市场经济体制转向信息内生的一个重要动向。

（三）资源最优利用的生态价格机制

传统的价格机制是一种套利机制，重心在交换价值，而非使用价值。但数字经济在使用上的可复用性，导致价格机制的重心转向了资源最优利用，如避免资源闲置。传统的价格机制由于具有产权无关的隐含设定，因此交换价值与使用价值在配置上是同一个问题。但数字经济暴露出所有权、使用权分离的矛盾，因此一类新的问题突出，那就是当专有产权成为保护资源不利用、不使用的权利时，市场机制设计需要有令资源充分利用的安排，如拍卖、有偿共享等。在数字经济中，按市场化原则共享资源可能成为市场机制设计的核心问题。中国和美国的前沿实践已大量出现，而经济学家往往在无视这种关键变化。

理论界通常用双边市场解释平台。其实，双边市场并不是平台的特有特征，交易所、电视广告都是双边市场，却不是平台。平台特有的特征，在于它是双重的双边市场，一重双边关系是买方与卖方双边之间的关系；另一重双边关系是平台（基础业务）与应用（增值应用）双边之间的关系（统分结合双层经营）。前一种关系接近市场（等价交换），后一种关系接近企业（不等价交换）。与传统市场、企业不同，双边市场在于把各自双边中的外部性加以内部化。

再用原有理论解释，就会出现逻辑上的大混乱，这就是当市场（等价交换）与企业（不等价交换）两种机制在同一个“场”（生态构成的“市+场”统分结合双层经营）中起作用时，到底以何种逻辑进行有效治理。一旦逻辑混淆，就会出现梯若尔预言的“误入歧途”（国内称“合成谬误”）。如果理论和政策跟得上，我们会少付许多“学费”。

三、价格信号与非价格信号结合的新形式：场景化定价

数字经济实践为市场机制带来的一个现实改变是在单边市场之外发育出双边市场。双边市场本质上是价格信号与非价格信号结合的新市场形势。在梯若尔的

定价理论中，平台收取的会员费可以视为成本法定价的价格信号，反映的是数据要素方投入（固定成本）的价格；而传统经济的使用费则是与流量联系在一起的收入。不同应用主体（双边中的边）有不同的流量变现方式，数据资产定价中的这一部分，反映了依场景不同而不同的情境定价特征，反映的是非价格信号（场景信号）对定价的影响。流量中富含的外部性信息，通过场景化信号，反馈到最终的资产定价中。

从消费资本资产定价模型（CAPM）角度看，梯若尔的资产收益公式[1]说明了这一点：

$$U^i = (b^i - a^i)N^j + B^i - A^i$$

其中，U 是以效用形式表达的资产总收益，数据资产的定价是从收入（最终产品销售收入）中转化而来的。其中的会员费部分（应用方会员费 B^i，最终用户会员费 A^i）相当于对应资产的固定成本，是不直接与流量（N^j）相关的；而使用费部分即应用方使用费 b^i，用户能够从情境定价中获益；对于最终用户使用费 a^i，用户可以利用拼单享受折扣，直接以流量为内生变量。

我们可以发现，流量 N^j 是以非价格信号形式参与定价的。

在市场交易层面，可以将数据资本与传统资本的本质区别概括为内生外部性的资本与外生外部性的资本之间的区别。将市场分为内生外部性的市场（反科斯型市场）与外生外部性的市场（科斯型市场）两类。将内生外部性的市场定义为双边市场（梯若尔所称的反科斯型市场），将外生外部性的市场定义为单边市场（产权明晰市场）。内生外部性的资本可以通过双边市场在市场内部直接将外部性加以内部化从而进行交易，而外生外部性的资本只能在单边市场中进行交易，其外部性要在市场外化解。

这种区别表现在以下几个方面。

第一，资本的使用价值性质不同，资产使用（利用）方式不同，进而交易方式不同。传统资本是专用性资本，数据资本是通用性资本。专用性资本的生产力基础是专用性技术，通用性资本的生产力基础是通用性技术（通用目的技术）。在威廉姆森的《资本主义经济制度》中原有的专用、通用定义基础之上，对通用补充了复用这一含义，表示可以在同一时间在多处空间使用。复用是空间贴现的资产使用价值基础。

传统资本与数据资本的共同点在于它们都可以带来剩余价值的潜在价值。具有当前价值与明天价值之间的贴现关系。在所有权交换方面是基本一致的。

但二者的重大区别是使用权交换方式不同。传统资本在交易中排斥外部性，无法交换通用性资产；而数据资本在交易中通过非价格信号（流量的场景化变现信息，如亚马逊、苹果商城平台上的计费系统所获要素转化为销售收入的信号）可以内生外部性，通过将外部性加以内部化的交易方式，将通用性资产纳入交易范围。典型的市场化方式是流量变现，从互补性的资源中析出会员费与使用费。可以认为，传统资产定价与数据资产定价在定价上存在有无流量变现之分。传统资本贴现不存在流量贴现机制，数据资本贴现可以借助流量贴现机制。

要素的本质是中间产品，对中间产品的定价主要是间接定价。我们可以比较多种具有中间产品性质的要素在间接定价上与数据要素定价可能存在的一致性。在本文的研究中，数据资本定价方式不同于知识资本。知识资本是介于传统资本与数据资本之间的中间过渡形态，特征是以知识产权排除了外部性后，将通用性资本处理为专用性资本，进入单边市场交易其许可使用权。对许可使用权一般按首次销售原则，视为权利用尽。数据资本资产定价与知识产权定价存在一个重大区别是，根据资产的复用带来的重复使用收益，在定价中内生了按使用效果收费（而非按使用收费）的外部性内部化部分，即按使用收费（按服务收费）的收益。因此，知识与数据同为通用性资产，但有着按产品收费与按使用收费的不同，其实质是按所有权收费与按使用权收费的不同。在服务业态（如云服务模式）为主条件下，数据资本资产定权收益高于知识产权定价收益。围绕定价及收益的差别而引发的法律冲突主要表现在众多案件中的权利用尽原则适用之争上。

第二，价值实现方式不同，因此市场估值依据不同。传统资本主要按交换价值定价，数据资本按交换价值与使用价值（价值实现）结合定价，而使用价值的信息往往通过非价格信号方式参与定价。

相同之处在于，交换价值和使用价值都以价格形式体现价值。不同之处在于，按交换价值定价本质上是按所有权定价，按使用价值（价值实现）定价本质上是按使用权定价。由于数据资产存在复用性质，可反复收取租金，令使用权定价收益高于所有权定价。

知识产权定价外生价值实现，对于利用知识进行二次加工、增值创造的新价值，不存在剩余索取权，适合一次性转让。数据资产定价由所有权价值与使用权价值（变现价值）共同构成，因此多出一个通过反复使用取得的贴现值，从而造成数据潜在价值实现带来的溢价。

数据资产强调“在使用中充分实现价值”，强调“使用价值的增值”，都是在强调二次开发、与应用紧密结合的价值实现思路。为此，需要设计有利于资产定价中使用价值定价的特殊机制。

第三，资产具有异质性，因此定价有别于货币资本，数据资产需要场景化定价来弥合同质性资本与异质性资产之间的估值之差。

传统资本主体是经济个体，即资本主体是经济共同体（本文称“生态”），共同体是指由不同所有权人围绕同一使用权构成的利益共同体（合约主体）。主要由供给者和需求者构成，供给者内部又由中间产品提供者（平台方）与最终产品提供者（应用方）构成。前者定价为时间贴现，后者定价为空间贴现，在现实中表现为流量变现。

本来，资本（Capital）是指交换价值（货币资本），资产（Asset）是指使用价值（生产资料）。对 CAPM 来说，Capital 与 Asset 是同一个概念。这意味着，它们都被视为是同质的（这有别于奥地利学派的观点）。但对数据要素来说，Capital 可以是同质的，但 Asset 一定是异质的，这在定价上有实质区别。如果 Asset 是异质的，即使它在交换上具有同样的价值，但与不同场景下的应用相结合，实现出来的价值是不同的。

如果 Asset 是同质的，那么它的应用场景就不应成为内生定价因素，具体价值实现只有概率的不同；而同一数据要素与不同的应用情境结合，可能发挥出来的潜在价值有实质上的不同。这一数据要素的定价就需要采用情境定价的方法作为补充。空间贴现本质上就是一种场景化定价。

第四，市场机制不同，变现方式不同。数据资产定价需要结合时间贴现与空间贴现。

所有资产定价中都存在一个确定性的现值与包含风险的具有不确定性的未来值之间的贴现关系，都存在高风险对应高收益的规律。

不同之处在于，传统资本资产定价是同一所有权人资产的当前价值与明天价值之间的时间贴现，而且是货币化贴现；数据资本资产共时性地由中间产品（商业基础设施及其数据流量）的所有权人与分布式存在的最终产品所有权人（应用服务商）进行空间贴现，即以共时为尺度，利用同一个平台流量，针对生产条件的使用效果不同，3%～6%的应用产生收益从而可以兑现使用费，94%～97%的应用不产生收益从而无须兑现使用费。平台资产作为潜在价值，其面对的不确定性是：虽然存在相对稳定的成功概率，但不确定是哪几个应用能够成功实现流量变现。

对传统资产来说，市场化只是交易，只需要通过时间贴现确定资产的现价即可完成交易。传统资产所有权人也可以直接从事经营，但从资本交易功能来说，参与经营不是必需的；而对数据资产来说，市场化包含了交易与经营。双边市场介于市场与企业之间，它拉数据资本资产的所有权人涉入流量经营，并以此作为交易的重要条件。这并不是交易与经营不分的倒退，而是生态本身（外部性市场本身）就是介于市场与企业之间的第三种组织，以市场化方式化解外部性本身，要求将企业的合约因素加入市场结构，利用空间贴现中市场交易可观察的优势，改进时间贴现中的信息不对称。

当然，所有权人也可以委托代理人从事平台基础业务，但不能完全置身经营与使用之外。从某种意义上说，如果以数据交易所方式进行数据资产交易，一定要与经营划分开来，则需要有场外交易作为对流量经营（变现阀门）的功能替代。由此而生的政策建议是，以数据交易所方式交易数据资产，应发育第三方流量经营代运营商（可以委托所在行业的平台、链主代理）作为场内交易的功能补充，至少要在支付环节，为交易双方搭建可信任结算平台。正面例子是苹果公司，由于其中间产品（平台、开发工具）与最终产品（App）同在一个支付系统中，所以最终产品向中间产品的贴现分配不存在争议；反面例子是谷歌公司，由于缺乏统一支付，所以其应用方在共享复用平台方数据资产后，可以拒绝向平台贴现（交使用费），效果等价于资产方“权利用尽”。

数据市场通过空间贴现，即总收益确定方法，将非价格信号转化为价格信号（销售收入信号）。

第五，实践特征不同，数据资产定价需要流量化、应用化，通过延长面向产业的价值链以化解金融服务的信息弱势。

传统资产定价以货币形式完成资产的所有权交换，在金融市场中就可以完成交换，但在交换中买卖双方共同承受信息不对称风险。因此这种业态饱受泡沫化、杠杆风险等由信息不对称带来的困扰。究其根源，金融信息服务虽然也是信息服务，但是由于信息源只是一般等价信息，所以其具有金融行业本身相对于行业信息服务（除一般等价物信息外，另有场景化信息优势）的信息不对称劣势，被称为金融或货币的“信息弱势”。

但数据资产定价在信息对称化的实践环节新增了两个功能，以减轻或免去前者的风险。一是通过流量化，将外部性资源加以内部化，将原来只能通过随机贴现因子显现的资产风险中的外部性风险与溢价，以市场可观察形式，如流量经营者（平台）收费的形式，加以透明化；二是通过应用化，将原来不可见的收益（未来收益）中包含的不确定，以透明化方式加以消除。从实践看，这相当于通过延长信息业务价值链的方式，使资产风险化解在面向产业数字化的专业化信息对称行业（如基于行业数据分析的生产性服务业）内；而这项工作原来由非专业的金融部门承担，相对而言是“不专业”的（例如，面向行业的场景化服务并不是金融信息服务的专业擅长所在）。

通过上述分析，我们可以把问题聚焦为：同是中间产品间接定价，为什么传统要素可以在一般交易市场中进行这种定价，而数据要素难以在一般金融型交易市场中进行这种定价？我们认为，这是数据资产性质中增加了与外部性关联的两个新特性。一是社会资本特性，二是人力资本特性。然而这两个新特性作为非价格信号，在资产定价中起到了协助间接定价的作用。对市场资源配置转变的一个明显改变或者说优化，是把数据要素这种像社会资本、人力资本一样难以直接入账的中间产品，转化为最终销售变现信息，从而实现间接定价。

由于市场经济体制中的市场发生了本质性的变化，所以要求顺应数字经济规律完善市场经济体制。一个主要的政策启示在于，不能仅以单边市场的传统思路来认识市场，单方面制定竞争政策，而需要从双边市场的新实践出发，发现市场经济体制演进中的生态因素与流量正外部性，避免孤立认识平台造成的合成谬误。这是我们走出新冠疫情带来的数字经济“三年困难时期”需要汲取的。

参考文献

[1] 让·梯若尔. 创新、竞争与平台经济：诺贝尔经济学奖得主论文集[M]. 北京：法律出版社，2017.

狄增如

真正的高手，都有系统性思维

狄增如，信息社会50人论坛成员，北京师范大学系统科学学院教授，国际系统与控制科学院院士。主要从事系统理论、大数据分析、复杂网络等理论研究及其在社会经济和生物系统中的应用研究。2016年由于在复杂系统分析、复杂网络等方面的成就获第三届中国系统工程学会“系统科学与系统工程科学技术奖理论贡献奖”。

复杂性科学关注系统问题，如生命如何通过基本粒子形成组织和结构，如今的社会、经济模式如何诞生。复杂性科学能够帮助我们认识这些问题，并且改造它们，从而创造更美好的未来。

一、五大路径：系统思维如何建立

首先，我们来了解系统思维建立的五大路径：①从简单因果到回路反馈；②从线性到非线性；③从局域到全局；④从现象到本质；⑤从静态到动态演化。

（一）从简单因果到回路反馈

如何从简单的因果关联上升到回路反馈呢？

分析思维的典型方式就是把一件事物细分，变成A和B，紧接着做因果推论，若A则B，因是A，果是B。但实际上，复杂系统的各要素之间存在着复杂关联和多重反馈回路，并不是简单的从A到B。

回路反馈是以系统的关联和影响作为思考起点，实现从线性到非线性、从局域到全局、从现象到本质，这是复杂性思维最重要的切入点。

头痛医头，脚痛医脚，预期的解决方案经常把问题从系统的一个部分转到另一部分。以图 1 的推砖漫画为例，图中人物推倒旁边的砖块，一圈之后，砖块很可能会直接压到人。现实中也往往如此，当缺乏复杂性思维或未进行系统性思考时，此刻遇到的麻烦很可能是此前解决问题的方案造成的。

图 1　推砖

那么如何做回路思考呢？就是将眼前的事情多想一想。

比如，我们要接一杯水（见图 2），这件事情看似简单，我们只要拧水龙头，向杯中加满水，但如果多想一想，其实存在另外一种回路。我们用大脑“加多少水”的思维来控制，人的眼睛会紧盯水面，观察水杯水面是否与预期水位一致，并且通过观察发出信号从而反馈控制手。如此，灌满一杯水不只是简单地拧水龙头，还有其他的回路在控制它。

当形成回路思考时，我们会发现处理事情能够解决的关键点将变多，并且可能更接近本质。

现实中同类例子比比皆是，比如为什么企业通常在发展初期比较艰难呢？因为正反馈的建立需要打破壁垒，当正反馈真正建立起来时，企业的成长才会进入一条顺利发展的路径。在企业销售产品或服务的初期，因为客户对该企业及品牌缺少认知度，所以不太会选择其产品或服务，只有客户的认知度达到一定程度后，认可了其产品和服务的质量，有了一定的满意度，其销量才会显著提升。

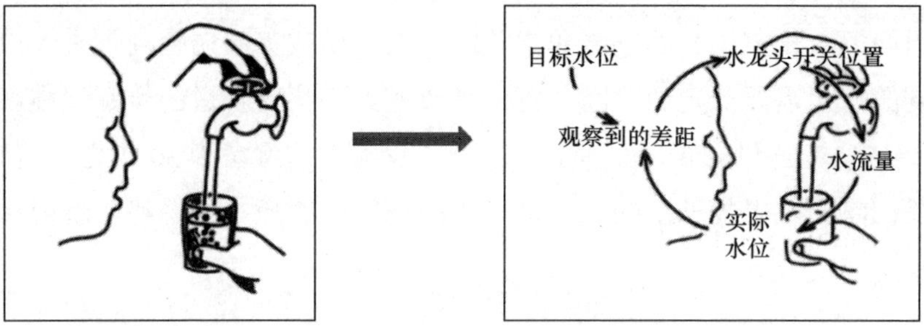

图 2 回路反馈：注满一杯水

同时，在这些回路中，负反馈能让我们关心的问题稳定在我们期望的目标点上。就如期望体温与穿着调整之间的关联，当外界环境的温度与人体体温落差较大时，人体会形成对期望体温的调节需求，于是会产生调整穿着的意愿与行动。

（二）从线性到非线性

还原简单的因果，我们容易产生简单的预期，比如投资“砸”下去，经济涨上来，这是简单的线性关系。但坏事发生之前总要先看好的方面，在实际生活中，非线性的影响无处不在，只有考虑非线性因素，才能更准确地认识系统。

非线性对于中医药科学研究同样重要，清华大学的李梢老师在这一领域做得非常出色，中药毒性对人体免疫系统的影响是其研究课题之一。研究发现，中药毒性对免疫系统的影响不是线性的，并不是有毒就简单线性地降低免疫力，实际上，当药量较低时，它会刺激免疫系统并提升免疫系统的能力，只有当剂量超过一定值时，才会降低免疫系统的能力，对人体造成危害。

另外，我们还需要考虑“时间延迟”的因素，即在所有复杂系统中，任何干扰因素的施加，对系统的影响并非都是立竿见影的。

“时间延迟”在日常生活中十分常见。以热水器为例，我们拧开水龙头，一开始流出的是冷水，经过一段时间后，才有热水流出；病毒感染到症状发作，潜伏期要几天到几年不等；污染发生与污染物在生态系统中扩散、积累、造成危害，有更长的时间延迟；再比如，设计一款新车并投放市场需要 3～8 年，销售的生命周期约为 5 年，平均行驶时间为 10～15 年。

人口问题对未来国家的发展非常关键。从人口政策的调整到带来人口规模的可观察到的变化需要一定的时间，特别是改变人们认为合适的家庭规模观念至少需要一代人，甚至更长的时间。有研究预测，我国人口将在 2030 年之前达到峰值，之后，我们将面临更加严重的人口老龄化问题，想改变这种趋势，就得从现在起思考和制定应对方案。

对此，北京师范大学系统科学学院李红刚教授提出了“收缩性社会”这一概念，呼吁人们对我国未来社会经济的发展进行系统和长远的思考。强国目标的实现是为了人民，因此，人口是考虑一切社会经济增长最核心、最基础的要素，既是增长源泉，也是增长目标。

（三）从局域到全局

用系统的眼光，从关联、结构、整体的角度，在系统中间看到势，看到势的兴起、势的演变、势的拐点、多元势的纠结、多元势的平衡，以及在势的纠结与平衡中涌现出来的系统转型。比如，在物理学研究中，当一个小球往下滚时，如果只关注小球运动的暂态，会让我们心里没底，不清楚小球的最终目标；当我们将眼光放广阔，了解到小球运动的势函数的全局性质时，我们就能清楚小球的最终去向，进而了解调控它运动趋向的关键点。势函数与我们关于“胸中有丘壑”的概念可以类同。

全局观念会带来许多不同，北京师范大学系统科学学院的吴金闪老师研究汉字，汉字与其他语言的不同之处在于结构之间有关联，如木、林、森。人们了解个别汉字之间的关联，但或许并不清楚所有汉字的关联，通过研究，能够形成 3750 个汉字的全局网络，可以为汉字学习提供整体的解决方案。

还有一个案例，面对信息网络技术的飞速发展，社会学家纷纷对科技革命可能导致的未来社会形态的变化展开预测。其中一位认为人类大同终将来临，因为网络是共享的，但著名社会学家卡斯特给出了不同的认识。卡斯特认为，这是一种局域的讨论视角。如果仅考量两人之间的信息交流，那么信息技术的确提供了很大优势。我们从上帝的视角往下看，2022 年 11 月 15 日联合国宣布世界人口总量已达 80 亿人，如此庞大数量的世界居民都被一张大网——互联网连接着，但是一部分人口集结在一起形成一个集群，另一部分人口集结在一起形成另一个集群。集群内高度密集，集群之间沟通较稀疏。

网络会带来极化认同，认同会带来圈子，圈子会带来封闭，人们在网络中不断寻找认同感，从而会造就一个追求高度认同的社会，信息网络造就的圈子的社会，不仅不会带来世界大同，反而会强化文明的冲突和族群的分割。现实世界的情况也在验证这种割裂，比如人们会加入各种微信群，虽然群内信息交互变得更加方便，但也在强化意见的倾向性，让人们不再关心圈外的世界。

让我们思考一下谷歌为什么会取得成功，笔者认为，这是因为它建立了考虑全局关联的底层搜索算法 Page Rank。当人们输入关键词时，搜索引擎会通过算法检索所有包含该关键词的网页，并依据重要性进行排序。算法的核心要求是：某个网页的重要性与链接它的网页的重要性有关。这就形成了一个嵌套的循环，原则上需要所有关联网页的信息才能得到最终结果。Page Rank 就是基于整个万维网做全局的计算，通过全局的关联来评价网页的重要性。所以，谷歌的成功既是底层算法技术的成功，也是全局性考量的成功。

（四）从现象到本质

通常，研究复杂系统是先关心宏观表现，进而再寻求机制。如果不了解本质，那么就有可能无法理解并应对它。所以，在思考问题时能否从现象挖掘到底层结构，这是复杂性思维的一项基本要求（见图 3）。

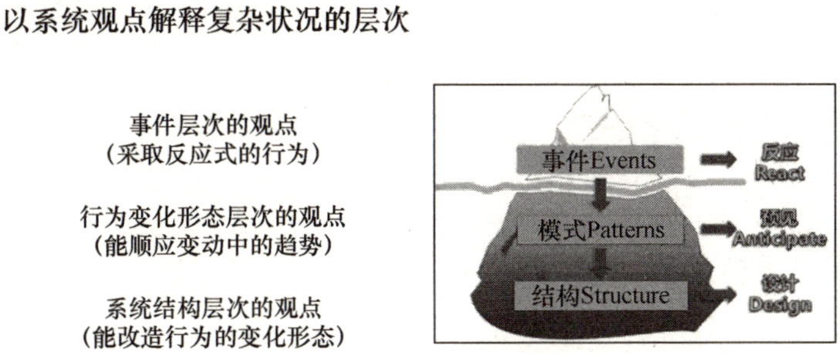

图 3　系统思维：从现象到本质

有许多很简单的例子，都属于本末倒置、避重就轻、转嫁负担、治标不治本的典型，比如喝酒缓解工作和生活压力、使用杀虫剂除虫、以借贷支付账款，以及只依赖外来的专家而不去训练自己的人员，通过各式各样的补助计划，企图解决急迫的问题等。

类似的事情时时刻刻发生在我们身边，如果只解决表面现象，很可能陷入更深的泥淖中，过分舍本逐末的代价就是只能舍本逐末，最严重的后果就是“目标腐蚀”。因此，系统思维能帮助我们认识整个问题的结构性因素是什么，并且有决心改变它。

解决方案是将注意力集中在根本解。由于根本解的效果受时间滞延影响，所以如果问题急迫，那么在探求根本解的过程中，可暂时使用症状解来换取时间。这也是为什么一个有复杂性思维的领导者能够面对事业初期出现的可能的下滑现象，能对其进行及时调整。

有一个很简单的例子叫作啤酒游戏。在一条啤酒供应链中，人们可以选择成为零售商，也可以选择成为批发商，也可以选择成为生产商，甚至还可以再增加一些中间环节，而这个游戏的目标也很简单，就是如何挣到更多的钱。

如果一个人是批发商，考虑的是进货数量，那么他需要收集零售商的订单，并根据自己的库存向上游生产商提供订单并提取货物；如果他是生产商，那么需要根据批发商提供的订单来决定自己的生产规模，销量越好，利润越高。其中会出现两种情况：如果销量不佳，那么会产生库存，承受库存成本；如果销量过佳，但库存不够，那么本可以获得的更高的收入也未能获得。因此，如何做出最恰当的决策非常关键。

在游戏过程中我们会发现，无论是零售商、批发商还是生产商，都会进入订单和生产数量剧烈波动的情景当中，而这必然不是最优化的结果。

那么为什么会这样呢？原因并不在于某个经营者的能力，而在于供应链结构的整体设计。在这条供应链中，批发商的订单可能要经过三五天才能送达生产商，而生产商生产完的产品，也需要经过三五天才能送达零售商，供应链结构设计中的时间延迟，是产生供销波动的重要因素。如果不改变供应链结构，仅仅靠供应商、生产商、批发商某些方面的改变很难产生实际效果。这就是为什么需要系统观的原因，只有系统地考量，才能够真正地解决问题。

在日常社会经济生活当中，我们遭遇了诸多的“‘豆’你玩”“‘蒜’你狠”“‘姜’你军”等情形，这都是类似于“啤酒游戏”般的结构问题，如果不改变整个供应链结构，或者整个经济的运作模式，很难通过浅层的举措产生实质性的改变。

（五）从静态到动态演化

有时候，即使是最两难的矛盾，当我们用系统的观点看时，就会发现它们根本不是什么矛盾。一旦深入观察变化过程的“动态流程思考”，我们就能识破静态片段思考的错觉，从而看到全新的景象。

在短时间内，我们或许必须二选一，但是真正的杠杆解在于，经过一段时间以后，两者都能改善，如提升品质与降低成本。改变系统与改变造成的效果之间经常有一个时间差，鱼和熊掌可以兼得，但不是马上可以得到，而是需要经过一段时间后才能实现兼得。

改革开放的基本原则之一是在发展中解决问题。在系统思考中，也同样要关注状态演化及不同条件下状态演化产生的结果。在演化的视角中，有两个系统科学的研究成果值得关注。

一是蝴蝶效应，在某些特定条件下，小的扰动可能会带来全局的影响。比如，2003 年发生的美加大停电，始于美国东部，后来波及加拿大，影响面积非常广泛，后经调查，大停电只是一根线断搭在树枝上引起的短路造成的。电网是系统性结构的典型，一旦发生小的失误，便会引起级联失效的传播，产生大范围的影响。

另外，我们还需要注意“防微杜渐”。水质是突然变化的吗？交通是突然堵塞的吗？健康是突然变差的吗？全球生态是突然恶化的吗？杰出的企业是突然转弱的吗？对我们威胁最大的为什么偏偏是这种缓慢渐变的过程？为什么大部分人非要等到威胁爆发成重大事件才处理？我们该如何学习有效处理这类问题的方法，如何才能防患于未然？

一件小事在特定的情况下或许没有特别大的影响，很可能会被人忽视。在系统演化中有一幅非常经典的图像，即尖点突变，一点点的变化并没有形成很大影响，但是突然超过某个临界点时，系统会发生突变，繁荣会变成萧条，若再想还原，则十分困难，需要投入十倍、百倍的努力。

那么在日常生活和管理中，该如何实践系统思维呢？回路、关联、各个因素之间的非线性影响是必须要考虑的，同时还要更多地关注本质，更多地从宏观全局和演化的角度考虑问题。

二、简单与复杂：理论与现实之间如何沟通

系统科学的核心追求是挖掘复杂系统背后的一般规律。这些规律不仅能帮助我们建立认识，也能够解决我们所关心的问题。

20 世纪的科学研究基本方法论是还原论。当我们谈论系统科学，希望能挖掘复杂系统的普适规律时，需要超越还原论，从整体、关联、演化的角度进行研究，同时在设计、管理和调控系统过程中进行运用。认识世界并进而改造世界，这也是科学研究的最基本要求。

早在 1948 年，一位研究计算数学的科学家瓦伦·韦弗在《科学美国人》上发表了一篇文章，主题为“科学和复杂性”。文章将科学研究分成几大类：一是简单性问题，只包含少数几个变量，如牛顿研究的单摆问题和开普勒问题；二是无组织的复杂性问题，该问题存在非常多的变量，完全随机和无序，如理想气体能通过统计力学、统计学等理论实现；三是有组织的复杂性问题，其突出特点是系统内要素间存在很强的关联，形成组织结构，瓦伦·韦弗认为这是我们未来科学研究的挑战。

目前，社会、经济、资源、环境等各个领域都需要运用复杂性科学的思维进行具体研究，同时，我们也希望能够认识所有复杂系统背后最简洁的规律，从而得出普适的理论，而这正是系统科学的立足之处。

复杂的表现是多样性、个性化、异质性等，那么，复杂现象背后可能存在简单规律吗？回答是肯定的！以牛顿运动定律为例，当我们观察运动时，发现其表

现形式非常多样，鸟的飞行、鱼的遨游、陆地动物的奔跑都是运动，而所有这些运动都可以通过牛顿第二定律 $\boldsymbol{F}=m\boldsymbol{a}$ 进行解释，其中 $\boldsymbol{F}$ 表示力，$\boldsymbol{m}$ 表示质量，$\boldsymbol{a}$ 表示加速度，该定律可以描述为：物体的加速度与所受的合外力成正比，与物体的质量成反比，这便是普适理论。

还有许多例子，在材料科学中，相同的材料会因温度等外界环境的不同而呈现不同的形状，但其底层相互作用的关系完全一样，这是源于简单性的复杂性。还有进行全球气候变化研究的科学家们发现，气候变化的核心规律是简单的，具有一种根植于复杂性的简单性。

人们日常生活中许多司空见惯的现象也有其共同的内在规律，如迁移运动。最初，科学家们研究信天翁的飞行，后来拓展至研究海鱼的游动。随着研究的推进，科学家们发现它们的运动规律都遵循列维飞行，与随机游走相比，其每次移动的距离符合幂律分布，指数是−2。

于动物而言，−2 为最优，因为在指数为−2 的列维飞行移动模式中，鸟类的目的是能够最大限度地在某个区域内发现食物，在资源有限的情况下，其移动轨迹能有效地覆盖地面，从而发现食物。

同样，人类的移动也有规律可循。美国一位社会学家曾通过美联储特制的一批印有编号的 1 美元钞票来追踪人类的移动轨迹。实验过程中，他告知人们如果使用了印有编号的钞票，就登录其建立的网站进行登记。一段时间后，他收集到钞票在整个美国出现的位置和它们的流通情况，通过这些研究，他发现人类的移动也符合幂律分布，指数是−1.59，有了更多的手机定位数据以后该指数是−1.75。

大部分人类的移动轨迹是在建立人与人之间的联系，人类的目标是实现社会关系多样性最大化，从而有助于实现自身的社会价值，拥有更多发展机会。因此，人类与动物都遵循同样的统计规律，但是指数不同。因为人类的移动有两个倾向，一是愿意去熟悉的地方；二是愿意探索未知。“回家”的效应使得人类列维飞行的幂指数在−2 与−1 之间。

如何从系统的视角建立模型从而认识城市演化呢？这里包含 4 个因素：空间的吸引力、城市增长匹配规则、路网的形成、社会经济产出假设。

以杭州为例，当我们想在城市创办企业时，首先考虑的是整个城市的大环境，同时需要考量想要立足的区域人气是否旺盛；其次，需要考虑个体生存和发展如何与城市资源相匹配；再次，需要考虑城市道路如何规划；最后，一个城市的经济活力与人口密度和交通有着紧密联系，因此，在谈及社会经济产出假设时，还应考虑人与人之间的关联。

从两张路网的对比图（见图 4）中，我们可以获得更直观的感受。

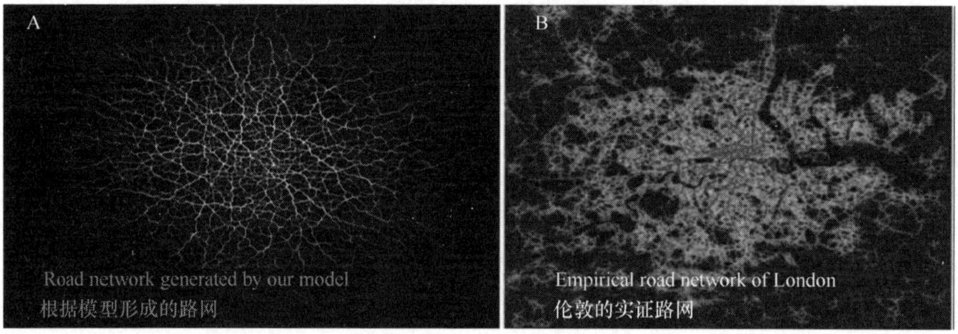

图 4　路网

左图是根据模型形成的路网，右图是伦敦的实证路网，两张图定性一致。基于模型数据对伦敦和北京的人口密度分布进行定量分析，发现伦敦与北京的人口密度分布函数也是基本一致的。

两张图同时存在共性和个性。共性体现在所有的城市灯光、道路密度、人口分布都具有一样的函数形式；个性体现在不同城市的指数和其他参数并不相同。

以上模型的建立揭示了复杂系统背后的普适性规律，但这些规律的存在能否解决所有问题呢？显然不能。比如，虽然所有运动都符合牛顿运动定律，但并不意味着一个学过牛顿第二定律的人，立马就会骑自行车或能够驾驶汽车。

因此，在研究复杂系统时，胡晓峰老师提出认知仿真建模方法，通过此方法可认识复杂系统的另外一面。

近年来，人工智能受到广泛关注。尤其是“阿尔法狗”战胜人类，为复杂系统建模仿真研究提供了启示。在社会管理、战争决策、经济治理、指挥控制、医疗健康等复杂系统领域，一直存在着对经验、直觉等认知建模的需求。“阿尔法狗”所采用的人工神经元网络方法，能否为解决这个问题带来曙光，这值得研究和探讨。

仍以自行车为例，牛顿第二定律可以让我们认识运动的规律，设计制造更优秀的自行车，而通过人工智能则可以提炼资深自行车手的骑行经验，从而让机器人也可能成为高超的骑手。对于城市管理亦然，解决问题既需要把握基本规律，也需要具备与具体系统相关的经验和知识，二者缺一不可。

任何单独的角度只能反映我们对实际问题的单一认识，只有多角度结合，才能形成真正改造世界的理论知识和动力。

为什么我们强调复杂性和系统科学？在 20 世纪，受还原论的影响，我们认识生命的方式是拆，从系统到组织，到细胞，再到分子、基因组层面，基因是我们生命的“天书”，我们希望通过基因来了解生命。

为了便于理解，我们用还原论的线路来理解文学。比如，我们要想读懂《战争与和平》（*War and Peace*），可以将其分成若干章节，章节再分成若干段落，段落再分成若干句子，句子再分成若干单词，单词再分成 26 个字母，最后希望通过 26 个字母的知识来理解鸿篇巨著。但研究透 26 个字母，就意味着能够读懂《战争与和平》一书吗？一定不能。

当 CAT 三个字母组织在一起时，它不仅是字母的简单组合，它还具有“猫”的含义。这就说明，当底层的微小单元以特定的组织形成宏观结构时，会产生丰富的新的性质和功能，而这也是我们在理解生命过程中必须解决的问题和探索的途径。

复杂性科学同理，如何理解单元通过组织产生新的性质和功能？这也是未来科学研究和社会实践面临的最重要挑战之一。

（本文来自狄增如在混沌文理学院的线下课程）

车品觉

如何将数据提炼成随时可用的“业务石油”

车品觉，信息社会50人论坛成员，香港科学园有限公司董事，香港特别行政区数字化经济发展委员会委员。著有《决战大数据：驾驭未来商业的利器》《数据的本质》等。

一、数据的本质是还原真实、推想未来

通常，我们用数据来做度量。若我们不懂数据的本质，就不明白它对未来的战略方向有多重要。数据的本质是还原真实、推想未来。一方面，数据可以帮助人们做现有决策分析；另一方面，数据可以辅助人们推演未来。比如，蚂蚁集团当初预测到未来信用很重要，而当时的状况是大多数人并没有信用体系，于是蚂蚁集团开始做芝麻信用。

说到大数据分析，不得不提系统思维，现在流行的说法是生态圈。这个概念最早是由美国麻省理工学院的教授提出的，叫作动态系统学，后来将它从工具论借鉴到组织行为学的就是彼得·圣吉的《第五项修炼》。

当我们分析大数据时，系统思维也很有用。当我们希望用数据还原整个世界的时候，如果不能系统地看世界，数据就永远是片面的。以前看公司的经营状况，必然是看财务报表，但财务报表只显示结果，很少显示生态。

以系统思维使用大数据时，我们就会知道，系统与系统之间的反馈平衡会有延后作用，这在数据分析时很重要。有的数据，今天是对的，但3个月后就不对了；也可能3个月后是对的，但当下是错的。

在未来领先的科技行业，如做广告和内容推荐类业务的阿里巴巴、抖音等公司，数据化做起来会比较容易。在金融行业，由于金融行业原本就是高度信息化的，所以数据化成本较低。另外，对金融行业来说，大数据是起风险管控作用的一把刀，主要体现在客户信用度及还款能力两方面。

在医疗行业，目前应用最多的是图片识别。在美国，初创公司 Kyruus 正在深挖医疗领域数据，高效配对医生和病人，使得大量医疗资源不被浪费。但我们也发现，很少有医院把病人数据全部输入计算机，所以，虽然大数据是把锋利的宝剑，但也不是一捅下去就能解决所有行业的痛点。

相对来说，游戏行业因为用户行为 100%被记录，所以其数据可以说是“完美数据”，使用人工智能来模仿一个游戏选手去击败另一个选手是非常容易的。此外，在零售行业，虽然目前线上购物行为已经很多，但仍有近 90%的购物行为在网外进行，在线的数据记录还可能有偏差，所以这一方面的发展仍有很大的空间。

二、数据是虚的，解决方案是实的

人工智能带来的变革，在于产生了万物互联后的巨大信息流。面对这种巨大的变革机遇，企业应如何做？

从大数据的角度来看，一方面，要找到知识产生和业务增长的关联处；另一方面，要关注如何有效积累大数据，因为它们是知识倚赖的“原材料”。这也是大部分企业从想到做的过程中“不知道自己不知道”的地方。

笔者对有意布局数字经济的企业有 8 条建议：①要关注业务决策的过程，从问题中找寻数据化的机会；②企业数据能力的泛化要建立在数据产品的灵活性上；③要建立规范，确保数据供应的质量及稳定性；④要促进企业内部数据共创与共享机制的建立；⑤要建设外部数据积累及有使用权的数据战略储备；⑥要培养海量数据的深度分析能力；⑦要注意，阻碍大数据发展的是伦理和法规；⑧要把“门窗”关好，数据越多，责任越大。

这 8 条建议是从公司战略层面上讲的。从能力上来强调则是 3 个要点：一是要具备从业务决策中找寻数据化的能力；二是要建立海量数据分析能力；三是要提高“借力打力”的能力，要把难题留给外面的专业机构去解决。

值得一提的是，与大数据的 4V，即量大（Volume）、多样（Variety）、速度（Velocity）、价值（Value）相比，现在移动大数据的核心重在 3T，即实时（Real Time）、适时（Right Time）及全时（All The Time）。任何一个完整的高效服务都离不开这 3T。

以零售业为例，其实时数据的获取和推送能力，未来将通过手机或智能可穿戴设备，赢得越来越多接触用户的机会。这些机会将为我们提供大量的时空信息，把每一刻感知到的用户数据延续，即实现全时。

有了这种感知数据的能力之后，如何才能知道何时是推荐服务的最佳时机呢？必须要进行全时的数据收集，才会知道用户的需求规律及营销的关键点，才能做到有效触达。

数据是虚的，解决方案才是实在的。没有场景目标的大数据如同散沙，但场景目标太过明确的大数据又不灵活。所以，无论是金融大数据还是医疗大数据、零售大数据，都会经历从无到有，从有到高度连接，从高度连接到实时流通，最后通过工程化把数据提炼成随时可用的“业务石油”的过程。到那时，就会产生无限商机及无与伦比的回报率。

三、“养数据”的三个窍门

大部分人依旧持有“取之所用，无用则弃”的传统信息理念。事实上，有目的地收集到的信息不叫大数据，大数据是不加选择地存储所有看过的信息，这些信息未来可能对其他事情有帮助。换句话说，留着暂时无用的数据犹如“养兵千日，用兵一时”。

很多公司也知道数据很重要，一旦落实到要制定一个数据战略，就觉得上不了手。因为从表象来看，数据是海量的。要把海量的数据变得可用，就需要数据的标准化，但这样会很费资源。对决策者来说，此时就要着眼于解决企业痛点和战略布局，养数据绝不是“为养而养”。

没有天猫超市之前的阿里巴巴，“养”与物流有关的数据看上去是浪费的，但做天猫超市就一定要建自己的物流。“养兵千日”，要看战略的长远，打击不同目标时所需要的数据是不一样的。另外，客服数据和业务数据打通后，会发现里面有很多宝藏能够让我们更好地服务客户。

行情好的时候不“养数据”，临要用的时候就很难“抱佛脚”。这里有 3 个小窍门。

第一，AAR 原则锁定客户。第一个 A 是 Acquire（获取），即如何用最有效的方法获取核心客户；第二个 A 是 Activate（活跃），让获取到的客户快速成长，变得活跃、有黏性；R 即 Retention（保留），防范核心客户的流失。

使用 AAR 原则的数据可以贯穿业务始终，既可以帮我们找出核心客户，也可以告诉我们什么服务和价格能让普通客户变成忠诚客户，我们还可以用数据模型来预测客户未来的需求，甚至是他们离开的概率。当企业充分掌握客户当前状态的数据后，就可据此进行预测，发现问题马上纠正。例如，企业乱发现金券或经常打折，不但太“博爱”，还会让客户养成“无折不买”的习惯。

第二，行为数据比结果数据更有价值。企业通常关注的重点是交易数据，比如一天有多少客流量、多少交易额，却忽略了这些交易背后的原因。当把客户的行为数据（交互行为）和交易数据相关联时，就会知道，用什么产品吸引什么客户最有效，什么价格能让这些客户活跃起来，怎样能让他们对这个平台更感兴趣。

我们甚至可以预测客户流失的蛛丝马迹。通过行为数据去发现客户如何决策是个重要课题，即使是负面数据也可能有正面作用。

第三，从小处着手。对于中小企业，可以从结构化的、已有的数据开始，一步一步进行业务开展。中小企业要有清晰的目标：希望数据帮自己做什么、数据能解决什么问题。必须谨记，我们面对的是消费者，数据的收集、整合、决策、反馈都必须从消费者出发，以人为中心。

另外，企业不应把客户看成一个整体，因为解决了客户的一般性需求，不等于解决了客户的特殊需求。

四、数据思维的妙用

谈数据离不开量化。量化是对被量化的事物的一种映射。我们要明白数据量化是为了解决什么问题，以及数据在量化的过程中如何降低噪声、增加稳定性。过去数据很难获取，所以人们喜欢用经验预设简单维度，这种局面随着大数据时代的到来被快速改变。

一些看似毫无关联的事情，却是过去分析时的盲点所在。所以要改变传统观念，将思维方式从经验驱动转变为数据驱动。数据驱动不仅可以应用在处理大数据上，也可以走出数据世界，应用到工作的管理上，甚至应用到人生中。

比如，某次会议上，你可以去量化 CEO 在别人演讲时的几个动作信号：点头、写笔记、发问，这样大致可以得出该 CEO 对每个主题演讲的专注度。用这种方式做出相应的关键词分析，可以事半功倍。

再如，当你递送报告给管理层时，每个高管的反应是不同的，这时你可以量化他们的反应，事后在回顾总结时还原并改进。所以不要说数据是“冷冰冰”的，恰当地运用数据思维，可以帮助你解决“热乎乎”的问题。

吕廷杰

建设数据要素市场体系的若干问题思考

吕廷杰，信息社会 50 人论坛理事，北京邮电大学教授，中国信息经济学会常务副理事长，国际通信协会常务理事，工业和信息化部信息通信科学技术委员会委员，工业和信息化部电信经济专家委员会委员。

数字经济是继农业文明、工业文明之后，人类社会进入信息文明时代的产物，也是我国与国际经济技术前沿接轨的经济领域。同时，数字经济对于我国经济的持续、高质量发展，也具有举足轻重的意义。但在我国数字经济的发展过程中，也出现了数据资产化、要素化和流动性滞后于技术应用的现象，导致数字经济的价值创造力不足、商务模式创新乏力等问题。如何构建有效的数字经济时代的数据要素市场体系，促进数字经济健康发展，是我国实现中长期经济社会发展战略必须完成的课题。

2020 年 4 月，《中共中央 国务院关于构建更加完善的要素市场化配置体制机制的意见》发布，首次将数据与土地、劳动力、资本、技术等传统要素并列，并强调要加快培育数据要素市场。数据成为生产要素，将改写生产函数，放大其他生产要素的贡献度，并提高总要素生产率。这将在更高的维度为发展中国家提供一条赶超发达国家、实现经济跨越式发展的新途径。先进的生产力必须与先进的生产关系相适应，所以，数据要素的治理思路也同样需要创新。根据《数字中国发展报告（2021 年）》的数据，2017—2021 年，我国数据产量从 2.3ZB 增长至 6.6ZB，2021 年的数据产量在全球的占比为 9.9%，仅次于美国，位居世界第二。但据国家工业信息安全发展研究中心的测算，2020 年我国数据要素市场的规模约为 545 亿元，仅为美国的 3.1%、日本的 17.5%。由此可见，尽管我国数据的产量巨大，但使用效率亟待提高。因此，如何培育数据要素市场，提升数据要素的供给能力，构建高效的数据要素流通体系，充分发挥海量数据和丰富应用场景的优势，确保数字经济高质量发展，是中国式现代化建设的一个重大课题。

2022 年 12 月，《中共中央 国务院关于构建数据基础制度更好发挥数据要素作用的意见》（以下简称《数据二十条》）发布，提出了一系列创新性的数据治理思路与制度。其中最值得关注的要点是数据产权结构性分置制度，即数据资源持有权、数据加工使用权、数据产品经营权等。对公共数据、企业数据和个人数据，实行分类分级确权授权。对于公共数据，主要是强化统筹授权使用和管理，推进互联互通，打破“数据孤岛”。对于企业数据，市场主体享有依法依规持有、使用、获取收益的权益；而对于个人数据，则推动数据处理者按照个人授权范围依法依规采集、持有、托管和使用数据。所有这些都是基于一个重要前提，即不损害个人隐私、商业机密和公共利益。与数据产权结构性分置制度相配合，还要建立健全数据要素各参与方合法权益保护制度，充分保护数据来源者合法权益，合理保护数据处理者对依法依规持有的数据进行自主管控的权益。

一、数据要素的基本特征

市场配置生产要素是市场经济的本质特征。数据作为生产要素，只有通过市场来配置，才能真正地让数据要素流通起来，更好地发挥数据要素的价值，创造更大的经济效益。数据是一种虚拟性的资源，要发挥其价值则需要经过数据处理的过程，以形成信息和知识。将数据处理技术和方法、数据处理的结果用于生产经营活动中，数据就转换成了一种重要的生产要素。数据要素市场化配置是指数据要素供求通过市场交易来实现，数据要素价格在价值决定的基础上通过市场来形成。数据要素市场化配置与传统的生产要素（土地、劳动力、资本等）市场化配置存在明显不同，根本原因在于数据要素的特征决定了其运行机制和价值形态更加复杂，带来数据产权界定不够明确、数据开放与共享水平较低、数据交易机制不够健全、数据安全意识较为薄弱等诸多问题。

1991 年诺贝尔经济学奖得主、新制度经济学的奠基人科斯教授最著名的学术贡献是基于契约的产权交易理论。他把经济学意义上的产权与法学意义上所有权进行了分割，其中产权包括使用权、收益权与处置权。这极大地清晰了社会经济活动中，物权结构性分置的理论框架，对于我们今天的研究依然具有重大的指导意义。进行数据要素市场顶层设计犹如建造一座大厦，首先要打好坚实的基础。这个基础就是要从技术、经济和法学的角度，厘清数据要素的关键特征，摆脱所有权的羁绊，对数据要素的产权结构性分置提出理论依据。为此，笔者在参考了国内外的一些研究成果的基础上，将其总结为数据要素的 4 个基本特征。

（一）非自然性特征

管理学理论将管理的属性分为自然属性和社会属性。借助这一概念，我们不难发现，数据资产是没有自然属性的，这与天然蕴藏在自然界中的物质资源和能源有着本质区别。《中华人民共和国数据安全法》第三条规定“本法所称数据，是指任何以电子或者其他方式对信息的记录”。数据是信息的表达，信息是数据的内涵。在数字科技发展与应用十分活跃的今天，电子数据是数据要素的绝对主体。电子数据一定是附着于电子信息系统载体，基于计算机应用和信息通信等技术手段形成的对客观信息的记录，没有电子信息系统作为载体就无法生成、储存、传输和利用电子数据。

数据要素形成过程必然伴随着人类的社会活动与经济活动，这种强社会属性导致生产数据的参与方比较多，同时，也意味着数据很难像土地、劳动和资本那样清晰地确定所有权。由于所有权是法律赋予的绝对权利，所以鉴于上述特征，在构建数据要素市场体系的理论基础时，应该明确“去所有权”主张。也就是说，任何提供信息服务的企业或平台，只是数据的持有者或者占有者，不享有数据的所有权。这就如同我们在照相馆拍了张照片，照相馆并不拥有照片的所有权。

（二）非竞争性特征

数据要素的非竞争性特征可以理解为：其在被使用过程，不需要耗费额外的劳动，就能以极低成本无限复制。在理想的状态下，一组数据可以被多个个人或企业同时使用，即使用的边际成本为零。这是数据要素与其他资源型生产要素的本质区别。因此特别值得指出的是，数据要素的非竞争性也意味着数据的访问权和使用权远比数据的持有权更加重要。

目前国内外许多理论研究结果表明，数据的非竞争性会使经济活动的边际收益递增，因此其成为提升全要素生产率的主要新动能。这有利于揭示人类社会进入信息经济并浮现出数字经济形态以来，经济长期保持增长的原因。也同时揭示了数字经济时代，推进经济不断增长的潜力来源在于数据要素的开发与流通。待解决的科学问题是，如何通过构建一个带有数据生产和制度安排的理论模型，来分析数据要素的产权是如何影响社会产出和消费者福利的。

（三）非同质性特征

数据要素的非同质性特征，是其区别于传统生产要素的一大特征。传统生产要素的效用价值对于不同的主体或生产经营活动来说通常是近乎对等的。但某些数据资产可能对某些企业或者个人有价值，进而成为要素，而对于另一些实体却毫无价值。这也就解释了，除了隐私与安全方面的考量，为什么数据很少被买卖或像其他商品或服务一样被出售，并很难被计量和定价。

数据要素的非同质性特征决定了数据进入生产过程成为要素与传统生产要素在模式上的区别。数据并不直接形成具有使用价值的物质形态，也不具有直接的使用价值，而必须经过计算机处理和算法提炼，才能用于指导和调节社会生产与交易流通过程，如创造新的想法，或者形成对未来的预测，乃至掌握社会需求变化趋势、减少经营风险，进而指导经济活动。当数据积累到一定程度时，数据反馈循环将会产生收益递增的回报，拥有跨领域交叉数据的企业会提供更适销对路的产品或组合服务，这就促使这些企业增加投资生产和销售，进而获得更多数据。因此，数据要素的非同质性还同时具有规模经济特征和范围经济特征，进而产生与第二点特征（非竞争性特征）带来的经济性背道而驰的排他性。排他性并非其内生独占性导致的，而是信息不对称的外生性市场竞争需要带来的。这种需要往往通过数字霸权形成市场壁垒和垄断，所以也是数据要素市场顶层设计中需要规制的方面。

（四）非完整性特征

数据要素的非完整性特征也可以称为价值的可分割性。数据成为数据要素的三项基础要素是数据、算法和算力。由于数据包含有关个人隐私和商业机密的信息，所以在数据要素化的过程中，为了促进数据要素的交易与流通，需要解决“阿罗信息悖论”问题，即交易须披露信息，但披露即意味着数据价值丧失。近年来，随着区块链等技术的发展与应用，人们逐渐发现，相较于传统商品，数据要素的使用价值其实是可以分割的。很多应用场景通常并不需要完整的数据，如区块链应用中联盟链上的数据共享、联邦学习等。

由于匿名化、去标签化后的脱敏数据往往并不影响数据的具体使用价值，并可以有效保护个人隐私与商业机密，因此，作为激励机制，需要提倡“原始数据不出域，数据可用不可见、可见不可得”。近年来，基于不完全信息数据应用的安全多方计算、同态加密和零知识证明等算法与模型迅速发展，并在一定程度上推动了各类社会经济实体进行数据流动、交易、商业变现的意愿。

二、基于数据要素的基本特征完成 4 项任务

2023 年 2 月，中共中央、国务院发布了《数字中国建设整体布局规划》，这是一个以数据要素资源为核心的建设规划。由此可见，当前我国数字经济建设的重中之重在于加快数据要素市场体系的顶层设计与实施。数据要素市场体系是指统筹数据要素流通、使用、收益分配等过程的一系列政策与制度安排。传统要素治理体系的设计有两个重要原则，一是明确产权，二是保障公平交易和效率。这两个原则同样适用于数据要素市场体系的顶层设计，但在具体做法上需要创新。笔者认为，解决上述问题需要基于数据要素的基本特征完成以下 4 项任务。

（一）构建数据要素交易流通的基础制度

构建数据要素交易流通的基础制度，要体现数据要素特征、符合数字经济发展规律、支持实体经济发展、保障国家数据安全、保护个人隐私和商业秘密。

（二）促进数据合规高效流通使用

要促进数据合规高效流通使用，需要构建数据流通和交易的第三方中介服务生态体系，包括数据提供方、购买方、平台方、第三方中介服务方和监督方；推动第三方规模化，包括数据集成、数据公证、数据保险、数据托管、数据资产评估、数据争议仲裁等。

（三）以立法和技术保障等手段确保数据要素市场高效、可信赖

以立法和技术保障等手段确保我国数据要素市场是高效和可信赖的。可信数据要素市场的具体构成条件为：①数据可信；②交易主体可信；③算法可信；④交易平台可信。

（四）深入参与国际高标准数字规则制定

加快设立国际离岸数据中心，在香港和海南分别设立自由贸易港，使用国际互联网专用通道，让数据和信息的上传与下载自由流动，并与国内互联网物理隔离。

近年来，我国已经成立近 40 家数据交易所，但业务开展很不理想，也说明数据交易比其他生产要素或商品交易更为困难。《数据二十条》明确支持数据处理者在场内和场外采取开放、共享、交换、交易等方式流通数据，并且提出要加强数据交易场所体系设计，统筹优化数据交易场所的规划布局，严控交易场所数量，突出国家级数据交易场所合规监管和基础服务功能，同时鼓励各类数据商进场交易。审慎对待原始数据的流转交易行为，对于公共数据，尤其要按照“原始数据不出域，数据可用不可见”的要求，以模型、核验等产品和服务等形式向社会提供。但是，无论是场内交易还是场外交易，除了权益保障，还有一个很重要的条件是克服数据交易中的信息不对称，这可能是当前数据交易所业务不活跃的主要原因。相对而言，直接交易的点对点模式和间接交易的数据商模式，增加了一道供需匹配的环节，因此，短期内也许应该把重点放在支持这类场外交易的规范发展上，等条件成熟了，再鼓励其进场交易。

目前，《数据二十条》将数据分类为公共数据、企业数据和个人数据。这种分类其实是比较笼统的。公共数据和企业数据的概念是从持有者的角度来分类的，而个人数据又是基于数据源的属性，如个人隐私权、肖像权等绝对权力来划分的。所以，在进行数据要素市场体系顶层设计的过程中，还有一项基础性工作就是对数据的分类。从理论上讲，公共数据和企业数据的主要组成部分就是个人数据，而公共数据和企业数据也存在交集。个人数据权属问题的核心是隐私权等权利和产权（使用权、收益权和处置权）的界定与确权。此外，对于哪些数据应该属于

公共数据，哪些数据应该属于企业数据，也必须要有一个清晰的划分标准。例如，新冠疫情期间公众的通信行程卡数据，到底是属于公共数据，还是属于移动、电信和联通的企业数据呢？谁又有权删除这些数据呢？这就涉及去所有权后的处置权问题。只有解决了这些问题，我们才有可能建立起一个清晰的数据要素市场体系架构。

数据要素化、资产化是发展新型数字经济的必然选择。第三代万维网（Web 3.0）将数据与虚拟财产（数字资产）列为重要支撑，认为下一代互联网将从传递信息的网络演进为传递价值的网络，而区块链、智能合约、预言机、元宇宙、人工智能等科技，将是推进这一进程的核心科技。尽管目前许多国家及地区均高度重视数据要素和虚拟财产的发展，并且纷纷制定相关法规，但在目前阶段，被普遍接受的模式还没有出现，因此，进行数据要素市场体系的顶层设计是一项颇具挑战性的工作。

最近，笔者在阅读了凯文·凯利的新作《5000天后的世界》之后，有这样一点感想。为什么欧洲和日本的互联网产业不够发达？这是因为他们比较重视对于新兴产业的规制。在汽车的发源地欧洲，当人类开发出最高速度超过 100 千米/小时的汽车后，决定其市场接受度的关键成功因素却是刹车技术。然而，无数的成功案例告诉我们，不同于工业产业，数字科技的创新与应用可能应该在 5000 天后再来规制。用当今时尚的话语就是："要让子弹飞一会儿。"所以，笔者认为：在数据要素市场体系建设中，激励机制的设计应该优先于约束机制！

沈　浩

大数据视域下的数据伦理与消费者保护

沈浩，信息社会50人论坛成员，中国传媒大学媒体融合与传播国家重点实验室大数据中心首席科学家、教授、博士生导师。拥有30多年的统计和数据分析经验，精通各种统计分析技术，擅长传播研究方法、数据挖掘、空间地理分析、多变量统计分析等。

通俗来讲，数据伦理属于道德范畴与社会规范范畴，定义了我们能做什么和不能做什么。数据伦理能够帮助我们确定相关责任，促使我们行为向善。在大数据与人工智能蓬勃发展的当下，数据伦理与消费者保护的相关理论和研究受到了广泛关注，其面临的问题与挑战也越发引起人们的关心和讨论。为了厘清大数据视域下的数据伦理与消费者保护的相关问题和挑战，本文从数据伦理的发展及应用视角，分析和探讨大数据伦理下消费者保护面临的问题、国内外建立数据伦理规制的实践、数据伦理建设的主要共识，并在加强数据伦理与消费者保护方面给出切实可行的建议。

一、大数据时代数据伦理的发展

作为伦理学的一个新分支，数据伦理学属于道德哲学，聚焦于研究和评估涉及数据、智能算法等的应用，其目标为制定和支持道德上良好的解决方案（如正确的行为或正确的价值观），属于应用伦理学中较为重要的部分。随着大数据和人工智能技术的普及与发展，数据伦理受到了不同行业，特别是金融和银行业的广泛关注与讨论。然而，在企业的发展和生产经营过程中，汇集的用户个人基础信息、行为信息、消费数据信息、关联关系信息，以及分析和加工后的潜在信息的相关规则与制度都较为模糊，缺乏具体的边界。大数据和人工智能技术在为用户提供服务的同时，伴随着潜在的数据伦理道德危机，缺乏隐私数据保护、消费者权益保护的法律法规、监管措施和政策的制约。因此，人们逐渐认识到，法律和数据伦理道德有时并不是兼容并包的，智能化的技术和伦理道德的水平都能够影响与评价社会发展的文明程度。社会呼吁企业在经营获利的同时，也要完善其大数据技术上的数据伦理规范和应用标准，并履行其应有的企业道德和社会责任。

事实上，数据和信任是并行且相关联的，获得数据最大价值的核心方法就是将数据提供给最需要的人。因此，需要采用数据伦理原则，加强公众信任，消解阻碍数据收集、共享和使用的力量，在道德准则、行业框架和政府法律法规之间取得更好的平衡。针对数据使用对不同群体的影响的研究表明，数据伦理问题涉及更广泛的主题及非常实际的社会问题，践行数据伦理有助于减轻无意中融入系统、政策和服务的负面影响与偏见，从而创造更公平的社会。

二、大数据伦理下消费者保护面临的问题

（一）消费者进行相关活动时产生的数据归属问题有待明确

消费者产生的海量消费数据及行为数据到底属于提供服务的企业还是消费者本身；提供服务的相关企业和个人能够获取与存储用户的哪种数据；能否对数据脱敏加工后进行交易等，这一系列问题归根结底都属于大数据的加工利用及交易范畴的问题，进一步说明了需要厘清消费者全过程数据的归属与权责，并处理好引发大数据伦理的问题。有些企业或服务提供商利用大数据算法的黑盒特性，无视法律和社会道德，借助智能算法及大数据“杀熟”等潜在手段，从不同特性的用户身上攫取经济利益。

（二）相关消费数据缺乏透明性，虚假数据泛滥

部分运营企业借助平台和系统的隐蔽性，采用虚假的数据信息引导消费者进行消费，其中，较典型的是企业通过人工智能手段对数据进行填充和伪造等，从而制造误导消费者的假象，如利用水军刷单、生成虚假评价、刷排行榜等虚假手段对消费者进行欺骗和诱导。

（三）相关法律法规有待完善，消费者疲于维权

尽管我国已制定了消费者隐私保护与数据保护的法律法规，但有些企业仍存在未经授权非法采集或通过黑市及网络交易平台销售消费者个人隐私数据的行为，且该行为较为隐蔽，即使消费者感知到相关行为，由于法律法规的完善程度不足，消费者仍难以对自身进行有力保护。同时，在企业追逐利润的前提下，大数据算法等智能技术已经成为企业侵犯消费者权益的背后帮凶。另外，行业内自律与治理不足，导致整个行业缺乏有效监管，难以发挥行业自身的监管力量。由于大数据与人工智能算法的隐蔽性，即使消费者具有维权意识，仍存在取证难、溯源难、判定难等问题，耗费了消费者大量时间和财力，严重影响了消费者的生活。

（四）大数据算法效用的双面性带来的问题

当前，随着大数据和人工智能技术的快速发展，智能算法有效落地并得到应用。大数据算法已经成为企业，特别是互联网相关企业维挽用户的强有力的工具和技术手段。通过大数据智能算法，企业能够有效提升管理效率和管理水平，为使用者提供多样化、便利化和智能化的产品与服务。从技术层面讲，大数据算法对于社会经济的发展做出了一定贡献。从消费者层面讲，大数据算法应用包括套餐服务、智能推荐、交叉销售、增量销售、动态评价、信用评级等，给消费者带来了较大的便利性和实用性。然而，大数据与人工智能是一把“双刃剑”，技术的普及与落地应用在为人们日常生活及科技的发展带来极大便利的同时，也暴露了大数据算法的伦理问题，给构建和谐社会与网络治理带来了巨大的挑战。

为管理大数据和人工智能带来的风险与收益，我们需要确保人工智能决策的公平性和准确性。在技术层面，如过于追求数据和建模，就会产生削弱人类判断、形成算法偏见、加深社会分歧等各种不良后果。在企业层面，为了追逐利益，企业利用大数据算法的不透明性，对消费者实施不同方面的违法、违规行为，典型的如大数据“杀熟”。企业通过挖掘不同时空区域、不同画像，以及不同兴趣与偏好的用户信息进行区别定价，并结合复杂的促销规则和算法混淆价格与优惠，具有极其隐蔽的特性，给消费者的取证、维权带来极大困难，部分算法黑箱还具有性别和种族歧视。

因此，算法歧视与大数据“杀熟”已经严重阻碍了社会的公平有序竞争，不利于市场经济的良性发展。在消费者层面，大数据算法是看不见、摸不着的“黑盒子”，不法企业实施其违法行为时，消费者难以及时发现且举证困难，严重侵犯了用户的知情权和公平选择权，加深了企业和消费者之间的鸿沟。为了评估算法的风险和收益，我们需要研究其对人们生活的影响。

三、国内外建立数据伦理规制的实践

（一）国外数据伦理与隐私保护实践

国外在数据伦理与隐私保护方面的法治建设起步较早，相关的法律法规、行业伦理规范和实践标准较为完善，对全球数据伦理与隐私保护制度的建设起到了引领和示范作用。典型的如欧盟设立了欧洲数据保护专员公署（EDPS），美国成立了大数据、伦理学与社会理事会等机构来保障和监督用户各项信息的安全。2018年5月和11月，欧盟分别发布了《通用数据保护条例》（*General Data Protection Regulation*）和《伦理与数据保护指引》（*Guidance Note on Ethics and Data Protection*），它们成为重要的用户隐私保护法律，为数据伦理与数据保护提供了直接的指引，并给出了具体的方向，引起了广泛的关注。此外，欧盟的相关管理机构已将数据理论的相关工作作为机构的日常工作。2018年12月，欧盟发布了《可信人工智能伦理指南草案》（*Draft Ethics Guidelines for Trustworthy AI*），特别强调了人工智能相关的伦理问题及用户的隐私保护问题。

近年来，国外尝试通过“零方数据”，也就是通过寻求许可的方式来收集更准确、更相关和更即时，并与消费者兴趣更匹配的数据方式。在算法上通过隐私技术、联邦计算等模型算法，实现“可用不可见”的数据建模，在一定程度上形成了数据保护和数据私有，与此同时，企业也在不断尝试借助区块链技术实现隐私保护。

（二）我国数据伦理与隐私保护实践

在我国，人工智能、大数据、合成生物学等新兴技术的快速兴起带来的很多不确定的伦理风险，也引起了我国对新兴技术的科技伦理治理的日益重视，并陆续出台了相应的管理措施。2019 年 7 月通过的《国家科技伦理委员会组建方案》和 2020 年 5 月通过的《中华人民共和国民法典》都对个人及相关数据信息的应用做出了相应规定。2020 年 6 月，《中华人民共和国数据安全法（草案）》提交全国人大常委会审议。2020 年 10 月，十九届五中全会提出健全科技伦理体系。此外，针对算法偏见和歧视，我国于 2022 年 3 月实施了国家网信办等多个部门联合发布的《互联网信息服务算法推荐管理规定》。

四、数据伦理建设的主要共识

当前，发达国家的数据理论及消费者保护的相关法律和政策相对完善与健全，而且数据伦理方向的探索也在不断更新和完善。国内外相关政策与法规大多集中于消费者的个人隐私保护及数据保护，在数据伦理建设层面更加重视消费者隐私，并积极制定引导数据“向善”的数据管理与隐私保护的法律法规及道德规范。另外，相关的数据保护和数据伦理的行业标准、落地的实践标准等也提出得较早，并受到越来越多企业和消费者的关注。通过梳理目前数据理论与消费者保护的相关政策，可总结出以下几点共识。

数据管理及大数据算法应是无偏、向善、公平的。在数据的采集、处理、加工、算法训练等全生命周期环节，数据的运营主体或相关企业必须遵守数据的管理规范，不仅如此，大数据算法应遵循无偏、向善、公平的原则，不能因潜在的利益而忽视甚至违背该原则。不仅要防范消费者进行大数据信息的不正当交易，进行未经授权的信息共享，而且要注意数据使用中的算法歧视、算法偏见及大数据“杀熟”等影响消费者感知与体验的问题。

数据管理及大数据算法应该明确其目标与边界。大数据的智能分析与挖掘算法能够创造潜在的价值和效益，而进行大数据运营的企业及个人因集聚了海量数据，进而拥有了相关的非法操纵及作恶的潜在能力和基础。因此，需要防范大数据运营企业的行业霸权和垄断。要树立明确的目标及数据量的上下限，防止数据运营主体无限制地获取用户的数据，特别是对用户大数据，尤其是用户隐私数据的随意使用。推荐的做法是，要让数据运营主体对包括职业、性别、性取向、残疾、身体体验、体型、种族、宗教或与企业使命无关的任何事情都“零兴趣”。

数据管理及大数据算法应保障算法可靠稳定。面对海量的用户和积累的海量数据，大数据运营主体需要保障大数据分析与处理技术的可靠性，保障算法的安全且不保留后门，算法流程与思路清晰合理，算法实现稳定准确，以保障数据的可靠性、完整性及不可否认性等，防止数据受到威胁和篡改。

数据管理及大数据算法主体应使用户对数据的使用和处理了解并知情。需要保护并尊重用户对数据享有的相关权利，特别是针对用户的数据。数据管理及大数据算法主体需要向用户明确数据的相关使用与处理策略，尤其是涉及用户隐私的相关策略，并给予用户对于相关隐私协议和策略的选择权利，且用户应具备更改和停止这些协议与策略的权利。

涉及用户的相关大数据应受到合理的保护，并考虑大众的公共权益。需要构建符合当前环境及政策的大数据保护机制，保障数据的信息完整，实行数据保护优先原则，而不是利益优先原则，当与法律法规及相关数据伦理道德规定相冲突时，应当销毁或者冻结相关数据。此外，各大数据运营主体应考虑大众的公共权益，要杜绝危害国家和社会的现象，并重视相关公益数据的隐私保护，遵守相关公共权益的规范和守则。

五、加强数据伦理与消费者保护建议

近年来，随着“互联网+”政策的不断推行，以数据为运营主体的相关行业和个人推动了我国的经济与技术发展。然而，在大数据和人工智能的驱动下，也产生了一些负面的问题和影响，包括对涉及消费者隐私的数据的无限制采集、大数据算法的歧视和偏见、大数据“杀熟”，以及智能化的非法营销等。当前，相关监管政策与法规的发展速度跟不上技术的发展速度，消费者的隐私和权益保护受到了严峻挑战。因此，在“互联网+大数据”时代，加强数据伦理建设、构建消费者保护屏障具有重要的现实意义。

推进消费者保护的立法工作落地，促使消费者权益保护有章可循、有法可依。明确大数据及相关算法的作用范围和使用机制，构建与时俱进的涉及消费者数据的归属、获取等的相关规章制度与法律法规，厘清相关权利、义务的范围与责任。

吸取国外先进的数据伦理建设经验，制定官方的权威数据伦理标准规范、准则及规定，设置专业的数据伦理管理机构，并由其负责对大数据算法歧视、大数据“杀熟”等违法违规行为的管理与处置，强化对大数据伦理及算法应用的落地监管。简化和完善维权与追责制度，强化和落实消费者权益的法律法规，对大数据算法歧视等问题进行严厉打击。

强化数据伦理及消费者保护的多维度监督，构建并健全可落地的消费者保护监管体系。数据伦理建设需要国家管理机构、行业监管机构、行业自律性团体、第三方数据服务商、大数据从业者、消费者等多维度、多元共治的数据治理体制机制，全力保障消费者的数据合法权益。大数据从业的主体机构和企业应该确保大数据算法的公正可信、可取证、透明和可追溯。并保证发生争议和纠纷时，及时向相关监管部门和机构，以及公正的第三方机构提供相关的算法源程序、原理与涉及数据的说明，保障大数据算法的合理性、合法性和可追溯性。

普及大数据隐私保护教育，增强消费者保护和数据伦理意识。以消费者数据与隐私保护为抓手，通过网络宣传、大众研讨、线下推广等方式，推进消费者数据伦理与隐私保护的普及教育，激发消费者自身对隐私保护、大数据伦理的关注和敏感性，强化其数据伦理意识，积极参加大数据主体相关的数据处理、算法推荐及应用等全流程的监管，培育并形成行业及社会对数据伦理、消费者数据保护协同共治的意识和氛围。

推动大数据主体机构完善敏感数据的全周期保护制度。对于从事大数据运营的相关企业和个人，要构建正确的数据伦理观和消费者保护观，并遵守从业道德，不逾越底线和红线；在数据加工、消费者隐私保护、数据治理及数据管理等方面，要通过制定完善的大数据管理规章制度来平衡企业利益、数据伦理和消费者保护，并根据国内外最新的趋势和发展，及时对相关制度进行更新和完善，以保障制度符合相关形势。

阿拉木斯

加快构建我国数字经济的法律体系

阿拉木斯，信息社会50人论坛成员，北京市法学会电子商务法治研究会副会长。工作期间，参加了我国电子商务与IT领域的多项重要法律课题的研究工作，为国家“十五”重点科技攻关计划专题“中国电子商务法律法规体系研究”的项目主持人。

根据《数字中国发展报告（2022年）》统计：2022年，我国数字经济规模达50.2万亿元，总量稳居世界第二，同比名义增长10.3%，占国内生产总值比重提升至41.5%。电子信息制造业实现营业收入15.4万亿元，同比增长5.5%；软件业务收入达10.81万亿元，同比增长11.2%；工业互联网核心产业规模超1.2万亿元，同比增长15.5%。可见，数字经济已成为推动我国经济增长的主要引擎之一。

数字经济是以数字要素作为关键生产资料的经济活动，是传统经济升级的方向。2022年1月12日，国务院发布的《“十四五”数字经济发展规划》中有一个重要判断：数字经济是继农业经济、工业经济之后的主要经济形态，是以数据资源为关键要素，以现代信息网络为主要载体，以信息通信技术融合应用、全要素数字化转型为重要推动力，促进公平与效率更加统一的新经济形态。

习近平总书记在党的二十大报告中强调：“加快发展数字经济，促进数字经济和实体经济深度融合，打造具有国际竞争力的数字产业集群。”我们要深入贯彻党的二十大精神，发挥我国数字经济发展的独特优势，全面促进数字技术和实体经济深度融合，大力发展数字经济，为贯彻新发展理念、构建新发展格局、推动高质量发展提供有力支撑。

纵观全球，世界各国均高度重视数字经济的发展，数字经济正以不可阻挡之势强势崛起，成为重组全球要素资源、重塑全球经济结构、改变全球竞争格局的关键力量。另外，科技创新具有两面性，既可以拉动生产力的发展，也可能带来破坏性。保证数字经济的健康有序发展，需要有健全的法律体系做支撑。

随着 2022 年 11 月欧盟正式公布《数字服务法案》（*Digital Service Act*，DSA）和《数字市场法案》（*Digital Market Act*，DMA），2021 年 8 月美国参议院提出《开放应用市场法案》（*Open App Markets Act*），全球的数字经济立法开始进入 2.0 时代。如果说保护网络个人信息和隐私、维护互联网安全是数字经济立法 1.0 时代的主题，那么促进数字经济发展，确认和保护数字资产、数字市场正是数字经济立法 2.0 的宗旨。

我国在近 5 年陆续完成了《中华人民共和国个人信息保护法》（以下简称《个人信息保护法》）、《中华人民共和国数据安全法》（以下简称《数据安全法》）、《中华人民共和国电子商务法》（以下简称《电子商务法》）等数字经济立法 1.0 时代的重要立法，为了进一步促进数字经济的大力发展，完善我国数字经济的法律体系，回应时代对于人工智能、区块链、元宇宙等快速应用的法律需求，我们建议，尽快开启我国数字经济立法的 2.0 时代，加快完善我国数字经济的法律体系。

一、数字经济法律体系的框架

什么是一个国家完整的数字经济法律体系框架，是我们需要首先明确的。

一般认为，一个完整的数字经济法律体系框架，应该至少包括 4 个方面的内容，即数字经济基本法、数字经济交易法、数字经济安全保护法和数字经济专门法。当然，数字经济基本法和数字经济交易法可以合并在一部法律里，比较典型的是我国在 2018 年出台的《电子商务法》和美国在 1999 年出台的《统一计算机信息交易法》（*Uniform Computer Information Transaction Act*, UCITA）等。

数字经济基本法的核心内容应该明确数字经济的各个主体之间的基本法律关系、数字经济立法的基本原则、数字经济法律的适用范围，以及其与线下相关法律的关系等；作为数字经济交易法，应该明确交易平台的法律地位，包括交易平台在内的各方的权利和义务，交易前、交易中和交易后相关环节的监管要求，各方的法律责任等；数字经济安全保护法又可分为数字经济的数据安全、网络安全和虚拟财产安全三大类法律，应对数字经济中产生的新的权利和资产进行确权，明确保护和救济的相关措施等；数字经济专门法主要是针对数字经济发展中的一些特殊问题或技术解决方案进行法律上的确认或保护，比如我国在2004年出台的《中华人民共和国电子签名法》（以下简称《电子签名法》），以及一些国家提议出台的区块链法等。

这样看来，我国已经出台的数字经济相关法，除了上面已经提到的《电子商务法》和《电子签名法》，2016年出台的《中华人民共和国网络安全法》（以下简称《网络安全法》）、2021年出台的《个人信息保护法》和《数据安全法》均属于数字经济安全保护法。我们目前在立法体系的完整性上，比较欠缺的是两个部分：数字经济基本法和数字经济安全保护法中的虚拟财产安全保护法。

因为制定数字经济大而全的基本法需要一定时间的观察和准备，也需要我们看清楚数字经济的全貌和本质，眼下还不具备条件，所以笔者建议把下一步数字经济立法的重点放在对数字经济虚拟财产的确认和安全保护法的立法上，开启我国数字经济立法的2.0时代。

也就是说，在我国现有数字经济法律法规的基础上，我们只有完成了下面的4个立法步骤，才算是初步完成了数字经济法律体系的构建：一是出台数字经济安全保护法中的虚拟财产安全保护法；二是出台区块链法等专门性数字经济立法；三是在现有的《电子商务法》的基础上加以修订和扩充，制定相对完整的数字经济交易法；四是时机成熟时，出台数字经济基本法。

二、加快构建我国数字经济法律体系的必要性

在当前国际环境下，国与国之间的竞争很大程度上是制度间竞争。如何发挥我国的制度优势，提升我国在下一代互联网与新型数字经济领域的国际竞争力，是摆在我们面前极其重要的问题。资产数字化是发展新型数字经济的必然选择。第3代互联网（Web 3.0）将数据与虚拟财产（数字资产）列为重要支撑，许多专

家认为第 3 代互联网会是价值网，而区块链、智能合约、预言机、元宇宙、人工智能等科技是资产数字化的重要科技。许多国家及地区均高度重视虚拟财产的发展，并纷纷制定相关法规。

在全面依法治国的今天，只有良好的法律才能为新型数字经济的发展提供强有力的保障。加快数据、网络虚拟财产的专门立法，既是加强国家竞争力的需要，也是保护民众权益的需要，同时也是加强监管的需要。习近平总书记指出“数字经济事关国家发展大局。我们要结合我国发展需要和可能，做好我国数字经济发展顶层设计和体制机制建设。要加强形势研判，抓住机遇，赢得主动”“发展数字经济意义重大，是把握新一轮科技革命和产业变革新机遇的战略选择”，这些内容明确了我们的发展方向。

对于数据和个人信息安全保护，我国的立法已经比较充分；对于金融资产，国家也已有规范的监管举措，但大量新出现的非金融虚拟财产领域目前还是法律真空地带，需要尽快立法治理数据与非金融虚拟财产。为数据与非金融虚拟财产构建合适的法治框架，明确数据与非金融虚拟财产的法律属性、法律地位及其法律救济等，保障相关产业可以安全稳定发展。

三、我国的电子商务立法及其对数字经济立法的启示

其实，在 2013 年之前，就有很多关于电子商务立法的争论声音，当时我国已经有很多的相关法规、文件、部门规章和地方立法，在这样的大背景下，我们再去制定一部专门的电子商务法是否有必要？类似的必要性讨论也会在今后的数字经济立法时出现。所以再看当时关于电子商务立法必要性的原因分析也还是很有借鉴意义的。

首先，正是因为我国这十几年的互联网和电子商务立法发展下来，电子商务法律体系初具规模，才有了制定一部电子商务大法，进行顶层设计、统筹安排的必要性。2014 年，在国家发展和改革委员会高技术产业司和全国人民代表大会财政经济委员会调研室主编的《中国电子商务法律法规汇编》一书中，收录的直接的电子商务法律法规大约有 50 部，而间接的各种电子商务法律法规、规范和重要

文件大约有 500 部。

进行顶层设计的含义在于通过立法明确电子商务法治建设和监管的基本原则，比如最小的不当干预、创新监管、事中事后、多元协同共治、鼓励发展创新等，使得今后各个层面的立法都可以遵循一致的原则，避免出现大的偏差。其实这十几年来，面对日新月异的电子商务和互联网，最难的是政府的管理部门，往往面临“不管被说是懒政、管了被说是滥权”的两头为难的尴尬局面，究其根本，就是因为我们没有通过法律明确我国电子商务治理的基本原则。也就是说，由于缺乏制度的顶层设计，我国电子商务相关产业和管理者在不断加快的规则建立与矛盾凸显的环境下面临着双输的局面，这种局面必须得到扭转。

这些年我们已经看到，对于我国电子商务、网络经济、分享经济、O2O、社交网络、互联网金融等的快速发展，以及因此产生的一系列经济问题、法律问题甚至社会问题，社会上出现了很多不同的看法和声音，是否还要坚决鼓励这些新兴产业的发展创新呢？除了中央和国务院的各种文件指示，我们还需要这样一部法律对于新经济和创新从法律层面上予以鼓励与支持，这一点在目前网络经济逐渐走入深水区的关键阶段尤显重要。

立法的必要性来自规范秩序和保护权益的需要。规范秩序保护权益主要包含 6 个方面的内容：①规范行业竞争秩序，我国互联网和电子商务领域的竞争秩序从“3Q 大战”开始，就已经是闻名世界的了；②规范线上和线下发展的关系，明确公平待遇和非歧视的原则；③加强电子商务中消费者权益的保护，同时明确对网商权益的保护，打击诸如炒信、职业差评师等恶意的行为；④对网络交易平台多年来在网络规范，即网规层面的探索和治理作用给予必要的认可，为多元共治打造法律基础；⑤衔接电子商务法与其他法律法规的关系，如在支付、物流、合同、网络安全、个人信息保护等方面，建立相互协调的法治环境。

2018 年 8 月 31 日，十三届全国人大常委会第五次会议表决通过《电子商务法》，依法保障电子商务各方主体的合法权益，规范电子商务行为，维护市场秩序，促进电子商务持续健康发展。此后，与电子商务相关的配套政策陆续落地。这种配套措施的完善，对于电子商务立法也是非常重要的，也是非常值得今后的数字经济立法借鉴的。

在跨境电子商务方面，商务部、财政部、海关总署等相关部门陆续发布了一系列政策文件，把享受税收优惠的年度交易限值由每人每年 20000 元提高至 26000 元。同时，将跨境电子商务零售进口商品的单次交易限值由 2000 元提高至 5000 元。在电子商务主体登记方面，为减轻个人网店经营成本，《市场监管总局关于做好电子商务经营者登记工作的意见》明确指出，电子商务经营者申请登记为个体工商户的，允许其将网络经营场所作为经营场所进行登记。另外，《网络交易监督管理办法》针对网络交易信息数据的报送范围等问题，在《电子商务法》的基础上做了进一步的补充规定，很好地贯彻实施了《电子商务法》。

在中国信息界发展研究院电子商务法研究中心于 2019 年 8 月 31 日发布的"《电子商务法》颁布一周年实施现状与问题建议研究报告"中，得到的相应数据是：国家层面为落实《电子商务法》出台的具体相关办法有 27 部；地方层面为落实《电子商务法》出台的具体相关办法有 13 部。

在《电子商务法》的保障和护航下，2019 年上半年，根据商务部的统计数据，我国网络零售市场保持快速增长，全国网上零售额达 4.82 万亿元，同比增长 17.8%，比一季度提高 2.5 个百分点。其中，实物商品网上零售额达 3.82 万亿元，增长 21.6%，占社消零的比重为 19.6%，比一季度提高 1.4 个百分点，对社消零增长的贡献率达 44.8%，比一季度提高 3.6 个百分点。可以说，《电子商务法》及其相关政策的实施，在激发需求潜力、扩大国内消费方面的作用不断增强。

四、相关具体建议

网络虚拟财产并不是简单的网络游戏装备，而是大量基于互联网应用、区块链和元宇宙等产生的线下商业和资产的数字化，是线上线下充分融合发展的产物，是以信息化带动工业化和社会发展的关键环节。以往我们对数据和网络安全的立法并不能解决这一领域的主要问题，需要展开相应的专门立法，如《数字经济虚拟财产安全保护法》。

在这部法律中，我们需要明确网络虚拟财产的定义与范围；清晰界定网络虚拟财产领域相关主体的法律地位，规定各相关方的权利和义务，对其行为进行规范，完善监管体制，促进产业公开、良性发展。

与此同时，在立法技术操作上，国务院可同时出台《数字经济促进条例》，从政策的角度探讨促进我国数字经济发展的一些基本内容，结合《数字经济虚拟财产安全保护法》，为我国下一步订立数字经济基本法铺平道路！

2023 年是全面贯彻落实党的二十大精神的开局之年，也是全面推进《数字中国建设整体布局规划》的起步之年。我们要坚持以习近平新时代中国特色社会主义思想，特别是习近平总书记关于网络强国的重要思想为指导，加快建设数字中国，为全面建设社会主义现代化国家提供有力支撑。

辛勇飞

中国数据治理规则体系构建：现状、挑战与展望

辛勇飞，信息社会 50 人论坛成员，中国信息通信研究院政策与经济研究所所长。

近年来，我国逐步推动构建数据治理规则体系框架，涵盖数据安全保障、用户权益保护及数据价值释放三部分，但在数据价值释放和数据流转利用规则体系方面仍有较大完善空间。我国正处于从数据保护迈向数据赋能的关键过渡期，面临数据产权界定不清、流通交易规则缺失、无法采用统一化规则等挑战。建议将释放数据价值作为数据立法的重点方向，形成动态化的数据权益配置规则，完善数据流通利用具体规则，并在短期内以工业数据为突破口，逐步搭建数据空间体系框架。

一、构建数据治理规则体系的意义重大

当前，数据作为新型生产要素，已成为数字化、网络化、智能化的基础，并快速融入生产、分配、流通、消费和社会服务管理等各个环节。推进数据治理规则体系建设，是适应生产力发展的必然选择，是护航数据资源高效有序利用的必然要求，更是回应数字时代法律关系的必由之路。

构建数据治理规则体系是适应生产力发展的现实需要。生产力作为人类解决社会同自然矛盾的实际能力及改造自然使其适应社会需要的物质力量，在不同经

济形态和时代背景下具有不同的表现形式。信息时代，以人工智能、区块链、云计算、大数据为代表的新一代信息通信技术已成为新型生产力，但其快速发展离不开作为生产资料的底层数据驱动。数据的积累、流转和应用打破了原有的生产方式和生产活动，催生出崭新的生产关系。为了使生产关系与信息时代的生产力发展特征相适配，需要建立数据治理机制，通过合理的数据分配和利用方式进一步激发社会生产力。

数据是新要素，对其的治理水平体现了一国的综合实力，需要新的治理模式、治理机制和治理手段。党的十八届三中全会首次提出“推进国家治理体系和治理能力现代化”重大命题，并将“完善和发展中国特色社会主义制度、推进国家治理体系和治理能力现代化”确定为全面深化改革的总目标。党的十九届四中全会立足国家层面，对坚持和完善中国特色社会主义制度、推进国家治理体系和治理能力现代化做出全面部署，其中多处涉及“数据”相关工作，并首次提出以“数据”作为生产要素参与市场分配，要求“健全劳动、资本、土地、知识、技术、管理、数据等生产要素由市场评价贡献、按贡献决定报酬的机制”。《中华人民共和国国民经济和社会发展第十四个五年规划和 2035 年远景目标纲要》中 50 余次提及“数据”，涉及数字政府、数字生态等多个方面，并设专篇论述“加快数字化发展 建设数字中国”，提出要“迎接数字时代，激活数据要素潜能，推进网络强国建设，加快建设数字经济、数字社会、数字政府，以数字化转型整体驱动生产方式、生活方式和治理方式变革”。

构建数据治理规则体系是实现数据高效利用的有效手段。数据治理的最终价值在于实现数据的高效利用，但数据具有与其他生产要素截然不同的属性，体现出明显的非竞争性、复用性和流动性特征。数据的非竞争性特征使其具备被无限增值利用的能力，一方主体对数据的使用不影响其他主体在同一时间使用同一数据。数据的复用性是指数据的复制成本极低，原数据控制主体可以在不丧失占有的情况下共享数据。数据的流动性使得以推动数据价值最大化为目标的数据共享行为成为可能，为充分释放数据要素潜力奠定基础。

同时，不同主体的数据要素利用能力存在显著差异，需要围绕不同类型的数据建立治理路径。缺乏明确的数据治理机制，会导致不同市场主体拘泥于“不敢流通”“不想流通”“不能流通”等观念，阻塞数据要素流通渠道。一方面，个人、企业、政府等不同主体在数据的权益主张、保护需求、使用方式、利用能力等方面存在明显的多元化和差异性。另一方面，个人信息、企业数据、公共数据等类型化数据在利用方式上大相径庭，只有形成明确的利用规则才能厘清数据治理的底层逻辑。

构建数据治理规则体系是厘清数据法律关系的前提。迄今为止，人类社会已然经历了以人力和畜力为代表的农业时代，以及以蒸汽电力为代表的工业时代，并在信息通信技术的飞速发展下跨越式进入信息时代。根据马克思主义政治经济学理论，经济基础决定上层建筑。信息通信技术在促进数字经济发展的同时，也在深刻地改变社会关系，催生出内容庞杂、尚待厘清的数据法律关系。

在信息时代，以数据驱动的新型经济形态正在重塑与之伴生的社会结构和财富关系。数据价值进一步凸显，数据在一定程度上成为可以与物质和能源相媲美的基础性社会资源，以数据为核心的法律关系愈发引起学界和社会关注。在不同的数据关系主体之间科学配置权利、义务和责任，构建数据治理规则体系，是厘清数据法律关系的基本方式。通过构建数据治理规则体系，明确公权力机关、企业和个人等各方的权利义务关系，才能使相关各方的利益在共存和相容的基础上达到合理的优化状态，才能解决侵犯用户个人信息权益、数据集中及平台无序竞争等问题，进而推动数据要素市场规范化运行，护航数字经济健康有序发展。

二、我国已初步形成数据治理规则体系

近年来，我国逐步推动构建数据治理规则体系框架，涵盖数据安全保障、用户权益保护及数据价值释放三部分，并形成包括数据安全保护、个人信息保护、公共数据管理和数据交易流通等一系列具体的规则内容。

（一）我国数据治理规则体系框架

在分析我国数据治理规则体系框架之前，首先需要界定数据治理的法律概念。如前文所言，从法律角度看，数据治理是指在公权力机关、企业和个人等不同数

据关系主体之间科学配置权利、义务和责任。因此，构建数据治理规则体系框架的重点在于通过一系列制度规则，厘清不同主体围绕数据产生的权利和义务关系。按照法律调整的特定社会关系和调整方法，可将我国现行法律规范划分为宪法相关法、民商法等。但是，近年来，网络法逐渐发展为一个新的领域法，数据法成为网络法的重要组成之一。数据治理规则作为数据法的基本内容，应当聚焦各部门在数据领域的共性问题，整合传统部门要素，突破部门法壁垒，形成具有协同性、整体性、实质性的规则制度。因此，数据治理规则的第一个要点是协同性。数据治理规则体系的各个组成部分应当相互协作、功能耦合，形成拉动效应。数据治理规则的第二个要点是整体性。整体观念强调任何系统都是一个有机的整体，数据治理规则体系应当是完备的，其主要体现在数据治理规则体系应当呈现出法律、法规、条例、规章等多个层级，每个层级的立法应当各司其职，不得缺位。数据治理规则的第三个要点是实质性。数据治理规则应当解决社会各界关注的核心问题，妥善处理安全与发展的平衡问题，即在保护个人、企业、公权力机关等各方主体权益的基础上，有效促进数据开发与利用。

近年来，我国数据治理规则体系不断向前推进，在落实体系的协同性、整体性、实质性要求的基础上，结合数据领域的立法规划，目前我国已围绕数据安全保障、用户权益保护及数据价值释放三个方面，形成涵盖法律、行政法规、部门规章等不同层级的制度规则。在数据安全保障体系方面，我国已先后通过并施行《中华人民共和国国家安全法》（以下简称《国家安全法》）、《中华人民共和国网络安全法》（以下简称《网络安全法》）、《中华人民共和国数据安全法》（以下简称《数据安全法》）及相关配套规定，构建了数据分类分级与重要数据保护、数据安全风险评估与工作协调、数据安全应急处置、数据安全审查等制度。在用户权益保护体系方面，我国已通过并施行《中华人民共和国民法典》（以下简称《民法典》）、《中华人民共和国个人信息保护法》（以下简称《个人信息保护法》）及相关配套规定，明确了个人信息处理规则，完善了个人信息跨境提供规则，规定了个人信息处理活动中个人的权利和处理者的义务。在数据价值释放体系方面，近年来，地方数据立法先行，贵州、天津、海南、山西、吉林、安徽、山东、上海等地先后出台地方数据条例，制定了公共数据共享和开放、数据交易流通等规则。但是，中央层面尚缺乏系统的、可复制推广的促进数据要素价值释放的立法体系。

（二）我国数据治理规则的制度内容

我国数据治理规则体系以法的形式对基于数据处理行为形成的各种社会关系和事项进行调整。总体来说，数据治理规则制度主要包括数据安全保护制度、个人信息保护制度、公共数据管理制度和数据交易流通制度等具体内容。

一是数据安全保护制度。我国构建了以《数据安全法》为核心，涵盖《网络数据安全管理条例（征求意见稿）》《汽车数据安全管理若干规定（试行）》等配套立法的数据安全保护制度体系。在具体制度上，建立了数据分类分级管理制度，确定了重要数据保护目录，对列入目录的数据进行重点保护；建立了集中统一、高效权威的数据安全风险评估、报告、信息共享、监测预警机制，加强数据安全风险信息的获取、分析、研判、预警工作；建立了数据安全应急处置机制，有效应对和处置数据安全事件；与相关法律衔接，确立了数据安全审查制度和出口管制制度；针对一些国家对相关投资和贸易采取歧视性等不合理措施的做法，明确了可以根据实际情况采取的相应措施。

二是个人信息保护制度。我国构建了以《个人信息保护法》为核心，涵盖《网络安全法》《民法典》等法律、法规、规章及规范性文件的多层次、多领域、结构复杂的个人信息保护法律制度体系。在具体制度上，确立了个人信息处理应遵循的合法、正当、必要等原则；建立了以“告知—同意”为核心的个人信息处理的一系列规则，根据个人信息处理的不同环节、不同个人信息种类，对共同处理及委托处理、向第三方提供或公开、用于自动化决策、处理已公开的个人信息等提出针对性的要求；设立了个人信息跨境提供规则；明确了个人信息处理活动中个人的各项权利，包括知情权、决定权、查询权、更正权、删除权等；明确了个人信息处理者的合规管理和有关部门保障个人信息安全等义务。

三是公共数据管理制度。《数据安全法》在第五章“政务数据安全与开放”中对政务数据的质量提出要求，规定了国家机关对政务数据的安全保障、及时公开，以及监督受托方处理的义务，明确提出要制定政务数据开放目录，构建统一规范、互联互通、安全可控的政务数据开放平台。在地方立法上，《上海市公共数据开放暂行办法》对公共数据开放主体、开放重点、分级分类、开放清单动态调整、开放平台管理、行为记录、开放主体责任豁免等事项做了规定。《浙江省公共数据开放与安全管理暂行办法》规定省公共数据主管部门组织编制全省公共数据开放目录，设区的市公共数据主管部门可以组织编制本级公共数据开放补充目录，并将公共数据开放属性分为禁止开放类、受限开放类、无条件开放类。《山东省公共数据开放办法》明确了公民、法人和其他组织利用合法获取的公共数据开发的数据产品和服务，可以按照规定进行交易，有关财产权益依法受保护。

四是数据交易流通制度。《数据安全法》确定了保障数据依法有序自由流动的宗旨，要求“国家建立健全数据交易管理制度，规范数据交易行为，培育数据交易市场”，规定“从事数据交易中介服务的机构提供服务，应当要求数据提供方说明数据来源，审核交易双方的身份，并留存审核、交易记录”的义务和相应的法律责任。在地方立法上，《深圳经济特区数据条例》对数据产品和服务标准、数据质量标准、数据价值评估标准等做了规定；《上海市数据条例》明确了建立数据交易所、国际数据港等实质性举措；《天津市数据交易管理暂行办法》则对交易主体、交易对象、交易行为、交易平台、交易安全、监督管理做了系统性规定。

三、数据治理规则体系面临的新形势、新挑战

通过观察全球数据立法脉络，可以发现其呈现“两步走”特点，并表现出新的治理态势，即从“关注个体数据处理的数据保护型模式”转变为“以构建数字生态为核心的数据赋能型模式”。当前，我国正处于从数据保护迈向数据赋能的关键过渡期，面临数据产权界定不清、流通交易规则缺失、无法采用统一化规则等挑战。

（一）数据治理规则体系面临的新形势

当前，全球围绕数据的合作与竞争持续深化，数据治理已成为各国立法的重要内容，并呈现“两步走”特点，整体发展表现为两个阶段。第一阶段数据治理模式为“关注个体数据处理的数据保护型模式”，通过出台数据保护法，强化数据主体权利，解决数据主体信任问题。第二阶段数据治理模式为“以构建数字生态为核心的数据赋能型模式”，通过数据治理顶层立法，形成数据流转利用规则体系，解决数据价值释放的问题，例如，韩国有《数据产业振兴和利用

促进基本法》，欧盟有《数据治理法》（*Data Governance Act*，DGA）、《数据法案》（*Data Act*），印度有《国家数据治理框架政策（草案）》。全球数据治理的相关立法内容主要包含以下 3 个方面。

一是建立一体化的数据治理机构，为数据价值释放提供机制保障。例如，韩国成立国家数据政策委员会，作为跨部委间数据治理监督和决策机构；日本成立数字厅以实施国家数据综合战略，同时增设专业机构解决专门问题；欧盟建立数据共享服务商和数据利他组织以降低数据共享成本；韩国设立数据价值评估委员会和资产保护委员会以推进数据资产化运行。

二是构建跨主体间数据流动机制，为数据价值释放提供公平环境。例如，针对企业间数据流动，多数国家设计了数据交易合同条款的“公平”标准，增强中小企业在数据共享谈判中的议价能力，防止大企业滥用数据共享合同；对于企业和政府间的数据流动，相关国家赋予企业因匿名化等技术成本获得经济补偿的权利，寻找公私利益平衡点，形成互利共赢的数据流动模式。

三是开发多元化的模式和方案，为数据价值释放提供落地方案。例如，“数据慈善”模式主要是企业出于履行社会责任的目的向主体免费提供数据；“数据奖励”模式主要是政府通过设立奖项，以给予参与者一定回报的形式，激励主体间数据共享；“数据中间商撮合”模式主要是作为可信的第三方、中间商协助主体间建立信任关系，以磋商形式促成数据共享；“数据合伙”模式主要是基于共同利益，使主体间建立可持续的数据合作伙伴关系。

我国数据治理需要迈向“以构建数字生态为核心的数据赋能型模式”阶段，形成数据流转利用规则体系，以解决数据价值释放的问题。2022 年，《中共中央国务院关于构建数据基础制度更好发挥数据要素作用的意见》（以下简称“数据二十条”）发布，提出激活数据要素潜能的 20 条建议，标志着我国着手构建促进数据要素高效利用的新治理模式。“数据二十条”从数据产权、流通交易、收益分配、安全治理等方面提出了相关建议，并指出要围绕构建数据基础制度，逐步完善数据产权界定、数据流通和交易、数据治理等主要领域关键环节的政策制定工作。

（二）数据治理规则体系构建的新挑战

从立法现状来看，我国制定出台了《数据安全法》《个人信息保护法》等系列法律法规，建立了完善的信任机制框架，数据保护阶段的目标已基本实现，正处于迈向数据赋能的关键过渡阶段，面临三大挑战。

一是数据权属界定不清，无法有效回应多元数据主体利益诉求。数据权属本质上涉及个人、企业、国家三方主体之间的权利分配，目前，我国在立法层面一直未对数据权属中的权利内容及保护倾斜程度予以规定，这客观上阻碍了数据的顺畅流通，成为数据要素价值释放的掣肘因素。实践中出现了很多关于数据权属的争议，如微博诉脉脉不正当竞争案、网络舆情监测分析公司蚁坊诉微博垄断案等。“数据二十条”虽创造性地提出了数据资源持有权、数据加工使用权、数据产品经营权的“三权分置”产权制度框架，但权利的内涵并不明确，还须建立具体法律制度保护各主体利益。

二是数据交易流通规则缺失，导致大规模数据要素市场运行不畅。目前立法中针对数据开发利用的规则不足，产业界过度关注数据保护，存在“不敢”“不能”“不想”流通数据的现象，导致数据要素市场培育不畅。在“政—企数据开放”场景下，政务数据开放数量有限，无法为市场形成高质量供给；在“政—政数据共享”场景下，存在供需对接不畅、地区标准和规划不统一等问题；在“企—政数据汇集”场景下，缺乏数据安全保障、数据泄露风险应对、成本补偿等机制；在“企—企数据互通”场景下，作为交易重要机制之一的数据交易所，其运营发展仍未能达到预期效果。

三是数据类型复杂多样，无法采用统一化的数据治理规则方案。数据类型多样、价值各异。由于不同类别的数据治理存在不同的解决思路，推进节奏也不尽相同，无法采用统一的解决方案，因此需要因类施策，实现数据治理规则构建的准确、周延与完整。只有对数据进行分类分级，才能划清并明晰在不同场景和安全级别下，不同类型数据应采取的保护措施，才能在更好地保护数据安全的基础上，合理规定不同类型数据的流通方式和规则，为开展合规化的数据流通提供行动依据，最大限度释放数据价值。

四、构建“以数字生态为核心的数据赋能型”治理模式

数据治理规则体系应当从“关注数据处理活动的数据保护型模式”转变为“以构建数字生态为核心的数据赋能型模式”，将释放数据价值作为数据立法的重点方向，形成动态化的数据权益配置规则，完善数据流通利用具体规则，并在短期内以工业数据为突破，逐步搭建数据空间体系框架。

将释放数据价值作为数据立法的重点方向，促进数据开发利用。目前，数据领域的基础性立法已经构建完毕，但如何有效促进数据价值释放，各方仍在努力探索当中。下一步，数据立法应聚焦各部门在数据领域价值释放的衍生共性问题，形成具有协同性的数据价值释放制度。同时，为实现数据的合法合规利用，可以采取技术手段控制数据流通、使用环节。当前，区块链、联邦学习、隐私计算等技术，为数据匹配、价值分配、隐私安全等提供了重要的技术支撑，应作为数据价值释放的关键路径。

形成动态化的数据权益配置规则，平衡各方主体利益。数据治理涉及政府、企业、个人等多方主体，不同主体的利益诉求存在差异，甚至相互交织。建议数据立法可以从动态、场景化的角度，明确多元主体之间的权利和义务关系，充分保护相关主体的合法权益。一方面，激励数据的生产和利用，肯定基于事实控制而取得的数据使用权和基于成本投入的数据收益权，探索数据价值化路径和利益再分配机制。另一方面，激励数据的流通，探索法定许可、合理使用、个人信息可携权等制度，明确合理付费、公平无歧视等要求。

完善数据流通利用的具体规则，畅通数据流通四维场景体系。确立数据流通利用的基本原则，细化数据分类分级规则，设置差异化的数据管理规则，在不同流动场景中规范数据流动活动。在“政—企数据开放”场景下，明确政务数据开放目录，同时探索政企间“数据换数据”的开放模式，除公共数据 G2B 单向流动外，以政企间数据交换为条件的开放模式也值得纳入探讨。在“政—政数据共享”场景下，打造公共数据资源池，推进公共数据跨部门、跨层级、跨地区汇聚融合和深度利用，形成互联互通、安全可控的一站式公共数据共享平台。在“企—政数据汇集”场景下，须完善数据安全保障、泄露风险应对、成本补偿等机制。在

“企—企数据互通”场景下，有必要探索数据交易合同及数据交易所相关制度规范。

短期内以工业数据为突破口，逐步搭建数据空间体系框架。生产领域的数据化是信息时代发展的主战场，工业制造领域产生的数据类型较为单一，主要为工业数据，而且涉及的主体主要是制造业企业及上下游企业。特别是工业数据正逐渐从制造过程的副产品转变为为企业和供应链环节带来新价值的战略资源，成为提升制造业生产力、竞争力、创新力的关键要素。围绕工业场景重点解决数据安全与利用的平衡问题相对容易，也具备一定的实践基础，因此短期内可以工业数据作为搭建数据空间体系框架的突破口。下一步，可考虑以工业数据连接为基础，积极探索部署中国工业数据空间架构体系，从架构构建、生态形成、标准建立等多层次培育工业数据市场。第一，构建工业数据空间架构体系，充分调研国内外相关技术路径，明确工业数据可控流通、利用、监管的场景和需求，构建过程与目标要符合中国特点和需要。自下而上建立数据接入层（工业数据的来源）、传输处理层（对数据进行传输、处理以及计算）、中间服务层（由中间服务方提供的第三方服务）、数据控制层（数据全生命周期的接入控制与使用控制）及数据应用层（企业业务运行）。第二，搭建工业数据空间生态系统，参照工业互联网产业联盟成功模式，积聚数据流通利用相关各方，构建工业数据空间联盟，培育生态系统。可基于各参与方之间业务关系的数据流通模式，形成点对点模式、星状网络模式及可信工业数据空间融合模式等不同种类的业务模式。第三，建立工业数据空间标准体系，在现有网络安全、等级保护等国家标准基础上，建立“基础类”“技术类”及“应用类”等不同类型的工业数据空间标准体系，指导各行业推进建立工业数据空间应用，并同步推动工业数据空间标准在IEEE、ISO等国际标准组织的立项和研制工作。

全球格局

董洁林

"卡脖子"难题的破解与重大科技创新

董洁林，联科熙和碳中和产业战略研究院研究员，清华大学中国科技政策研究中心兼职研究员，曾担任多家国际财经媒体专栏作家、多家科技创业公司的董事会成员，以及世界500强科技公司的顾问。

改革开放40余年后，中国已完成大量中低产业的追赶和学习，正铆足劲进行产业转型升级，希望在中高端技术产业占有一席之地，但在一些技术领域被"卡住了脖子"。有些技术不仅一时学不会、做不了，连买也买不到、拿也拿不来，即"卡脖子"现象。一旦技术"脖子"被卡了，产业升级就可能受制于人。

历史上，中国并非第一个出现技术被"卡脖子"的国家。工业革命以来，各国之间的技术传播与合作是主流，但技术封锁作为国与国之间的竞争手段，也常被使用，特别是在战争时期。技术先发者为了保证自己的经济和政治优势，会采用很多办法保护其技术，而技术后发者也会竭尽所能学习、模仿与赶超。

"卡脖子"现象为什么会出现又如何破解呢？

一、技术产业体系层级结构

一个技术产业体系较为复杂，往往包括几个彼此相关和联动的层次。如图 1 所示，第一层是服务层，直接为用户提供服务；第二层是基础设施层，在很多产业这是有形或无形的网络，如铁路网、公路网、电网、互联网、物联网等；第三层是设备层，如飞机、火车、汽车、发电机、机床、计算机、路由器、交换机、手机等；第四层是部件层，包括设备里的各种零部件，如轮子、螺丝、电池、内燃机、芯片、电子器件等，这些部件可以组合成多种设备；第五层是材料能源层，包括金属、无机、有机、化石、半导体等材料，这些材料可以用来制作零部件，也可以提供能量驱动上层设备、网络和服务。能源和材料取决于地理环境，是技术产业体系各层次的基础和硬制约，经常成为地缘政治的核心问题。

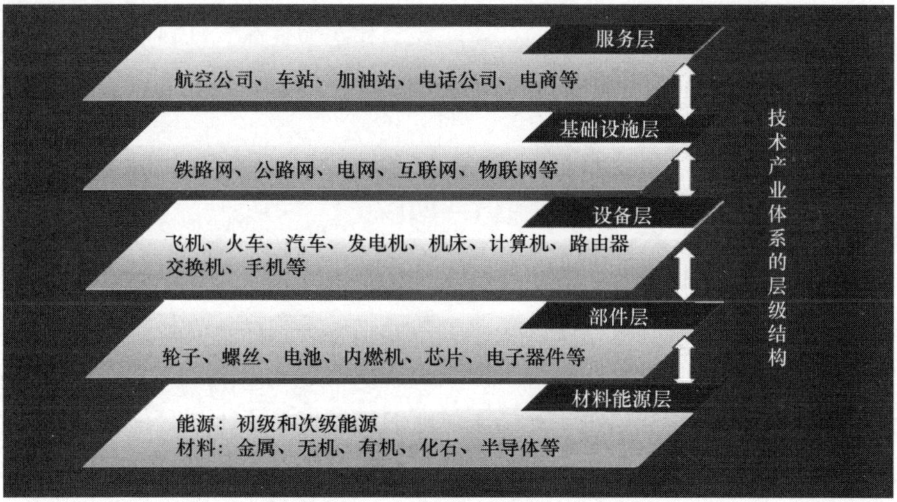

图 1　技术产业体系的层级结构示意图

技术产业体系犹如一栋大楼，上层构建在下层基础之上，上层是下层产品和技术的用户，可提出需求推动下层技术的发展，下层产品和技术可决定上层产品和服务的属性，也可形成对上层的技术制约。如果一个国家没有把握下层的技术，仅提供上层的服务，那么就如同把产业大楼建在别人的地基上，什么时候拔本塞源由拥有下层技术的人说了算。

每个现代产业都形成了一套具有行业特色的层级结构，或被称为产业链。工业革命以来，一些国家率先在某个产业进行核心技术和产品的创新，通过较长时间的投入，他们在该产业的各层级都会形成较多的人才、技术和产品积累，以及较全面的供应链网络和商业声誉。

如果一个产业的技术含量不太高、技术前沿进步也较慢、产业链不太复杂，那么后发国家可以通过一段时间的学习、模仿、逆向工程甚至技术引进方式较快地把握全部产业，此时先发国家的优势也就消失了，所有国家由此进入微创新和性价比竞争状态。对于技术复杂、产业链长且进步较快的产业，后发国家在每一层的多个环节全都超越先发国家难度较大。

在过去几十年的全球化过程中，产业链的一些环节从先发国家向后发国家扩散，每个国家和地区基于自己的资源禀赋形成了自己的长处和短板，各国彼此依赖的全球产业链也逐渐成型。然而，如此波澜壮阔的社会变迁自然有不同程度的受益者和受害者，他们之间的博弈不会停止，全球化的局面也不得不随着这种博弈而与时俱进。

二、芯片产业的全球合作与博弈回顾

概括来说，技术扩散和产业转移有 3 种基本方式。一是后发国家积极学习模仿他国先进技术。二是先发国家的企业主动进行技术和产业外移，例如，在最近几十年的全球化趋势下，资本家为了拓展市场和追求低成本，主动把一些较成熟产业的技术和产能转移到欠发达地区。但他们仍然可在本土或最信任的地方留下最核心的部分技术，这会为技术上“卡脖子”留下隐患。三是后发国家把基础设施层和服务层建立起来，尽快提供现代服务，逐渐提升对这个产业的认知和技术能力，然后向下层技术和产品扩展。

如果技术扩散不是先发国家自愿提供的，一旦后发国家与先发国家在其优势产业的核心技术领域进入竞争态势，那么先发国家难免会产生警觉，想办法减缓挑战者的追赶速度。如果国家之间没有信任问题，那么竞争会局限于企业之间，否则国家政府会出面构建技术、商贸和政治壁垒。

芯片是目前中国进口规模最大的产品类别，也成为“卡脖子”难题之核心议题。芯片产业市场规模庞大，产业链复杂且遍及全球，技术门槛高且仍在快速进步之中。如果没有先进国家的主动扶持，后发国家的学习追赶速度很难超过产业的进步速度，可能形成越追越落后的局面。让我们回顾美国和日本在芯片领域的博弈历程，也许会给我们理性思考这个问题带来一些启示。

日本的半导体产业是从 20 世纪 50 年代做收音机起步的。美国 AT&T 科学家发明了晶体管之后，最开始的商业应用主要是收音机，他们收到的最大一笔几万美元的授权费来自日本收音机公司索尼。

1968 年，美国工程师发明了 DRAM 存储芯片之后，英特尔、德州仪器等公司纷纷推出 DRAM 产品。20 世纪 70 年代，日本决定大规模投入半导体产业，政府鼓励各公司联合攻关，并于 1976 年成立国家“VLSI 技术研究所”，政府还对出口产品进行补贴。很快，日本公司占领了全球半导体市场的半壁江山，其高性价比的 DRAM 内存芯片垄断市场。

日本半导体产业迅猛发展依赖“举国体制”、微创新、全产业链通吃和优越的产品质量。受到重创的美国半导体行业紧急行动起来，成立了美国半导体行业协会（SIA），他们调查日本半导体产业的不正当竞争行为，并游说国家力量对日本施压，最后两国于 1986 年签订了《美日半导体协议》，其核心内容包括两部分，一是反倾销，二是反国内市场保护主义和贸易壁垒。

然而，美国这些政治举措虽然雷声很大，也稍微削弱了日本半导体企业攻城略地的势头，但未能解决美国企业产品缺乏竞争力的困境，日本半导体企业的市场占有率在《美日半导体协议》签订后仍然在增加，美国必须从技术创新中寻找出路。

1985 年，英特尔忍痛退出内存芯片 DRAM 的市场，把未来发展的赌注押在微处理器 CPU 芯片上。此时，个人计算机 PC 问世不久，IBM、英特尔和微软组成了一个强劲的 PC 整机、核心硬件和软件铁三角，按照摩尔定律的节奏推动这个行业的蓬勃发展。

到 20 世纪 90 年代中期，日本的半导体产业虽然仍如日中天，但他们其实已经走上一条旧技术发展曲线的末路。最后在内存芯片 DRAM 领域打败日本的是韩国，这是另一个以“举国体制”和技术模仿兴起的国家。韩国“以其人之道、还治其人之身”，胜在产品便宜和更新换代速度快。

经过 70 多年的发展，今天的半导体产业非常庞大复杂。美国虽然执半导体产业牛耳，但也有明显的技术短板，日本、韩国、荷兰等其他国家和地区也把握着部分关键的、不可替代的环节，形成一种彼此依赖的供应链格局，供应链上每个厂家的产品和服务都拥有“全球市场”，在提供最优技术和服务的同时，可从全球获取最大利润，这些优厚的利润又反哺企业进一步创新。

三、“卡脖子”难题

复杂的现代产业体系参与者数量很多，彼此犬牙交错，每个国家都在很多领域存在技术短板，这正是全球贸易和合作的价值所在，各国互通有无、优势互补以实现各自的利益最大化，技术短板在绝大多数情况下不会演化为“卡脖子”问题。

就信息产业来说，中国进入该产业是从服务层和基础设施层切入的。于1987年创业的华为最开始是一家销售国外通信设备的公司，接着在设备层做一些较低端的产品，在设备技术含量逐渐升级的同时，它也逐渐向零部件层扩展。最近几年，华为已在芯片等核心零部件领域积累了一定的技术实力，中国的半导体产业的很多方面也在蓬勃发展。然而，美国把华为等企业纷纷列入“实体清单”，使得这些企业购买美国及其盟友的产品受限。美国还出台了一系列法律法规，限制包括高规格芯片在内的信息技术出口中国。

为了优化供应链，并防范他人对自己形成遏制，有些国家抱团形成经济共同体和科技池，而有些国家则倡导独立自主，靠一国之力追求完整的产业体系。无论是哪种选择，都有其合理性，也都会产生副作用。例如，追求自我完整工业体系的国家往往以为一旦产业体系完善无短板就不会被“卡脖子”了，然而，如果一个国家意图追求“全产业链”、不依靠他人，那么其他国家也会自成体系不依靠这个国家，双方的技术、产业链、市场、人才和资金池就自然脱钩了。如此“独立自主”的结果会大概率会步入封闭系统和“中等收入陷阱”。

自给自足是农耕社会现象，仅仅在简单技术世界是可行的。事实上，一个国家无论实力多强、追赶时间多长，也很难穷尽所有技术短板、在每个产业的各环节都做得很好。比较可行的路线是在某些领域形成自己的长项，以对冲其他国家对自己短板的掣肘，这样彼此都可获得安全感，也可长久地保持商贸往来和科技交流合作。

值得一提的是，对于现有的技术产业体系来说，科学问题已经基本解决。因此，学习和追赶先进技术产业的主力应该是企业家和工程师。高科技产业需要大量科学知识，科学家可以协助企业家和工程师尽快掌握相关科学知识。这与早期造原子弹的情形很不同，那时科学家是科技研发和追赶的主力，一方面因为当时原子弹涉及的核物理知识非常新颖，只有科学家能搞懂；另一方面是因为原子弹不是一个产业，不涉及复杂的商业体系，只是一个不在乎成本的国防项目。

全球化情境下，各国都深度嵌入分工合作的产业链，彼此取长补短。这个体系高效运转要求国与国之间互信与合作。“卡脖子”现象背后国与国之间信任不足这个政治问题，需要依靠政治智慧去解决。

四、重大科技创新与创新型国家

一个国家要真正成为产业领先者，需要从技术和产品模仿他国的状况中“脱胎换骨”，取得重大科技创新成就。那么何为重大科技创新呢？

科技创新可分为几个层次：其一，对现有技术和产品进行小改进，在产品差异化和性价比方面取得优势，即“微创新”，这种创新数量很大并贴近应用和生活场景；其二，在现有产业框架下发明新技术、推出新产品、创造新应用领域、开拓新市场；其三，基于科学原理发明新技术，创造新产品甚至新产业；其四，从最基础的材料能源层开始构建崭新的技术产业体系层级结构。后三种创新都属于重大科技创新。

重大科技创新成就的生命周期很长，可以长时间地造福人类。一项重大科技成就可能触发大量微创新，由此形成新知识、新技术和产品集群，甚至可能触发社会的根本变革，使得新兴力量蓬勃涌现、摧枯拉朽，重塑产业格局。如果缺少新的重大科技创新成就问世，那么上一轮重大科技创新成就的边际回报就会越来越小，经济发展终将逐渐停滞。

创新型国家的定义很多。那些能够创建多个重要产业的国家无疑是顶级的创新型国家，例如，英国参与了现代纺织产业、现代钢铁业、现代航海业和火车业等的创建，德国参与了现代化工业、汽车业和医药业等的创建，法国也参与了多个产业的创建，如现代纺织业、汽车产业、电力产业和航空产业等，美国则参与了现代农业、航空业、电力产业、核能产业、现代信息业等的创建。能够领头创建单个产业的国家也很了不起，如瑞士领头创建了现代钟表业。还有一些国家虽然没有领头创建产业，但在多个产业发明了很多技术和产品，如瑞典、荷兰、日本、以色列等，他们也称得上创新型国家。

有一些国家虽重大科技创新成就乏善可陈，但能跟得上世界上最先进的技术产业发展，并可进行大量微创新从而让自己立于技术产业前沿，那也算得上是入门级创新型国家了。虽然每个国家都有某种程度的微创新，但如果微创新技术难度不高，就不应该被称为创新型国家。

在现有技术层级体系中发明新产品仍然可能，这需要与产业链中的其他部分（特别是产业领先者）密切相连。创建崭新产业有两个基本路径：一是跟随底层技术（能源、材料）的变换去颠覆旧体系、建立新体系；二是基于新科学发明新技术和产品，创造新产业。新技术体系和新产业的创建者，成为该体系领导者的可能性较大。下面对这两个路径做简单介绍。

五、颠覆现有技术产业体系

18 世纪，人类开始从使用草木能源向使用化石能源转变，蒸汽机的发明成为这场转变的关键技术。接下来产生了一系列工业革命，带来了人类工作和生活的极大变化，农耕时代的技术体系纷纷被颠覆，现代工业体系诞生，奠定了今天各国的产业格局。由于化石能源的有限性、环保和全球变暖的压力，以及化石能源材料导致的地缘政治等多种力量的推动，一场史诗级的从化石能源转向可持续新能源的运动正在进行，这必将导致新的工业革命，从而形成新的社会秩序。

从材料能源层这个最基础的层次入手，重建一套新技术体系、铺垫崭新产业赛道是可遇而不可求的机会，可以让错过了上一轮工业革命的国家有机会形成技术高地。中国是一个石油和天然气贫乏的国家，约 3/4 的用量依赖进口。为了减少对化石能源的依赖并减少污染和碳排放，中国新能源产业在过去 20 余年得到了各级政府的大力支持，累计投资资金超过 2800 亿美元。目前，中国在新能源的一些主要领域，如太阳能、风能等领域，开发了大量技术和产品，并形成成本较低的完整产业链，极具国际竞争力。2021 年，中国在光伏制造的 4 个主要环节（多晶硅、硅片、电池片、组件）占全球产量都超过 75%。

向新能源转型不仅可以减少对他国能源的依赖，也可参与很多新产业的创建，化石能源时代发明的很多机器需要被与时俱进地重新发明，例如，从燃油汽车向电动汽车的转换就是一个产业颠覆和重构的过程（见图 2）。

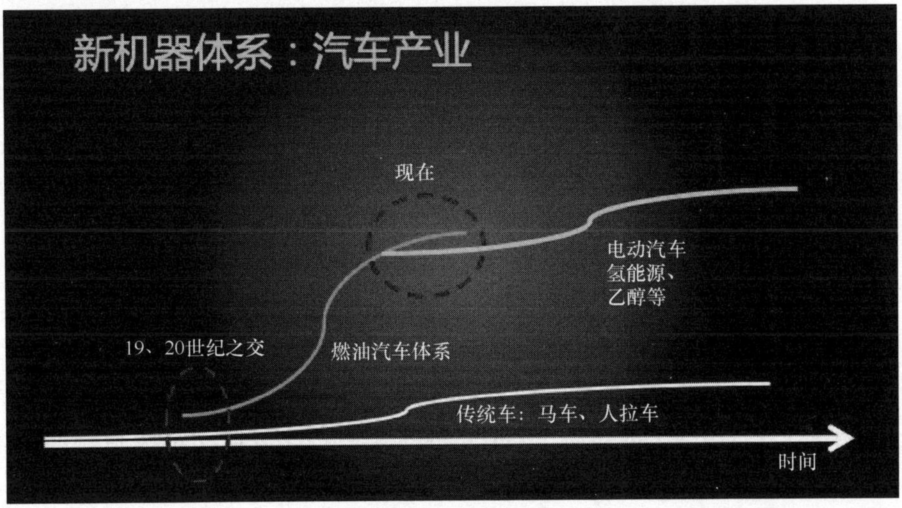

图 2　汽车产业的两次革命

事实上，3 种竞争的动力车技术：蒸汽驱动、电驱动和汽油/柴油驱动，都是 19 世纪末期发明的。蒸汽汽车开发得最早，有先发优势；电动汽车的优点是部件少、制造简单、污染较小、无噪声，它的局限在于电池的续航能力较差；而燃油汽车的整体技术（特别是提升行驶速度和续航能力的技术）进步最快，这是它 100 多年前在汽车行业竞争中胜出的原因。

中国于 40 多年前改革开放开始后才大举进入汽车制造业，试图通过“市场换技术”嵌入成熟的燃油车世界产业链。现在中国可以组装燃油汽车，也可以生产一些基本零部件，但在整机性能、高级材料和关键零部件方面，暂未能把握核心技术。

过去几十年，锂电池等关键技术显著进步，让电动汽车的续航能力和速度都得到很大改善。特斯拉、比亚迪等企业以汽车电池为突破口切入市场。目前，中国政府支持电动汽车和自动驾驶汽车的政策力度很大，除了提供消费者补贴，还大力鼓励企业投入设备和零部件研发，也在应用环境方面提供灵活政策，同时广泛建设车充电网络以方便使用者。据中国汽车工业协会发布的报告，位于中国的企业（包括特斯拉等外企）2022 年新能源汽车产量为 706 万辆，销售约 689 万辆，全球占比均超过 60%，在这个新赛道上取得了显著成就。

六、从科学走向产业

基于科学原理发明新产品甚至创建新产业是近几百年出现的现象，这是非常激动人心的人类活动篇章。18 世纪启动工业革命的蒸汽机，其基本原理是力学和热力学。19 世纪，电磁学出现，人们基于此构建了庞大的电力体系和电子信息产业。

半导体产业是一个 20 世纪下半叶崛起的新产业，其科学基础除了电磁学，还有 20 世纪初横空出世的量子力学及基于此的能带理论。1947 年，贝尔实验室的 3 位科学家约翰·巴丁（John Bardeen）、沃尔特·布拉顿（Walter Brattain）和威廉·肖克利（William Shockley）发表了有关半导体晶体管理论的文章，他们因此于 1956 年获得诺贝尔奖。他们还先后发明了几个版本的晶体三极管，由此启动了半导体革命。

威廉·肖克利于 1956 年辞去贝尔实验室的工作来到硅谷，创办了自己的公司，8 位来自世界各地的青年才俊成为他的追随者。由于威廉·肖克利太过自负，因此这八大高手于 1957 年集体“叛逃”，创立了自己的公司。

半导体晶体管的诺贝尔奖光环极大地激发了世界各地科学家和工程师们投入此项研究的热情，使得半导体领域科研日益繁荣，各种晶体管设计层出不穷，其中最重要的发明是集成电路，是由仙童半导体及英特尔创始人罗伯特·诺伊斯（Robert Noyce）和美国德州仪器的工程师于 1959 年不约而同发明的。半导体领域从科学到产业基本成型约花了 20 多年的时间，如此重大的一项科技成果实现了快速的市场化。

概括来说，从科学走向产业和市场一般要经过 5 个阶段：①科学探索阶段，发现新现象和新原理；②源头技术开发阶段，基于科学原理和现象进行技术发明，奠定了一类高科技产品的核心技术；③产品概念验证阶段，基于核心技术发明出产品原型，不断迭代、改善并逼近市场需求，与此同时开发出辅助技术族群，增加产品功能，确立有真实市场需求的领先产品；④产品开发完善阶段，解决产品规格、可靠性、寿命、良率、成本等问题，以满足真实客户的需求并超越竞争产品；⑤产业化阶段，解决生产线构建、优化及产能建设，进一步降低产品成本，提升性价比，规模投放市场。

这 5 个阶段的执行主体、创新产出和投资者都非常不同。第一阶段和第二阶段大都由高校和科研机构来完成，主要创新产出为论文和专利，主要由政府资助。部分大企业也会投入第一阶段和第二阶段的研发，如美国的 AT&T 和 IBM 等公司。第四阶段和第五阶段大多由高科技企业来做，创新产出有专利，其主要目的是追求产品的商业化成功。投资者往往是风险投资人和战略投资者。中国各级政府也推出了创新引导基金投入处于这两个阶段的企业。

从科学到产业问题最大的是第三阶段，即产品概念验证阶段。这个发明产品原型并寻求市场反馈的阶段可能持续很长时间，需要反复基于市场反馈修改产品原型，也需要补充技术发明或从其他渠道寻求相关技术以完善产品。该过程资金需求量较大，时间可能拖得比较长，失败率非常高，即所谓的“死亡谷”。能够穿越“死亡谷”走向产业成功的科学和源头技术非常少，绝大部分技术最后都找不到商用应用。

由于科学到产业的过程很长，而个人的精力和工作寿命都有限，况且每个阶段的领导者需要的视野和技能又很不一样，因此由发现相关科学和发明源头技术的科学家带领穿越“死亡谷”、成功走向产业化的案例罕见，美国科学家创业成功率仅为 3%，这还包括从第四阶段和第五阶段切入创业的科学家。因此，把从科学走向产业的全部重担都压在科学家身上是不明智的。

七、成为创新型国家的几点建议

过去几百年，中国错过了现代产业的创建，发明的独特技术和产品也较少。

最近20年来，中国进入经济咆哮增长和产品技术创新的时代，不仅在中低端产业日趋完备并实现了很多微创新，还在一些新兴产业如互联网、太阳能、电动车等领域成就颇丰。然而，中国对世界最先进、最复杂的技术产业的把握仍然有待提升，在从科学出发创造新产品和新产业方面，中国真正有市场价值的成就仍然乏善可陈，目前万众瞩目的量子技术产业，也还处在早期，泡沫多于干货。这些现象显示，中国已站在创新型国家群体的门口了。

成为创新型国家几乎是所有后发国家的梦想，重大科技创新活跃、建立先进的技术产业体系是产业升级的必经之路，也不再是被“卡脖子”的不二法宝，但做到并做好很不容易。那么，目前中国的创新环境有哪些方面应该改善呢？笔者提出下面几条建议供讨论。

第一是长期投入和奋斗。从事科技产品乃至新产业的原创工作，所需的时间、资金与产品的模仿工作不在一个数量级，风险也高很多，从政府到民间心态上都需要做大调整。值得一提的是，目前高科技创新创业领域出现了“高科技流游牧人”现象，即创业者在某地获得一些政策和资源支持，消耗完毕后便“游牧”到其他愿意提供资源的地方重起炉灶。其原因首先是各方面都低估了高科技产品开发和走入市场的难度，低估了所需资金；其次是无论政府还是其他投资者，都期待着快速成功，三五年就是耐心的上限了，否则这些创业者在此地很难再拿到资源，他们只得“游牧”到其他地方。如果一个地方有足够的耐心支持创业者成长，那么他们就不必“游牧”了，这会增加他们的成功率、减少浪费。

第二是人才政策。目前的科技创新人才政策往往偏向高学历、有学术“帽子”的科学家。然而，科学家往往只擅长科学研究或发明基础性技术，而创业者、企业家和工程师才是进行科技产品开发并把它推向市场的主力。但优秀的创业者和企业家出身并无明显标志，也不是学位越高越好，目前的各种人才帽子在衡量创业者和企业家的水平时，几乎完全无效。美国的高科技企业学历不高的成功创业者很多，如乔布斯、比尔·盖茨等。中国华为的创始人任正非先生也并非高学历科技人才。因此人才政策需要做显著修改，兼顾科研人才和创新、创业和产业化人才。

另外，高科技企业需要大量科学知识深厚和研发能力强的高学历员工，而中国科技企业中这种员工太少了，特别是民企，这与美国科技企业名校博士云集的状况完全不一样。如何改善这种状况值得好好研究，有效地激励高学历科技人员去企业全职工作是企业获得科技创新能力的前提条件。

中国发挥举国体制的优势，在技术追赶这条道路上办成了很多大事，比如“两弹一星”，对这种军工类项目，所有国家都采用举国之力。对于民用产业，使用举国体制得非常慎重。如果是追赶现有先进产业，那么这么大体量的国家以举国体制参与全球竞争很容易让他国的企业警惕，随之也会游说本国政府联合其他国家以政治力量反击。事实上，目前美国和欧洲都借鉴中国的产业政策在半导体和新能源产业推出了扶持本土企业的计划。

就开发新产品和新产业而言，很多历史事实证明举国体制在选择项目方面大概率不如市场，政府选定的赢家未必有竞争力，容易被他国的市场力量打败；另外政府决定给哪些人和企业资源，既缺乏公平性，也无利于鼓励科技创新百花齐放、彼此竞争，从而让最优秀的技术和产品胜出。

对于技术产业的官方从业者和民间从业者来说，如果着眼于人类的重大问题和共同挑战，着手于市场的痛点和需求去创新，且创新者在解决这些问题、获取应得回报的同时，逐渐扩散技术为人类做出贡献，而不是太过急切地争夺别人手里的东西，那么这不仅可以获得对手更多的尊重，也可以形成互惠互利并彼此牵制的局面。

从化石能源转向可持续新能源的过程将重构很多产业，这是个千载难逢的巨大机会。中国在有些技术产业领域（如太阳能、风能发电领域）已经走在世界前列，取代化石材料所需的科技创新更是天地广阔，科学发明新技术和新产品、创建新产业甚至可以让先发者一骑绝尘。相比之下，芯片等目前让很多人焦虑的“卡脖子”难题其实算不上大事，中国迟早会赶上世界前沿，不值得使用举国之力，更不值得因此与他国对抗。大国博弈是一个无尽的过程，只要沿着正确方向足够努力，定会在一些技术领域取得制高点。

这几十年的全球化过程让包括中国在内的很多国家受益，开放和国际合作值得坚持，巨大的世界市场、聪明的资金、挑剔而高要求的客户乃至强大的竞争对手都是无尽的创新动力和灵感来源。现在的中国作为世界巨大经济体之一，就发达国家要求对等开放、遵守承诺和规则等诉求应该理性对待。

参考文献

[1] 董洁林. 人类科技创新简史：欲望的力量[M]. 北京：中信出版集团，2019.

安筱鹏

ChatGPT：美国数字创新森林中的一片叶子

安筱鹏，信息社会 50 人论坛 2023 年度轮值主席，中国信息化百人会执委。长期从事数字化领域的理论和前沿实践研究。

ChatGPT 是通用人工智能（Artificial General Intelligence，AGI）发展的重要里程碑。通用人工智能将引发新一轮数字技术竞争格局重构，也是大国产业竞争的制高点，必将对未来 5～10 年全球技术创新、企业竞争和国家博弈产生深远影响。

一、从 IT 时代、“互联网+”时代迈向智能时代

ChatGPT 两个月内用户量超过 1 亿人，4 个月用户量超过 10 亿人，成为历史上增长最快的互联网应用产品之一。

GPT-4 的功能在 GPT-3.5 的基础上进一步迭代，实现了 5 个跨越：从“文本理解”到“图像理解”，从“普通生”到“尖子生”，从“文科生”到“理科生”，从“对话理解”到“全文理解”，从“意图理解”到“创意实现”。

ChatGPT 开启了一个新时代：从 IOE 主导的 IT 时代，到计算机及智能移动终端普及驱动人类迈向“互联网+”的时代，再到今天万物互联、万物智能及 AI 大模型开创的智能时代。

智能算力的扩张是开启智能时代的风向标。2023 年 5 月 25 日，英伟达市值

暴涨 2000 亿美元，涨出一个 AMD、两个英特尔的市值。10 年前英伟达市值相当于英特尔的 1/6，今天相当于英特尔的 8 倍，10 年收益率超过 100 倍。2023 年 5 月 30 日，英伟达市值超过 1 万亿美元。

新一轮 AI 技术所产生的革命性影响是有目共睹的，正如 2023 年 5 月 3 日 AI 教父级人物杰弗里·辛顿（Geoffrey Hinton）从谷歌离职后所表达的核心观点："AI 的崛起对人类的生存构成了威胁，与核武器的使用不相上下。"2023 年 5 月 16 日，OpenAI 公司首席执行官山姆·阿尔特曼（Sam Altman）在出席美国国会听证会时说："对待 AI 应该参考核武器的监管方式。"

二、AI 大模型技术的五个特征

从技术变革的历史和产业演进的全局视角来看，AI 大模型技术有 5 个特征。

一是颠覆性。AI 大模型具有颠覆性技术的潜质。GPT-4 的编码能力已相当于谷歌年薪 18 万美元的 L3 工程师；GPT-4 的软件开发能力相当于中国月薪 3 万元的软件开发人员。未来，50%的软件代码将很有可能被 AI 接管。今天的 AI 大模型像历史上的火药，正在从放烟花时代走向枪炮时代，实现从冷兵器到热兵器的跨越。

二是涌现性。当模型参数量超过临界值时，人工智能的能力会发生突变。

三是工程化。AI 大模型一半是工程，一半是理论，是工程化的重大创新，其核心技术壁垒是数据、算法、算力等要素资源的精巧组合。OpenAI 公司的主力人员不只是一群科学家，更是一群动手能力极强的工程师。

四是密集型。AI 大模型是技术、资本、人才密集型产业，大算力、大数据、大模型决定了 AI 大模型竞争，这是一场大国的游戏、巨人的战场、工具的革命、生态进化的力量。

五是通用性。通用目的技术（GPT）是对人类经济社会产生巨大、深远而广泛影响的革命性技术，如轮子、印刷、内燃机、电力、计算机、互联网等。通用人工智能可能会是人类历史上最伟大的通用目的技术。

三、对数字技术创新的重要启示

这一轮人工智能的突破，对于一个国家的数字技术创新有哪些启示？笔者认为有 5 个方面的启示。

（一）启示 1——“云计算+AI”已成为数字时代的创新基础设施

云计算不仅仅是一个商业的基础设施，更重要的是，它是一个创新的基础设施。

前一段时间，有人会问“为什么中国没有 ChatGPT？”但我们要想真正找到这个答案，使用这种提问方式是错误的，正确的提问方式是“中国为什么没有 OpenAI？中国为什么没有 Snowflake？中国为什么没有 Palantir？”

OpenAI 于 2015 年成立，估值 290 亿美元。因为 ChatGPT，人们都了解了这家公司，但美国类似的数字科技公司还有许多。Snowflake 是巴菲特 50 年来首次参加 IPO 的公司，2020 年上市的时候，销售额只有 3.5 亿美元，但市值超过了 700 亿美元。它只做了一件事，就是把数据库这件事情在公共云上重新做了一遍。帕兰迪尔（Palantir）是一家美国数据大公司，于 2004 年成立，市值达 400 亿美元。2023 年 1 月，《华盛顿邮报》有一篇文章说：“俄乌冲突已演变为‘算法之战’，算法公司已经成为一个新的军火商。”Palantir 的 CEO 说：“战场算法的威力，相当于战术武器对付常规武器。”

1. 当 ChatGPT 成为聚光灯的焦点时，需要关注美国数字创新生态

美国不仅有 OpenAI、Snowflake、Palantir，还有许多类似的创新公司。美国市值在 100 亿美元到 1000 亿美元的公司有几十家，市值加起来大概有 2 万亿美元。中国类似的创新公司市值总计在 1000 亿美元左右，而这些公司的规模可能还比较小，无法与微软、谷歌、亚马逊相比较，但他们未来可能成为微软、谷歌、亚马逊，成为引领和参与全球竞争的主力军。

笔者认为，ChatGPT 只是美国数字创新森林里一棵树上的一片叶子，今天我们把所有的聚光灯都聚焦在这片叶子上，把这片叶子都快烤黄了。我们需要思考

的是：这棵树是什么样子？树根长成了什么样子？它有什么样的土壤？创新的森林生态是什么样子？只有我们把这片森林、这片土壤、这棵树的规律都搞清楚了，才能找到这一轮数字技术创新的底层逻辑和规律。只有这样，我们的政策才有针对性、前瞻性和可操作性。

为什么美国会有这么多数字创新企业？原因有很多，笔者认为，最重要的原因是美国有一个创新的基础设施。这个基础设施叫作公共云。今天人们更多地认为公共云是一个商业基础，而事实上，公共云是一个创新的基础设施，它在源源不断地孵化、孕育、催生一批创新企业。

2. 公共云是自由流动的大江大海，私有云是封闭孤立的小湖小泊

云计算是当下AI、软件、通信、大数据、芯片乃至自动化等新一代技术融合创新的大熔炉，是今天所有数字技术和自动化领域企业必须攻占的山头与技术形态演进的终极归宿，是数字时代最重要的基础设施。中国和美国在这一领域的差距较大，中国的GDP相当于美国的70%，但中国云产业只有美国的30%；中国的SaaS市场规模仅约50亿美元，而美国有约1000亿美元。

更重要的是，今天我们都在讲“算力”，但脱离大规模应用场景和需求，孤立讲“算力”会遮蔽我们对本质问题的理解，会误导我们对中美差距的认知。只讲“算力”基础设施，就像我们只讲“公路”基础设施一样，只讲一个国家的公路里程有几万千米是不够的，我们需要知道高速公路、一级公路、二级公路、乡村小道分别有多长；就像我们在讲“铁路”基础设施时，需要知道速度达350千米/小时的高铁，以及速度达60千米/小时的绿皮车的运行铁路各有多长。

公共云不仅有更高的算力资源输出和运行效率，更重要的是，它是第二次大航海时代的土地，是孕育新技术、新企业的摇篮。公有云对中央处理器（CPU）的使用效率，大概相当于私有云的5～10倍。公共云是 “高速公路”，私有云就是“二级公路和乡间小道”。我们不仅要关注算力规模，还要关注算力以什么样的方式提供服务。今天美国的算力有60%是以公共云的方式来提供的，欧盟有50%，而中国只有28%。

有人说，我们并不在乎算力的输出效率，不在乎资源利用效率，算力的高低

并不重要。这对于一个单一企业来说也许是对的，但这种模式将国家统一算力市场碎片化，肢解了整个国家数字创新生态，遏制了数字技术的创新步伐，削弱了国家数字生产力的提升。

如果说公共云是自由流动的大江大海，那么私有云就是封闭孤立的小湖小泊。只有在一个庞大的公共云体系上，在“大江大海”这样有深度、有广度的水域中，才能够孵化出新的技术和新的企业。

这个问题背后的核心是，我们要认识到这一轮的创新是“公共云+AI”技术体系的创新，公共云是一个创新的基础设施。技术创新生态在人类历史上从没有像今天这样如此重要。今天，新一轮的大国竞争很大程度上体现为各类技术平台及其生态系统所承载的创新体系之间的竞争。

（二）启示 2——数字时代反思基础研究与应用研究的关系

在这一轮人工智能发展过程中，对我们所有从事创新事业的人来说，都要重新思考一些基本问题：什么叫作基础研究？什么叫作应用研究？基础研究跟应用研究之间是什么关系？当我们讲到这一轮的通用人工智能，讲到 AI 大模型的时候，我们应思考一个问题：今天 AI 大模型的基础理论来自哪里？

1. 企业是 AI 大模型“理论+工程化”的主力军

1972 年，美国工程院院士贾里尼克（Frederek Jelinek）在 IBM 沃森实验室（IBM T.G.Watson Labs）领导了语音识别实验室，提出了基于统计的语音识别框架。这可能是我们今天讲的 AI 大模型的重要理论创新之一及源头之一。

Transformer 理论模型来自谷歌。今天我们看到有一些科研院所也在参与 Transformer 理论模型的创新应用，但是主流的工程化模型主要还是来自企业。企业不仅是 AI 产业化、工程化的主力军，也是基础理论创新的主力军。

随着 AI 大模型研究的兴起、门槛提升，高校和科研院所的主导作用不断弱化。在数字技术创新的特定领域，当企业成为“发明—发现”的主力军时，我们需要思考什么是“科技转化”，为什么要进行“科技转化”。

在新一轮 AI 创新体系中，谷歌、Meta 等科技企业，本身不需要进行传统的“科技转化”，因为在这些公司里，基础研究、应用研究和产品开发是一个有机的整体，是一个不断迭代的过程。

大型科技企业是基础研究的生力军，并具备孵化世界先进水平的潜力，而且无须“转化”。在云计算、人工智能、大数据、区块链等前沿数字技术领域，大型科技企业已经是数字科技创新的核心力量。

2. 反思“基础研究—应用研究”二元分割认知

在数字时代，创新体系已经发生变化。2021 年 5 月，美国参议院通过了《无尽前沿法案》（*Endless Frontier Act*）。这个法案的源头，是 1945 年“曼哈顿计划”主管范内瓦·布什给时任总统罗斯福写的一个报告《科学：无尽的前沿》。这份报告强调要将基础研究和应用研究分裂开来，强调基础研究的重要性。

这份报告直接促成了美国国家科学基金的建立，“基础研究—应用研究”这种二分框架，更是直接影响了第二次世界大战后美国的科研项目设置和资助结构体系。此后“基础研究—应用研究—产品开发”成为全球科研的基本模式（“线性模式”）。

但实际上，这种观点和模式在误导我们对技术创新规律的认识。《发明与发现：反思无止境的前沿》中的观点认为，基础研究的目标是发现新知识、揭示新客观规律；应用研究则侧重于解决实际问题。基础研究（科学发现）依赖高校和科研院所，应用研究（技术发明）则依赖企业。这种传统分类观，违背了研究活动的客观规律，阻碍了国家的科学与技术进步。我们不断要追问，在数字技术创新中，谁是基础研究的生力军？

3. 企业也是基础研究的生力军

科研工作者并不会天然地关注自己的工作是属于基础研究还是应用研究。“基础研究—应用研究”二分框架基于政府科技管理的逻辑，而不基于技术创新本身规律。然而脱胎于“基础研究—应用研究”二分框架的科技政策资助体系，迫使科研人员不得不按照政策的要求去组织自己的研究。这种二元分割，实质上是给研究工作戴上了“镣铐”，也导致基础研究与工程应用长期存在“两张皮”问题。

从信息和通信技术创新来看，双极型晶体管和晶体管效应、微波激射、半导体产业相关的量子霍尔效应、集成电路，以及光纤技术，既可能是发现，也可能是发明，这些研究本身可被同时归为基础研究和应用研究。

诺贝尔奖是基础理论研究的标志，许多获奖者来自美国企业实验室。美国贝尔实验室就发明了晶体管、激光技术、电荷耦合器（CCD）、UNIX 操作系统、数字交换机、卫星通信等基础技术。贝尔实验室、IBM、GE、RCA 等不仅是新技术的摇篮，更在隧穿效应、核磁共振等理论研究方面取得重大突破。发明与发现是一枚旧硬币的两面。

技术创新的规律是“发明—发现循环模式”，理论研究与实际应用、发明与发现之间是互相依存的关系。科学、技术与工程是平行发展的，并无绝对先后。基础研究和应用研究并不是一个线性的、分阶段的过程，而是一个螺旋式上升的过程。

4. 平台型技术创新体系改变了“基础研究—应用研究”二元分割的局面

谷歌的 Transformer、OpenAI 的 GPT 引发的新一轮人工智能创新，让我们重新审视基础研究与应用研究的关系。在“基础研究—应用研究—产品开发”的线性科研模型上，中国补充了“成果转化”的环节，而“成果转化”不是技术发展的内在规律。

技术创新的“发明—发现循环模式”在平台型创新生态中更为突出。平台型技术创新体系基于数字技术平台，面向海量创新需求进行精准感知和洞察，通过对全球创新资源的广泛连接、高效匹配和动态优化，构建起多主体协作、多资源汇集、多机制联动的创新生态，进而形成新技术、新产品、新业态快速孵化、规模扩散、持续迭代的新创新体系。

今天的数字科技企业是科技创新的主力军，也是基础研究的生力军，无所谓“科技成果转化”。这些企业精准感知市场需求和场景，基于数亿名消费者、千万名企业用户构建一个即时、在线、低门槛的新技术应用市场，并推动构建一个创新生态。2021 年，中国研发投入规模排名前三的企业都是数字科技企业，研发投入规模相当于央企的 3～5 倍。

今天，OpenAI、Snowflake、Palantir 等企业的产品创新，都是平台创新生态的结果。ChatGPT 的用户量 4 个月超过 10 亿人，每个 ChatGPT 的调用者既是用户，也是产品功能创新迭代的参与者。ChatGPT 通过 Web、搜索、插件、API 等多种方式，改造和驱动各类软件形态，并在全球大规模、快速普及推广，不到半年时间已积累上万个应用交互。

ChatGPT 通过自然语言交互连接到第三方应用程序，运行计算或使用其他服务，让开发者和用户自由地创建、发布和使用各种插件，功能覆盖实时信息检索、在线点餐、企业办公、流程优化、图文处理、知识问答、产品营销和推荐、行业垂直应用等领域，从而形成一个生态系统。

AI 大模型的成功关键在于模型训练与商业化的闭环，形成了技术与产业化的相互促进与迭代。

（三）启示 3——颠覆式创新企业的特质

ChatGPT 让我们去思考颠覆式创新企业具备什么样的特质。OpenAI 的成功，在于它坚持了长期主义，有创新型的风险投资，有小公司创新与大公司合作形成的商业闭环。

以 OpenAI 首席科学家伊尔亚·苏茨克维（Ilya Sutskever）为代表的研发人员具有什么样的特质呢？他们被视为“技术天才+使命感+偏执狂”的领军者；他们有极强的技术信仰、方向感和战略定力，坚信通过大模型、大算力的这样的方式，一定能够找到通用人工智能的发展道路和模式；他们有一套完整的方法论和文化，不是把 AI 当成一种技术，而是做成一种产品，并将 AI 产品化作他们的极致追求。当面临困难、遇到挑战时，他们不为所动。2018 年和 2019 年，当 GPT-1、GPT-2 的测试效果被谷歌 Bert 模型碾压式地超越时，他们没有对自己的技术路线丧失信心，而是坚定自己的技术路线，直到 GPT-3 实现对谷歌 Bert 模型的超越。

ChatGPT 给我们的启示是：技术的差距只是一种表象，今天全球技术创新、企业竞争的背后，是创新文化的差距、创新生态的差距、创新机制的差距。

从创新文化的差距看，颠覆式创新需要质疑“技术权威”的文化，需要不考虑短期商业变现的长期主义的科研投入，需要宽容的基础科研孵化与评价机制。

从创新生态的差距看，如果我们说云计算是数字时代的一个创新基础设施，那么我们有没有真正地把云计算、公共云作为千行百业创新的“底座”，并结合芯片、模型、风投、人才、场景等构建一个创新生态，而这些才是未来的竞争关键。

从创新机制的差距看，创新要体现风险投资机制的迭代、AI 大模型技术与商业的闭环，以及监管与创新的协同机制等。

（四）启示 4——信仰的力量：“科学家+投资人创新”的原动力

如果我们把时间尺度拉长，那么回顾人工智能创新道路上的重要里程碑，可以看到科学家和风险投资人创新的原动力。

2016 年，AlphaGo 击败围棋世界冠军李世石。当年研发 AlphaGo 的 DeepMind 的那批人，他们成立公司的时候就怀揣一个梦想，即实现通用人工智能。

今天 OpenAI 的这批人，为什么能够聚集那么多的科学家呢？这些科学家中，很多人放弃了多出两倍、三倍的年薪，愿意加入 OpenAI，因为他们也怀揣着实现通用人工智能的梦想。

彼得 • 蒂尔（Peter Thiel）是 DeepMind、OpenAI 和 Palantir 的投资人。当年这些公司非常艰难、一直亏损的时候，他为什么愿意去投资？2011 年，彼得 • 蒂尔投资了 DeepMind 公司 140 万英镑，DeepMind 公司于 2014 年被谷歌收购，但直到今天 DeepMind 公司仍然在亏损。2015 年彼得 • 蒂尔和埃隆 • 马斯克、山姆 • 阿尔特曼（Sam Altman）共同成立了 OpenAI。

对于彼得 • 蒂尔等投资人，他们也有一个梦想，这个梦想也是实现通用人工智能的梦想，就像彼得 • 蒂尔在 2009 年所说的：“对未来最大的恐惧不是‘机器人起义’，而是担心‘奇点’会拖得太久才到来，而世界需要新技术来抵御经济衰退。”

在这一轮的人工智能浪潮中，处于时代浪尖上的除了 OpenAI，还有“图形处理器（GPU）霸主”英伟达。但回望过去，GPU 的成长道路并非顺风顺水，而是充满坎坷的。

20 世纪 80 年代个人计算机出现后，显示器使用的是 VGA 控制器，VGA 控制器将中央处理器（CPU）的图像处理信号处理后输送给显示器。这个时候，CPU 是“大小姐”，GPU 只是端茶倒水的“丫鬟”。

英伟达 1999 年成立后，先是研发了真正意义上的 GPU，2007 年又推出了统一计算设备架构（Compute Unified Architecture，CUDA），实现直接用 GPU 编写并行程序，降低了开发成本和门槛，为后续的 GPU 生态建设奠定了坚实基础，也构建了足够宽的“护城河”。

研究 2009 年斯坦福大学吴恩达等人的论文，我们可以发现，GPU 凭借超过 CPU 70 倍的算力，将 AI 的训练时间从几周缩短到了几个小时。

2012 年，多伦多大学的 Alex Krizhevsky 和 Ilya Sutskeverz 用两张 GTX 580 显卡，助力 AlexNet 模型顺利夺冠。GPU 从此成为深度学习的必选项，并进入工业界。

此后推出的 A100、H100 等高性能 GPU，成为 AI 大模型时代的“刚需品”，并直接助推英伟达突破万亿市值。一路走来，在 GPU 从“丫鬟”成长到“小姐”的背后，我们能看到长期投入、坚持创新的力量。

（五）启示 5——范式迁移：重构人类认识世界的方法论

最后一个启示是，我们已经到了一个新的时代，我们认识和改造世界的方法论发生了巨大的变化。人类社会认识客观世界的方法论已经历 4 个阶段。

从牛顿、爱因斯坦的“理论推理阶段”，人们通过观察、抽象和数学认识这个世界；到爱迪生发明电灯泡，这是“实验验证阶段”，人们通过假设、实验、归纳总结来认识这个世界；再到“模拟择优阶段”，人们研发了大飞机、高铁，基于样本数据和机理模型，通过数字仿真的方式去认识和改造这个世界。

今天，以人工智能为代表的大数据分析形成一种新的范式。如果说模拟择优是基于对机理模型的认知，那么今天对于大数据分析来说，很多的模型，我们其实搞不清楚为什么会有涌现，为什么会有泛化。虽然我们还不能完全搞清楚，但可以肯定的是，新的认识和改造世界的方法论已经出现。

AI 已成为重要的科研手段。近年来，AI4S（AI for Science）成为一种基本科学研究方法。1972 年的诺贝尔奖获得者美国生物化学家 Christian Anfinsen 说：有一天，仅仅根据氨基酸序列就可以预测任何蛋白质的 3D 结构。

过去几十年间，结构生物学家通过 X 射线晶体图学或者冷冻电镜等高科技手段，共得到十几万种蛋白质结构。今天，AI 驱动的软件可以产生成千上万种精确的蛋白质结构，可以帮助研究人员发现疾病的发病机制，研发新药，甚至改造出更耐旱的植物。2022 年 7 月 28 日，DeepMind 公司公布了从细菌到人类的几乎所有已知（2 亿多个）蛋白质的可能结构。

谷歌学术相关数据表明，近 3 年使用 AI 的论文数量增长率超 3 倍。像材料科学、生命科学、能源科学，近 3 年使用 AI 手段开展科研的比例超过 34.5%。换句话说，人们认识和改造世界的方法论已经发生重大变化。

四、对未来的可能影响

这一轮人工智能，对我们意味着什么？

第一是初心回归。技术的发展是为了人的解放和全面发展，而数字化也是为了人的解放和全面发展。马克思在 100 多年前曾经说过，共产主义是什么？是上午去打渔，下午去打猎，晚上思考哲学问题。这样的时代，随着技术的发展将会到来。

第二是竞争力重构。当通用目的技术大规模普及时，当技术可以替代更多体力劳动者和脑力劳动者时，此时想象力会成为企业和个人的第一生产力。

第三是 AI 鸿沟。今天，有人开着奥迪，有人开着奥拓。未来，我们所有的 App 里都会装着一个叫大模型的引擎，这个大模型引擎有奥迪级的引擎，也有奥拓级的引擎。这种差异会带来新的 AI 技术能力的差异和鸿沟。

第四是企业选择。对于一个企业来说，有两种选择，成为颠覆者或者成为被颠覆者。

邱泽奇、张蕴洁、冯莉媛

中美欧国际数字治理格局比较研究及建议

邱泽奇，信息社会 50 人论坛成员，北京大学博雅特聘教授，北京大学中国社会与发展研究中心主任，兼任山西大学政治与公共管理学院院长。主要研究方向为数字社会发展与治理、技术应用与社会变迁、组织社会学、社会调查与研究方法。

数字变革是当下驱动社会变迁与发展的重要动力，数字化发展成为影响各国国际竞争力的关键要素，国际格局进入崭新发展阶段。国际格局指的是国际关系的总体式样、整体布局和宏观态势，对国际数字治理格局的研判是数字时代对国际格局特征和走势判断的重要构成部分。目前，主要经济体之间在数字治理领域形成错综复杂的竞合局面，各国围绕数字治理议题而构建的合作网络推动了国家数字化群落的生成。生态学视角对事物之间关联性、层次性、整体性、聚集性和动态性特征的强调与上述复杂化的国际数字治理格局高度契合。中国、美国、欧盟（以下简称“中美欧”）作为当今国际数字化发展的主阵地，引导着国际数字治理的发展方向，并在相互竞争与彼此依赖中形塑国际数字治理格局的现状与未来。

为此，本文首先在明确国际数字治理格局的内涵与特征、阐述影响格局演变因素的基础上，以中美欧作为主要研判对象，深入分析三者在数字化发展领域的力量比对、各自的主要竞争优势，以及三者在数字贸易领域的互动如何塑造其相互间的数字竞合关系；其次分析三者在国际数字治理中的对外策略布局；最后针对三者未来的数字竞合关系走向及其对国际数字治理整体格局带来的可能影响做出判断，并就中国如何参与并引领国际数字治理提出政策建议。

一、何为国际数字治理格局

当前，各经济体或主权国家之间的互动及其对外活动策略影响国际格局。特别是全球贸易的数字化与主要经济体对全球数字治理的积极布局使得国际数字治理格局加速演变。伴随全球化与数字化的推进，数字治理已从局部治理走向全球治理，各国通过多样化的国际数字治理手段塑造国际数字治理格局。

（一）国际数字治理格局的定义

不同机构或学者对“全球数字治理”或“国际数字治理”有不同定义。二十国集团（G20）将“促进互联互通的沟通机制”与“建立全球治理规范”视作全球数字治理的两大支柱；美国战略与国际问题研究中心（CSIS）认为“全球数字治理”是“与数字的控制、存储和流动相关的单边、双边、多边机制与贸易规则，以及全球接受或采用的原则、规范、标准的集合”；中国信息通信研究院整合多来源定义，指出全球数字治理是“为解决数字化引发的国家间利益冲突或立场难以调和等问题，所依托的组织机制和行动过程”①。

笔者认为，上述定义侧重于对数据的治理，以数据为核心，关注治理过程中各行为体的利益协调。然而国际数字治理格局应指在数字治理领域中呈现出来的、能够反映国家间关系的结构性模式，侧重于强调国家间竞合关系的动态性与复杂性。各国之间的竞合互动局势、依托竞合关系而形成的国家群落划分、各国所制定并引导的国际规则走向等，均是国际数字治理格局的重要构成部分。

（二）国际数字治理格局的特征

1. 各国基于不同的利益考量采取相异的数字治理方式

差异化的治理方式使全球数字治理呈碎片化、分裂化特征。当前，美国、欧盟各自代表了数字治理的两大政策取向。美国侧重于“自由主义”取向的治理规则，在数字风控领域呈现出弱监管特征，倡导跨境数据的自由流动，以抢占更多国际市场份额；欧盟对内倡导数据要素在单一市场内部的充分流动，但对外则侧重“数据保护”导向的治理规则，在对外数字流通、数字风控领域采取严厉且完

① 中国信息通信研究院，《全球数字治理白皮书（2021年）》，2021年。

备的监管措施。在上述两大政策取向的治理规则引领下，各国间的政策分歧和冲突加剧。

2. 国际数字治理的关注议题在全球范围内存在一致性

其主要关注点集中在两个方面：①与数字贸易和数字经济发展密切相关的治理议题，如数据跨境流动、平台治理、数字货币等；②网络空间安全与数字主权问题，鉴于各国对网络空间中秩序、权力与财富分配的立场不同，围绕国家安全开展的数字治理充满大国博弈与地缘政治的特征。①

（三）数字实力与贸易关系共同塑造的国际数字治理格局

生态学视角既关注有机体的本体特征，也注重考察主体间的互动关系。因此，反映国家主体之间互动关系的数字贸易特征和各国在数字化发展领域的实力对比成为影响国际格局的重要因素。国家间竞合关系的复杂互动与动态演变成为驱动各国采取相异对外竞争策略的关键原因。

1. 数字贸易与数字化发展水平塑造国际数字治理格局

一方面，国家之间联系密切且相互依赖，特别是数字化发展加速了产业链、创新链、供应链和价值链（“四链”）在全球范围的深度融合，强化了主权国家间的连接关系，各国发展越来越受到外部国家的影响。因此，利用互动关系来反映一国的数字化发展水平显得至关重要，而代表国家间互动深度的“四链融合”水平通过数字贸易来实现，继而数字贸易不仅是反映“四链”总体水平的关键指标，也是反映国家间数字互动关系的典型代表。另一方面，世界格局建立在国家实力的基础上，各国实力对比的变化决定着世界格局的整体变化。数字时代，由于数字技术的加速发展特性，以及国家之间、各要素之间关联性与整体性的提升，与国家数字化发展水平相关的环境要素存在较高的不确定性，使得国际数字治理格局充满动态特征。

2. 国家间的深度交互与力量对比，使其相互间的竞争与合作局面充满复杂性

出于战略安全需要与经济发展诉求，一方面，部分国家利用强制本地化、加

① 中国信息通信研究院，《全球数字治理白皮书（2020年）》，2020年。

设市场准入条件等手段设置数字贸易障碍，通过限制他国数字发展以保护本国的优势地位，一定程度上导致技术“脱钩”与贸易保护之风盛行；另一方面，主要大国积极与主要数字经济体建立数字贸易合作机制，构建“数字利益共同体”，在规制博弈下寻求国家间的合作机制。

二、中美欧数字贸易关系与数字化发展水平

各经济体采取的对外数字化发展策略与自身所处的国际数字化发展地位相关。中美欧作为参与国际数字治理的重要主体，其互动结构与实力对比，对于其采取何种国际数字治理手段、与哪些数字经济体构建合作关系有着重要影响。本节在“国际数字生态指数”所涵盖的 41 个国家范围（以下简称“41 国”）内，刻画中美欧的实力对比与交互关系，为后续分析三者在全球数字治理过程中的策略导向与竞合基本面提供基础。

（一）数字贸易：中美欧关系密切，中国、欧盟各居货物与服务贸易中心

在贸易方式数字化和贸易对象数字化的双重推动下，全球数字贸易的规模与日俱增，与数字要素相关的商品与服务成为重要的贸易标的物，贸易发展深化了全球价值链跨越地理空间的经济联系。在此背景下，数字货物出口和数字服务出口深刻影响并塑造了国家间的竞争格局。中美欧三大经济体共同占据了全球近 60%的数字出口，三方在数字贸易领域的竞争互动有较高的国际影响力。

数字出口规模状况能够从一定程度上显示出中美欧在数字货物和数字服务领域的全球竞争力差异。图 1 对比了中美欧数字货物和数字服务的出口规模，反映出在数字货物领域中国出口规模高于欧盟、美国，在数字服务领域欧盟出口规模高于美国、中国的总体概况。

分析 41 国 2020 年数字货物和 2017 年数字服务出口的无向网络[①]，我们发现，该网络不关注两两国家之间的具体出口方向，而是注重凸显各国与其他国家之间的贸易往来广度。分析可知，中美欧均为数字贸易出口网络中的关键节点，尤其是中国在数字货物出口领域、欧盟各国在数字服务出口领域表现抢眼。

---

① 该无向网络详见张蕴洁等人发表在《中国科学院院刊》的“中美欧国际数字治理格局比较研究及建议”。

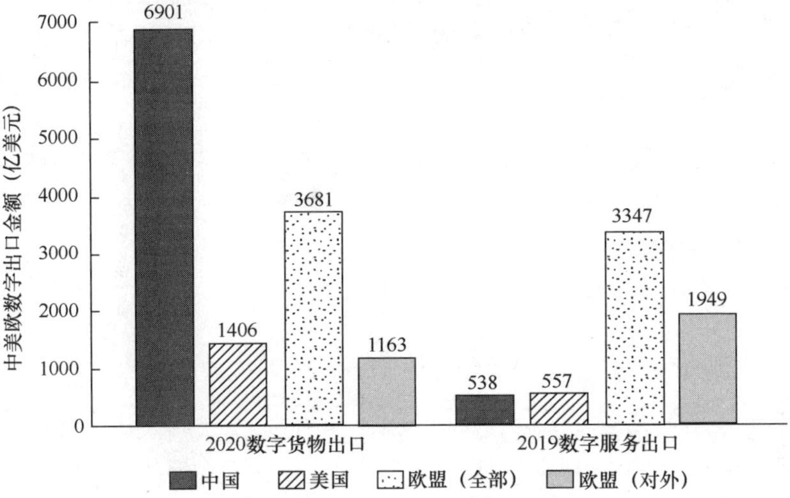

图 1　中美欧数字出口对比情况（美元计价）

结合上述分析，中美欧各自在数字出口贸易规模和贸易网络中具备以下特征。

（1）中国：数字贸易出口大国，较美国和欧盟的主要优势体现在数字货物出口规模上。

在数字货物出口规模方面，中国处于绝对的网络核心地位，其生产的电子设备供应欧洲、美国等全球主要市场；与美国、亚洲及泛太平洋区域等国家和地区的货物出口联系密切。在服务出口方面，中国的规模总量与美国相似，显著低于欧盟；在 41 国中的交往范围相对单一，与东欧国家互动密切，与北美和东亚国家间的关系有待加强。

（2）美国：数字出口规模低于中国、欧盟，大规模依赖进口，贸易逆差明显。

美国是 41 国中除中国外，数字货物出口规模最大的国家之一，货物贸易与加拿大、墨西哥属于同一个网络社区。数字服务与澳大利亚、南美等地区连接密切，与中国有较强竞争关系。

（3）欧盟：服务贸易出口强势，内部各国之间贸易往来密切。

在数字货物领域，以欧盟各国为中心节点的欧洲各国自成一个网络社区，其内部各国之间的贸易往来十分密切。在数字服务贸易中，欧盟是数字服务第一大经济体，占全球数字服务出口市场的近 50%，整体出口中有 58%属欧盟内部互动，内部相依性强。

总体而言，数字技术进步给贸易发展带来新机遇，数字贸易不仅是一种新型贸易形态，更是国际互动中“四链融合”的典型代表，已成为主要经济体国际竞争的争夺焦点。中美欧势必会在争夺数字贸易竞争规则领导权的过程中采取有利于自身稳定和适配自身发展优势的策略。

（二）发展梯队：美国处于垄断性生态位，中国位次居中

“国际数字生态指数”在数字基础、数字能力、数字应用和数字规制 4 个维度上量化了各国数字生态发展的总体状况。其中，数字基础指基础设施和数据资源，数字能力体现各国的数字人才和技术创新状况，数字应用指代各种数字应用场景，数字规制代表制度环境。中美欧已经成为国际数字化发展中的三极。图 2 显示，美国在总指数和基础、能力和应用维度上均领先中国、欧盟；欧盟的数字规制体系具有高完备性，该维度得分大幅领先；中国的分维度和总指数得分均介于美国、欧盟之间。

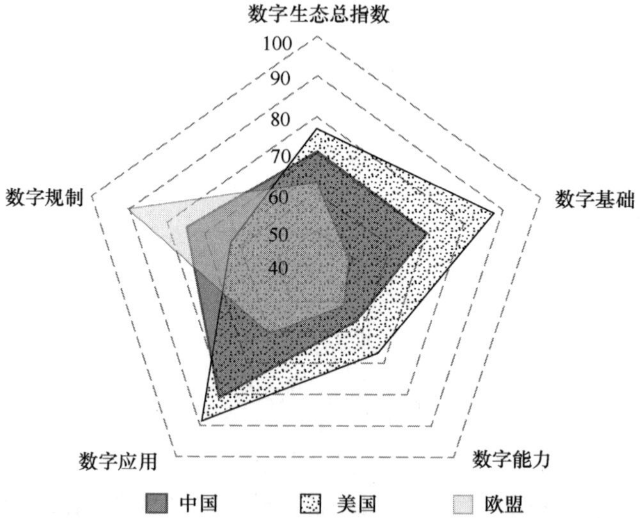

图 2　中美欧数字生态总指数与四维度雷达图[①]

① 欧盟数字生态总指数和各维度指数得分为欧盟27国与英国各维度指数的算术平均值。

（1）中国：主要优势为数字应用，主要短板为数字能力。

中国的突出优势是数字应用，主要由数字经济拉动，其中数字贸易与数字产业化表现抢眼，均处于前 2 名，但在产业数字化方面仍待加快转型。中国数字能力排第 10 名，较美国和欧盟偏弱，技术创新维度仅排第 25 名，这反映出面对美国和欧盟竞争，中国需要重点关注技术创新，实现能力破局。

（2）美国：除规制外，其余二级指标均排第 1 名，处垄断性生态位，数字人才与技术创新是其核心优势。

美国的数字发展相对全面，其在数字基础、数字能力与数字应用领域都居于首位。其在数字人才和技术创新方面表现优异，尤其是在对数字人才吸纳与留存能力方面的表现优于中国、欧盟，对全球数字人才具有较强的吸引力。

（3）欧盟：内部异质性大，竞争优势主要由规制引领，在其他维度上均次于中国和美国。

欧盟内部存在较大的发展水平异质性，尽管其在数字基础、数字能力、数字应用维度的平均表现落后于中国，但仍不乏具备强竞争优势的国家。总体上，欧盟完备的治理体系为其带来了较高的国际影响力。

从中美欧数字化发展程度的梯队关系上看，美国处垄断性生态位，其对外策略以维持技术顶层优势为主要目标；欧盟偏向于依托规制优势，持续引导全球数字治理的规则制定；中国一方面在前沿领域重点布局，培养和引进相关人才，把握数字能力的发展潜力，另一方面则积极寻求构建全球数字治理领导力。

总体而言，中美欧在数字贸易维度上的强竞争关系与高互通关系，反映三方均有主导全球数字治理的潜力、倾向与动机，亟待利用建立贸易合作伙伴关系的手段构建有利于维系既有优势的方案。

三、中美欧参与国际数字治理的动态策略

在参与全球数字竞争的过程中，国家间建立的合作关系既是其经济联系紧密

度的直观反映，也是其数字化竞争策略的重要侧面。数字大国广泛设立区域数字贸易协定，既能保障协定内部成员紧密合作，有效应对其他经济体的数字制衡，也能建立与他国协商的新平台，是重要大国对外输出规则模板的有力举措。对此，下面将中美欧参与数字贸易双边、多边合作的过程视为参与国际数字治理的重要手段，重点分析三方在数字贸易领域的合作协议签署状况和趋势，识别以三方为核心的多国数字合作网络。

（一）中美欧各自积极构建对外数字治理合作体系

近年来，主要国家围绕数字贸易规则的博弈纷繁复杂。中美欧聚焦区域贸易协定谈判，推进数字贸易规则构建进程，以营造符合自身数字贸易诉求的法治环境，这使三方在国际数字治理领域的主张在一定范围内得到接纳与传播。

（1）中国：加入数字贸易协定，积极构建数字经济伙伴关系。

中国积极拓展合作渠道以应对美国以“贸易战”形式对中国实施的技术封锁，已陆续通过《二十国集团数字经济发展与合作倡议》《“一带一路”数字经济国际合作北京倡议》《全球数据安全倡议》等一系列数字经济发展与合作倡议，在电子商务合作与跨国信息共享等多个领域赢得广泛共识。在数字贸易协议方面，中国目前通过《区域全面经济伙伴关系协定》（RCEP）建立了数字贸易合作关系，并有进一步加快数字贸易领域的开放动向。中国于 2021 年 11 月正式提出申请加入《数字经济伙伴关系协定》(DEPA)，并在 2022 年 8 月正式成立加入 DEPA 工作组，同时也有意加入《全面与进步跨太平洋伙伴关系协定》（CPTPP）。

（2）美国：积极开辟国际数字市场，极力维护在高科技产业的顶端优势，主导数字贸易相关规则制定。

美国将数字贸易规则视作推进本国数字领导力的潜在重要工具，积极探索对外合作。当前美国的数字贸易关系主要依托 2018 年签订的《美墨加三国协议》（USMCA）和 2019 年签订的《美日数字贸易协定》实现。这些协议或协定成为美国向外输出规则模板、引领新一代贸易规则制定、扩展其数字全球化利益的有效工具。当前，美国正在试图利用布局“印太经济框架”“科技民主联盟”等方式构筑“数字同盟圈”，制定有利于美国及其盟友的规范标准，拓展其在数字贸易领域中的合作国家范围。

（3）欧盟：拥有完备的数字规制体系，并将其视为对外输出数字治理模板的重要工具。

面对国际竞争，欧盟将持续通过隐私保护政策、竞争法及数字税等方式限制美国科技巨头对欧盟数据市场的蚕食。在对外合作方面，自 2013 年起，欧盟就与多国开展了电子商务合作，但在电子商务合作上成果颇丰的欧盟在数字贸易合作方面反而较为滞后，目前暂未签订或者有意向加入任何区域性贸易协定。

（二）贸易协定缔造国际数字治理群落并凝聚共识

主权国家或区域联盟体是全球数字生态体系中的重要构成部分，这些数字贸易合作体深刻塑造着国际数字治理格局。早期，各国主要在自由贸易协定（Free Trade Agreement）中设置“电子商务”（Electronic Commerce）章节以建立合作关系。近年来，签订数字贸易协定（Digital Trade Agreement）成为开展数字经济合作关系的另一渠道。相较于在自由贸易协定中设置“电子商务”章节，数字贸易协定对数字贸易的相关规则进行了集中整合，更具独立性与专项性。其致力于推动参与国在数字技术发展、数据流通、个人信息保护等关键问题上凝聚共识，建构全面的数字经济合作关系。新加坡、智利、新西兰于 2020 年 6 月签署的 DEPA 协定标志着数字贸易国际规则进入专项条约新时代，这将极大地推进数字贸易国际规则的多元发展。

在电子商务合作方面，中美欧三方在两两之间均未达成合作关系，反映出三方在数字化发展格局中处于不同阵营、相互间存在竞争关系的现状。澳大利亚、加拿大、韩国均为中美欧积极争取的合作伙伴。在数字贸易方面，中国与合作伙伴实现了从电子商务合作到数字贸易合作的升级；美国与澳大利亚、韩国的合作有待转型；欧盟则尚未进入任意一个数字贸易伙伴关系。除中美欧三极格局外，新加坡是目前建立最广泛数字贸易合作面的国家之一，但其暂未与中美欧达成数字贸易合作；未来，其作为数字贸易的“节点国家”，或将成为大国重点争取的合作伙伴。值得关注的是，中国对 DEPA 的申请，体现出中国在数字贸易领域加速开放的动向，也折射出中国在其中率先争取与新加坡合作的战略眼光。

一系列数字贸易协定倡导各参与成员在数字经济领域积极寻求合作，实现贸易畅通与政策互通。由大国竞争与合作形成的数字贸易关系网正促使国际数字治理群落的生成，并推动群落内部成员凝聚规则共识。

四、研究结论与政策建议

（一）中美欧数字领域多维竞争与治理格局研判

本文基于数字生态视角，对中美欧的数字实力和数字合作协定加以分析，发现中美欧之间的数字竞合关系体现了国际数字贸易的高度关联性、数字竞争场景中各维度相互协调与制约的多维层次性、国家合作策略中的高度动态性，以及国家数字联盟的聚集性。中美欧数字化发展现状及彼此间的互动关系存在以下3个特征。

（1）中国和欧盟之间的数字生态位相近，各具优势，具备实现优势互补与开展深度合作的良好条件。中国和欧盟贸易互通程度高，各自在货物与服务贸易领域存在优势，未来数字服务贸易的加速发展或使欧盟成为中国后续提升的重要参照体。

（2）美国处于全面垄断生态位，中国仍有较大追赶空间。美国数字化发展程度高，并试图通过法规限制中国高新技术发展以巩固其地位。未来，中美数字博弈的延续仍将是国际数字化发展中的重要趋势。

（3）欧盟和美国的数字规制差异反映利益冲突，传统西方联盟秩序面临调整。美国的数字化发展全面领先欧盟，强化规制与维护数字主权是欧盟应对美国数字压制所采取的主要策略，双方在规制设置上存在较大差异。

总体来看，中美欧之间既存在相互合作的可预期性，也存在高度竞争的趋势。当前三方的竞争格局并非国家间互动的稳定结构，也不会是国际数字生态的长期状态（见图3）。

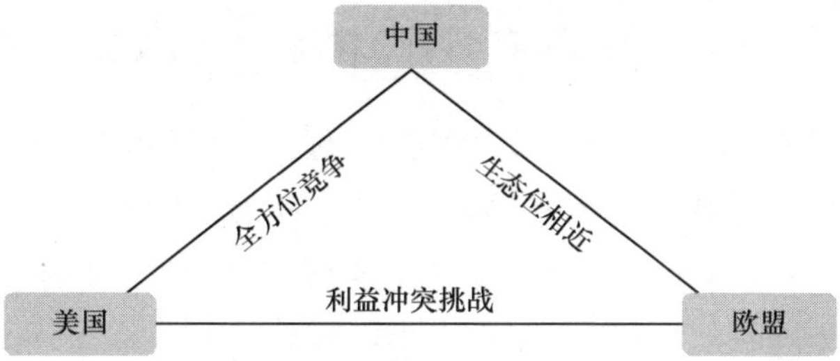

图 3　中美欧当前互动格局

未来，中美欧三方均可通过与另外两极之一深化合作以改变当前的不稳定关系结构，进而影响数字治理格局的演化。依托相近的文化背景与意识形态，美国与欧盟结盟的可能性较高。例如，双方已在近期达成美欧跨大西洋数据隐私框架。若美国和欧盟深入合作，将在技术标准、贸易税收等领域进一步抑制中国发展，延续继工业时代形成的以“美—欧”为核心的国际格局。若中国和美国加强互动合作，亚太地区在数字化发展中的作用将日益凸显，或形成以“中—美”为核心、亚太地区主要国家参与的数字化发展同盟；但中国与美国的高度关联，或不利于中国在数字化领域的独立自主发展。若中国和欧盟加强数字往来，双方可在数字技术研发中实现资源互补，共享数字技术成果，或可挑战美国优势生态位，打破美国“一家独大”的现状，从而实现国际数字治理格局的新平衡。

（二）中国参与国际数字治理的政策建议

中美欧均处在争夺国际数字生态主导权的关键时期，未来三方在参与国际数字治理过程中的对外策略将直接改变既有格局。于中国而言，在努力改善与美国、欧盟的关系，推动数字领域合作进程的同时，须警惕由历史传统和意识形态所导致的国家间关系中的结构性风险。此外，在中美欧数字领域高度互联与多维竞争的背景下，本文就中国如何参与并引领国际数字治理提出 3 点建议。

（1）全面提升数字治理水平，既要“促优势”，也要“补短板”。提升数字化发展水平是引领国际数字治理的基础，一方面，中国在数字基础和数字应用领域已具备较强国际竞争力，可持续推进该领域发展，缩小与美国等强国的差距，探索在相关领域形成优势生态位；另一方面，须培养与引进高质量数字人才，掌握核心数字技术，建立高质量的数字产品制造体系，全面提升数字能力。

（2）积极借鉴国际规则与经验，制定契合自身发展条件的数字治理规则。建立与国际接轨的规则体系有助于我国在未来引领全球规制方向。欧盟在引领全球数字治理规范上具备一定的先发优势，在数字规制框架与市场监管方面经验丰富，其规制优势契合了中国对解决数字安全、市场监管等问题的需求。但是，其采取的严格措施是否与中国“强应用、弱能力”的数字生态特征相匹配，尚需要审慎对待。

（3）引领多边数字治理机制，探索并输出数字治理“中式模板”。中国应拓展数字领域合作伙伴与合作议题的广度，特别是与数字合作网络中的重要节点国家建立伙伴关系，在广泛的贸易合作过程中提升“四链融合”水平，进一步巩固中国在数字贸易领域的中心地位。并依托双边和多边合作机制，开展数字治理国际合作，引导建立数字经济国际标准，突破美国和欧盟主导建立数字贸易规则的现状，打造数字治理规则的“中式模板”，为全球数字治理的良法善治贡献中国方案。

参考文献

[1] 庞珣，何晴倩. 全球价值链中的结构性权力与国际格局演变[J]. 中国社会科学，2021（9）：26-46，204-205.

[2] 乔天宇，李由君，赵越，等. 数字治理格局研判的理论与方法探索[J]. 中国科学院院刊，2022，37（10）：1365-1375.

[3] 蔡拓. 全球治理与国家治理：当代中国两大战略考量[J]. 中国社会科学，2016（6）：5-14.

[4] 张茉楠. 全球数字治理：分歧、挑战及中国对策[J]. 开放导报，2021（6）：31-37.

[5] Keohane R O, Nye Jr J S. Power and interdependence[J]. Survival, 1973, 15(4): 158-165.

[6] Waltz K N. Theory of international politics[M]. Long Grove: Waveland Press, 2010.

[7] Rosa H. High-speed society: Social acceleration, power, and modernity[M]. Philadelphia: Penn State University Press, 2010.

[8] 贾怀勤. 数字贸易的概念、营商环境评估与规则[J]. 北京：国际贸易，2019（9）：90-96.

[9] 刘斌，甄洋，李小帆. 规制融合对数字贸易的影响：基于 WIOD 数字内容行业的检验[J]. 北京：世界经济，2021（7）：3-28.

[10] 张茉楠，周念利. 中美数字贸易博弈及我国对策[J]. 北京：宏观经济管理，2019（7）：13-19.

[11] 方兴东，杜磊. 中美科技竞争的未来趋势研究——全球科技创新驱动下的产业优势转移、

冲突与再平衡[J]. 人民论坛·学术前沿，2019（24）：46-59.
[12] 乔天宇，张蕴洁，李铮，等. 国际数字生态指数的测算与分析[J]. 电子政务，2022（3）：17-30.
[13] 刘典. 全球数字贸易的格局演进、发展趋势与中国应对——基于跨境数据流动规制的视角[J]. 学术论坛，2021，44（1）：95-104.
[14] Porter M E. Competitive advantage of nations: creating and sustaining superior performance[M]. London: simon and schuster, 2011.
[15] 王娟，张蕴洁，宋洁，等. 中美欧数字经济与贸易的比较研究[J]. 西安交通大学学报（社会科学版），2022，42（3）：31-40.
[16] 刘林青，闫小斐，杨理斯，等. 国际贸易依赖网络的演化及内生机制研究[J]. 中国工业经济，2021（2）：98-116.
[17] 刘敏，薛伟贤，赵璟. 全球数字贸易中的竞争互补关系及其演化——基于社会网络分析方法[J]. 国际经贸探索，2021，37（10）：54-69.
[18] John P S. Social network analysis: A handbook[M]. Newbury Park:Sage Publications Ltd, 2000.
[19] Newman M E. Modularity and community structure in networks[C]. Proceedings of the National Academy of Sciences of the United States of America, 2006, 103(23): 8577-8582.
[20] 陈寰琦. 国际数字贸易规则博弈背景下的融合趋向——基于中国、美国和欧盟的视角[J]. 国际商务研究，2022，43（3）：85-95.
[21] 沈玉良. 数字贸易发展转折点：技术与规则之争——全球数字贸易促进指数分析报告（2021）[J]. 世界经济研究，2022（5）：3-13.
[22] 张洁，秦川乂，毛海涛. RCEP、全球价值链与异质性消费者贸易利益[J]. 经济研究，2022，57（3）：49-64.
[23] 周念利，陈寰琦. RTAs 框架下美式数字贸易规则的数字贸易效应研究[J]. 世界经济，2020，43（10）：28-51.
[24] Aguerre C. Digital trade in Latin America: Mapping issues and approaches[J]. Digital policy, Regulation and Governance, 2019, 21(1): 2-18.
[25] Gao H. Digital or trade? the contrasting approaches of China and US to digital trade[J]. Journal of International Economic Law, 2018, 21(2): 297-321.
[26] 张健. 欧美关系走向及其对中欧关系的影响[J]. 现代国际关系，2020（12）：15-17.
[27] 张蕴洁，冯莉媛，李铮，等. 中美欧国际数字治理格局比较研究及建议[J]. 中国科学院院刊，2022，37（10）：14.

张新红

健全完善数字经济治理体系

张新红，信息社会 50 人论坛理事，国家信息中心首席信息师。长期从事信息社会和数字经济理论、实践及政策研究，参与一系列相关政策的研究制定工作。

数字经济是数字时代的主要经济形态，正在成为重组全球要素资源、重塑全球经济结构、改变全球竞争格局的关键力量。数字经济治理体系是国家治理体系的重要组成部分，更是推动数字经济规范健康可持续发展的制度保障。健全和完善数字经济治理体系是数字经济发展的内在需要，也是实现国家治理体系和治理能力现代化战略目标的迫切要求。从当前我国数字经济发展所处的历史阶段、实践表现和内在需求看，数字经济治理体系尚有不完善之处，需要在体系构建、治理创新等方面加以改进。

一、我国数字经济发展处于关键时期

在“鼓励创新，包容审慎”的方针指引下，我国数字经济在过去十多年时间里一路高歌猛进，成为最活跃也最重要的经济发展新动能之一，不仅促进了国家综合实力的显著提升，也在全球发展中奠定了新的竞争优势。目前我国数字经济仍处在加速发展的快车道上，但最近几年平台经济出现创新不足、活力不足、信心不足的新情况，对进一步完善数字经济治理体系提出了新要求。

（一）数字经济加速发展的总体态势没有改变

尽管存在新冠疫情、逆全球化等多重压力，全球数字变革仍在进一步深化，数字经济仍然处在加速发展的快车道上。

一是全球数字变革的大势未变。人类已经全面进入信息社会，新一代数字技术引发的变革正在不断深化，5G、大数据、物联网、云计算、人工智能、区块链、工业互联网、数字孪生、元宇宙等创新应用带来"数字新物种"的大量涌现。未来5～15年仍将有一批新技术、新产品、新业态、新模式、新职业等被燃爆。由此引发的全球经济结构大调整、竞争格局大调整还将继续，各国争夺数字经济战略制高点的竞争还将持续。

二是数字经济加速发展的态势未变。2016年，我国数字经济占GDP的比重首次突破30%，标志着数字经济开始从量变走向质变。2017—2021年，我国数字经济规模从27万亿元增长到45万亿元，年复合增长率达到13.6%，占GDP的比重提升到39.8%，数字经济成为最活跃、最重要的新动能之一。2020年以来，新冠疫情让数字经济的优势进一步凸显，成为数字经济加速发展的催化剂，更多的人和企业融入数字经济，越来越多的经济活动从线下转到线上。预计未来几年数字经济占GDP的比重每年提升1～2个百分点是可以期待的。2025年数字经济占GDP的比重有望达到45%以上。

三是新冠疫情加速数字化全面转型。在新冠疫情的催化下，国家、地区、产业、企业、个人等各层次、各领域都在加速数字化全面转型，数字技术与所有要素、所有环节的融合会带来多领域的集聚创新。我国已经形成发展数字经济的政策体系，一系列战略规划密集出台，为数字经济的发展营造了较为完善的政策环境。

四是我国发展数字经济仍然具有独特优势。我国发展数字经济具有得天独厚的网民大国优势、市场潜力优势、制度优势、文化优势、后发优势，许多方面的数字化转型才刚刚开始，依然具有强大的发展空间与发展潜力。利用数字变革实现跨越式发展的历史性机遇仍在。

五是发展数字经济关乎现在更关乎未来。"六稳""六保"离不开数字经济的支撑，构建未来国家竞争新优势更离不开数字经济的大发展。

（二）平台经济发展亟须提振信心

作为数字经济的集中体现和重要组成部分，我国平台经济在过去十几年里快速发展，不仅在促增长、稳就业、转动能、提质量等方面发挥了至关重要的作用，更在重构数字时代国际竞争新优势方面表现优异，几乎形成了我国和美国并驾齐驱的态势。但近几年我国平台经济出现创新不足、信心缺失等问题。

一是大型平台国际地位急剧下滑。根据有关资料测算，2021 年我国超百亿美元的平台数量与美国一样（都是 31 家），但价值规模差距拉大，占全球比重大幅降低。2021 年，我国 31 家超级平台总市值达 2.36 万亿美元，同比下降 23.7%；占全球比重达 16.2%，比 2020 年下降 6.5 个百分点。相比之下，美国 31 家超级平台 2021 年的总市值为 11.4 万亿美元，同比增长 27.8%，占全球比重达 78.4%，比 2020 年提升 8.9 个百分点。

二是独角兽企业数量增速放缓。2021 年是近 5 年来全球独角兽企业增长最快的一年，但我国的增速却在放缓。CB Insights 数据显示：2021 年全球共有独角兽企业 959 家，同比增长 70.3%。胡润研究院数据显示：2021 年全球共有独角兽企业 1058 家，同比增长 80.5%。总体上看，美国、欧洲独角兽企业数量增速都在 100% 左右，而我国只有 30%多。

三是平台企业数量和市值大幅下降。2021 年年底，我国超 10 亿美元的平台企业共 182 家，同比减少 15 家；总市值规模为 2.75 万亿美元，同比下降 21.5%。与此同时，平台企业收入和利润也出现断崖式下滑，与欧美企业的表现形成强烈反差。

四是平台企业大批裁员。2022 年不少头部平台企业收缩业务、大量裁员，部分平台裁员比重达到 30%，有些部门被整体裁掉。不仅如此，企业研发投入、风险资本投入也会因此大受影响。

五是新兴经济体平台经济加速成长。2021 年年底，印度共有 5 家市值超百亿美元的平台企业，55 家独角兽企业（大部分都是近两年发展起来的），这两个数量都仅次于美国和中国。

六是我国平台企业开拓国际市场严重受阻。在国外围堵、国内严监管的“双重压力”下，我国平台企业的海外业务发展也受到很大影响，很多 App 在美国、印度等国家直接下架。

影响我国平台经济发展的原因是多方面的，如互联网企业流量红利见底、宏观经济下行影响、美国限制等，但最直接也最重要的原因是信心不足。

2018 年起，我国对平台经济的强监管收到了明显成效，在合规监管、竞争监管、数据监管等各方面都积累了一些经验。但在政策落实过程中也出现了一些不利于实现平台经济规范健康可持续发展目标的做法。中央和国家层面的政策指向到了有些部门和地方就有点变样，使监管变成了整治、严惩、管住、管死。平台经济呼唤常态化、科学化监管，数字经济治理体系需要进一步完善提升。

二、完善数字经济治理体系需要健全完善四大子系统

2022 年年初发布的《“十四五”数字经济发展规划》（以下简称《规划》）对“十四五”期间推进数字经济发展进行了总体部署，提出了健全完善数字经济治理体系的基本目标，明确了强化协同治理和监管机制、增强政府数字化治理能力、完善多元共治新格局等多个方面的重点任务。《规划》提出的这些任务更多的是努力的方向，具体落实起来还有许多工作要做。数字经济的实践发展快于理论、政策、法律仍将是一个常态，治理体系的完善也将是一个漫长的动态过程。数字经济治理体系是一个复杂巨系统，如何健全完善组织体系、规则体系、方法体系、监督体系四大关键子系统应引起高度重视。

（一）多元共治的组织体系

与传统工业经济形态相比，数字经济具有一些新的特征：一是跨领域、跨行业、跨地区，涉及面广；二是参与者众多，一个平台可以集聚海量的供给方、需求方、投资方、服务第三方等；三是问题和矛盾多样，几乎涉及所有的经济和社会问题；四是不定型、变化大，数字变革持续推进使得数字经济新业态、新模式大量涌现并不断演化；五是虚实融合，新技术带来监管新难题。

上述这些特征决定了数字经济治理的主体多元化，任何一个单独的部门或地

区都不可能达成治理目标，需要建立多元协同共治的治理结构体系。所以《规划》提出要“建立完善政府、平台、企业、行业组织和社会公众多元参与、有效协同的数字经济治理新格局，形成治理合力”。

对于如何实现多元共治，《规划》在“多元协同治理能力提升工程”中明确了四项任务。一是强化平台治理。科学界定平台责任与义务，引导平台经营者加强内部管理和安全保障，强化平台在数据安全和隐私保护、商品质量保障、食品安全保障、劳动保护等方面的责任，研究制定相关措施，有效防范潜在的技术、经济和社会安全风险。二是引导行业自律。积极支持和引导行业协会等社会组织参与数字经济治理，鼓励出台行业标准规范、自律公约，并依法依规参与纠纷处理，规范行业企业经营行为。三是保护市场主体权益。保护数字经济领域各类市场主体尤其是中小微企业和平台从业人员的合法权益、发展机会和创新活力，规范网络广告、价格标示、宣传促销等行为。四是完善社会参与机制。拓宽消费者和群众参与渠道，完善社会举报监督机制，推动主管部门、平台经营者等及时回应社会关切，合理引导预期。

对于政府部门间的协同治理，《规划》提出要明晰主管部门、监管机构职责，强化跨部门、跨层级、跨区域协同监管，明确监管范围和统一规则，加强分工合作与协调配合。加强跨部门、跨区域分工协作，推动监管数据采集和共享利用，提升监管的开放、透明、法治水平。

在这样的大背景下，2022 年 7 月 25 日，国务院办公厅批准建立数字经济发展部际联席会议制度，主要职责有 4 个方面。一是贯彻落实党中央、国务院决策部署，推进实施数字经济发展战略，统筹数字经济发展工作，研究和协调数字经济领域重大问题，指导落实数字经济发展重大任务并开展推进情况评估，研究提出相关政策建议。二是协调制定数字化转型、促进大数据发展、“互联网+”行动等数字经济重点领域规划和政策，组织提出并督促落实数字经济发展年度重点工作，推进数字经济领域制度、机制、标准规范等建设。三是统筹推动数字经济重大工程和试点示范，加强与有关地方、行业数字经济协调推进工作机制的沟通联系，强化与各类示范区、试验区协同联动，协调推进数字经济领域重大政策实施，组织探索适应数字经济发展的改革举措。四是完成国家交办的其他事项。这个部际联席会议制度由国家发展改革委牵头，有 20 个部门参与，可以看作实现政府部门间多元共治的一个创举。

各治理主体内部的协同及各治理主体之间的协同将是实现多元共治的重点和难点，需要在实践中不断探索、调整、完善，最终目标是要形成政府主导、多元参与、法治保障的数字经济治理格局，治理水平明显提升。

（二）良法善治的规则体系

治理体系本质上是要建立一套系统完整并能够高效运转的规则体系。从数字经济发展与治理的实践看，这样的规则体系至少应包括以下内容。

（1）法律法规体系。理想的状态应该是实现法律全覆盖，所有活动都应纳入法律框架体系下。通过严格执法，杜绝非法犯罪活动的产生和蔓延。

（2）标准规范体系。通过制定国家标准、行业标准、企业标准等对数字经济参与者的行为、产品和服务等进行规范与约束。

（3）政策措施体系。在合法的前提下，各部门各地区为鼓励创新发展、激发和释放内在潜能与活力会出台一系列相关政策措施。

（4）协作制度体系。建立一套完备的政府部门间、政府与企业间、企业与各类参与主体间的跨界协作制度体系。

从实践发展看，要健全完善数字经济治理规则体系还有很长的路要走。有些领域的法律法规、标准规范严重缺失，面对新问题会遇到无法可依的情况。有些领域政出多门，从业者无所适从。有些法规、制度、标准已经无法适应数字经济发展，甚至一些新出台的部门和地方性法规从一开始就无法执行下去。

“良法善治”应该成为数字经济治理规则体系的一个基本标尺，其衡量的标准就是要看是否有益于实现“规范健康可持续发展”的总目标。

（三）精准高效的方法体系

规则体系建立之后，如何让其发挥有效作用，还需要一整套的方法体系来贯彻落实。常用的方法手段包括但不限于以下几个方面。

（1）法律手段。严格执法，对于有明确法律规定的违法行为实施严厉打击。

（2）行政手段。坚持依法行政，依托行政体制内的各种行政资源，迅速有力地推动行政执行的实施。

（3）经济手段。在尊重法律和经济规律的前提下，利用税收、罚款、政府开支、政府合同、利息等在内的各种经济杠杆，实现激励、约束、调节的功能。

（4）教育手段。一方面要通过教育培训提升各方参与者的知识、法律、数字素养和技能，另一方面要通过约谈、对话、协商等多种方式提醒劝诫数字经济从业者不要越过底线。尤其是对于一些灰色地带，要尽力避免“不教而诛”的简单粗暴做法。

（5）道德手段。除社会舆论调节外，应宣传并鼓励数字经济参与者崇尚先进文化和文明风尚，尤其是鼓励平台企业承担应有的社会责任。

（6）技术手段。对于数字经济的监管要更多使用数字手段，实现线下线上相结合、传统手段与数字化手段相结合。

总的来看，数字经济治理应表现为以法律为准绳、以信用为基础、以数据为依据、以数字技术为支撑的多重手段并用。

（四）完整有序的评价体系

《规划》明确提出要强化监测评估，加强对规划落实情况的跟踪监测和成效分析。对治理体系的评价监督是其中的应有之义。治理体系是否健全有效，不仅要看数字经济发展的实际成效，还要认真分析存在的问题、产生原因及可能带来的影响。对于评价中发现的问题应及时反馈、督促改进或协商解决。对数字经济治理体系的监测评估至少应包含 3 个方面的内容。

（1）对数字经济发展成效进行监测评估。重点考察对象包括：数字经济发展概况，如规模、速度及其对经济增长的贡献等；数字经济创新活力，如独角兽企业数量、风险资本投入数量等；数字经济基础与环境，如基础设施、人才、全民信息素养与技能提升等。

（2）对数字经济发展规划任务的落实进行监测评估。《规划》提出了 5 个方面的发展目标，并从优化升级数字基础设施、充分发挥数据要素作用、大力推进产业数字化转型、加快推动数字产业化、持续提升公共服务数字化水平、健全完善数字经济治理体系、着力强化数字经济安全体系、有效拓展数字经济国际合作 8 个方面提出了重点任务，进一步细分为 27 类 147 项，另附有 11 个重点工程和 5 个方面的保障措施。这些要达成的目标、完成的任务能否落地，其完成情况、完成效果如何，要逐一进行评价，以期为改进规划调整策略提供依据。各部门、各地方出台的发展规划也应进行相应的监测评估。

（3）对数字经济治理体系本身进行监测评估。可以从治理体系各个子系统（如组织体系、规则体系、方法体系、评价体系等）入手，重点考察是否建成、科学性、运行状态、落实成效等。

三、完善数字经济治理体系需要进行大胆创新

我国数字经济发展到了关键时期，要实现规范健康可持续发展，必须进行治理创新。要平衡数字生产力与工业化制度的冲突、新经济对传统经济的冲击、网络化与属地管理之间的矛盾等，需要大胆实践、大胆创新，更需要大智慧。

（一）加强政策的宣传与培训

鼓励广大干部职工深入学习和研究数字经济，尤其是要快速提升政策制定者和执行者的数字素养和技能。要学会用数字化的眼光看世界，用未来的思维引导实践发展。所有人都应该认识到数字变革的历史性机遇不容错过，数字经济是最重要、最活跃的新动能，不发展才是最大的风险。数字经济有其自身的发展规律和内在机制，不能用工业化的思维和手段来应对数字化。

用发展的眼光看待平台经济出现的问题。几乎所有的平台经济问题都是发展中的问题。一方面，这些问题是发展带来的新问题，不发展问题就不可能有；另一方面，绝大多数或者说几乎全部问题都会在将来的发展中得到很好解决，所以

不用太着急和过于担心，不发展才是真正的大问题。另外，对于平台经济存在的问题也要区别对待。平台经济问题可以分成四大类：一是平台经济发展带来的新问题；二是原来就存在的一些社会矛盾问题在平台经济里被放大；三是一些平台企业确确实实存在的问题；四是监管跟不上新业态发展的问题。对这些问题要分类施策。

（二）认真总结经验教训

我国在数字经济治理方面已经积累了非常好的经验，这也保证了我们在过去的十几年里能有较快发展。比如坚持“鼓励创新、包容审慎”的原则，再比如“多方参与，协同治理”“底线思维，弹性平衡”“分类施策，区别对待”“有的放矢，精准有效”等。这些好的经验今后仍然适用，需要继续贯彻落实。最重要的还应该是在消除堵点上面下功夫，尤其是要改掉那些明显不适应新经济发展、跟不上时代发展需要的做法，相关的法律、政策、标准规范应改尽改、能改快改。现在各方面都强调要打造新动能，事实上释放新动能才是最迫切的事情。

（三）创新治理理念

治理是为了发展，而不是为了不出问题。安全是前提，但不是目标。发展是硬道理，不发展才是最大的风险。以安全为借口限制发展、阻碍发展、打击发展的做法都应该改变。监管不是越严越好，更不是不发展才好。监管不只是管住，更要服务好。该管的管住，该放的放开，该服务的要跟上。

（四）创新监管制度

《国家发展改革委等部门关于推动平台经济规范健康持续发展的若干意见》提出：“进一步清理和规范各地于法无据、擅自扩权的平台经济准入等规章制度。”《规划》强调：“深化‘放管服’改革，优化营商环境，分类清理规范不适应数字经济发展需要的行政许可、资质资格等事项，进一步释放市场主体创新活力和内生动力。”在制度创新方面，加法很重要，但减法更迫切。对于明显不适应新经济发展的法律、政策、标准更要果断地进行清理、修改、完善。数字经济、网络经济、平台经济具有先天的突破时空限制特征，对于统一大市场、畅通“双循环”极为有利，不应再一味迁就所谓的“属地管理”要求。

（五）提升治理能力

未来亟须从以下 4 个方面提升数字经济治理能力：一是加大政务信息化建设统筹力度，强化政府数字化治理和服务能力建设，有效发挥对规范市场、鼓励创新、保护消费者权益的支撑作用；二是建立和完善基于大数据、人工智能、区块链等新技术的统计监测和决策分析体系，提升数字经济治理的精准性、协调性和有效性；三是推进和完善风险应急响应处置流程和机制，强化重大问题研判和风险预警，提升系统性风险防范水平；四是探索和建立适应平台经济特点的监管机制，推动线上线下监管有效衔接，强化对平台经营者及其行为的监管。此外，治理不是简单的管理，还包括服务，重要的是完善生态系统。各地在研究制定“十四五”规划和“稳经济一揽子政策”时对数字经济都寄予厚望，但如何在实践中做到“服务要跟上，支持要有力”还需要不断的探索创新。

判断数字经济治理体系好坏的标准可以看是否符合“三个有利于”原则：有利于数字经济创新发展、有利于构建国家竞争新优势、有利于提升人民福祉。数字经济没有天花板，创新发展永远在路上。我国具有加速发展数字经济的优势和机遇，潜力与空间无限，对未来应该充满信心。

中国航道

余晓晖

加快提升数字中国建设的整体性、系统性、协同性

余晓晖，信息社会 50 人论坛理事，中国信息通信研究院院长，中国信息化百人会成员，工业互联网产业联盟理事长、国家战略性新兴产业发展专家咨询委员会委员、国家制造强国建设战略咨询委员会智能制造专家委员会委员。

党的十八大以来，以习近平同志为核心的党中央高度重视数字化发展，做出了一系列重大部署，擘画了数字中国建设的宏伟蓝图，推动数字中国建设取得重要进展和显著成效。党的二十大报告明确指出，要加快建设数字中国。《数字中国建设整体布局规划》（以下简称《规划》）以党的二十大精神指导实践，为数字中国建设锚定了新时期发展方位，为加快提升数字中国建设的整体性、系统性、协同性谋划了战略路径。

一、数字中国建设整体布局正当其时、适逢其势

（一）数字中国建设整体布局，是以数字化驱动中国式现代化的重大战略

当前，我国进入全面建设社会主义现代化国家开局起步的关键时期，迈入以中国式现代化全面推进中华民族伟大复兴的新征程。同时，随着大数据、云计算、人工智能、工业互联网等的加快演进升级，经济社会发生系统性变革，驱动我国加速迈入以数字化、网络化、智能化为主要特征的数字时代。党的二十大报告中多次提及数字领域关键词，部署了加快发展数字经济、打造具有国际竞争力的数字产业集群、推进教育数字化等一系列重大任务，对建设数字中国提出了新的更

高要求。《规划》深入贯彻党的二十大精神，提出“建设数字中国是数字时代推进中国式现代化的重要引擎”的重要论断，为数字中国建设与“五位一体”中国特色社会主义事业总体布局有机融合、统筹联动提供了行动指南，给出了以数字化驱动中国式现代化的中国方案。

（二）数字中国建设整体布局，是抢占数字时代发展主动权的重要举措

党的二十大报告指出：“当前，世界百年未有之大变局加速演进，新一轮科技革命和产业变革深入发展，国际力量对比深刻调整，我国发展面临新的战略机遇。”数字技术作为世界科技革命和产业变革的先导力量，所引发的科技之战、产业之战、标准之战正在席卷全球、重塑世界。目前，我国数字化发展取得了举世瞩目的发展成就，对经济社会发展的引领支撑作用日益凸显。其中，5G 基站总量占全球 60%以上，工业互联网体系化建设迈入全球第一梯队，电子信息制造业、软件产业规模近 10 年年均增速均超 10%，数字经济规模、数字政务发展水平位居世界前列，数字公共服务百花齐放。当前及未来一个时期，数字化发展蕴含的潜力会不断释放。《规划》把握数字时代重大历史机遇，统筹谋划数字中国建设重大战略，更大范围调动力量、更大力度整合要素资源、最大化发挥规模效应和集聚效应，推动数字中国建设从单点突破到体系化发展，不断取得新进展、新突破。

（三）数字中国建设整体布局，是以系统观念破解发展难题的现实需要

数字时代本质是互联互通的时代，只有数字基础设施万物互联、数据要素高效流通，才能真正实现以数字化转型整体驱动生产方式、生活方式和治理方式变革的美好愿景。近年来，数字中国建设取得突出成绩、面临重大机遇，但在前进道路上仍有不少困难和挑战，比如，数字基础设施部分领域建而未连、连而不通、通而不畅，具有庞大规模的数据资源价值难以有效释放，数字化赋能经济社会各方面还存在不平衡不充分的问题，数字化推动跨学科、多主体协同创新合力不足，网络安全、数据安全防护能力和协同共治机制有待进一步优化，跨行业标准存在不同程度交叉、重复，数字社会建设的碎片化，等等。这些堵点卡点问题制约了数字时代的互联互通，掣肘数字中国健康可持续发展。《规划》坚持系统观念和问题导向，系统拆除横亘在数字中国建设中跨层级、跨地域、跨系统、跨部门、跨

业务的各类壁垒和堵点，更加有力、有效地推进数字中国建设这样一项事关全局、事关长远的系统工程。

二、整体布局为数字中国建设锚定新坐标、明确新方位

加快建设数字中国，既要“操其要于上”，也要“分其详于下”。《规划》一方面突出顶层设计，首次系统性地提出数字中国建设“2522”整体框架；另一方面强调体系突破，按照“夯实基础、赋能全局、强化能力、优化环境”的战略路径部署一系列重要举措。

（一）夯实“两大基础”，筑牢数字中国建设底座

数字基础设施与数据资源体系构成数字中国建设的“两大基础”。数字基础设施是经济社会发展的信息“大动脉”，是数字时代实现泛在连接、万物触达、全面感知和智能决策的关键要素。作为新型生产要素的数据资源，只有在信息“大动脉”中高速流动和合理利用，才能充分发挥其作为数字中国建设核心要素的作用，不断释放潜能、创造价值。夯实“两大基础”关键在于“通”。比如，工业互联网标识解析体系作为工业互联网互联互通的中枢神经，是实现供应链系统和企业生产系统精准对接、产品全生命周期管理和智能化服务的前提，如若缺失，工业互联网深化应用将受制约，其效能发挥也将大打折扣。再比如，公共数据关系到人们生产生活的各个方面，若能打破条块分割、突破信息孤岛，规模化用于经济建设、政府治理、民生服务等，将创造巨大的经济价值和社会价值。因此，须着力打通数字基础设施大动脉、畅通数据资源大循环。一方面，在准确研判不同层次基础设施建设阶段和发展特点的基础上，统筹推进网络基础设施、算力基础设施、应用基础设施高水平建设，推动基础设施间技术融合、互联互通、共建共享和集约利用。另一方面，按照“一体两翼”发展方向，畅通数据要素循环利用，其中，“一体”即加快构建国家数据管理体制机制，健全各级数据统筹管理机构，完善数据资源体系；“两翼”即分别从加快推动公共数据汇聚利用、释放商业数据价值潜能两个方面，推动数据要素价值充分释放。

（二）全面赋能“五位一体”总体布局，丰富数字中国建设内涵

数字技术与经济、政治、文化、社会和生态文明建设“五位一体”深度融合，

催生了数字经济、数字政务、数字文化、数字社会和数字生态文明新形态。全面赋能“五位一体”总体布局关键在“充分”。数字经济作为构建现代化经济体系的战略支撑，需要充分渗透至各类市场主体、全产业链体系的发展，既要强调健全大中小企业融通创新工作机制，加速大中小企业全流程数字化转型，还要在农业、工业、金融等重点领域加快与数字技术融合，推进一二三产业全产业链数字化发展，有力促进数字经济与实体经济深度融合。数字政务作为推进国家治理体系和治理能力现代化的先导工程，其本质是将数字技术充分融入各级党政机关，是电子政务的升级版和数字政府的再拓展，要通过加快制度规则创新，完善与数字政务建设相适应的规章制度，推进各部门信息系统网络互联互通、数据按需共享、业务高效协同，提高党政机关服务效能和水平。数字文化作为提升国家文化软实力的重要力量，一方面要把握网络文化作为文化产品的互联网原生属性，加强优质网络文化产品供给；另一方面要着力推进文化数字化发展，通过深入实施国家文化数字化战略，充分利用数字技术推动中华优秀传统文化创造性转化、创新性发展。数字社会作为不断满足人民对美好生活向往的重要途径，要聚焦公共服务、社会治理、人民生活三方面加快建设步伐。通过实施国家教育数字化战略行动等，促进数字公共服务普惠化；通过实施数字乡村发展行动等，推进数字社会治理精准化；通过普及智慧便民生活等，推进数字生活智能化，让数字技术全面融入人们的社会交往和日常生活。数字生态文明作为促进人与自然和谐共生的关键抓手，要将数字技术广泛应用于生态环境智慧治理，深入推进工业互联网、数字孪生等技术赋能水利、电力等行业数字化绿色化协同转型，形成绿色低碳的生产生活方式。

（三）强化“两大能力”，构建数字中国建设支柱

数字技术创新和数字安全屏障组成数字中国建设两大关键能力。抓住了创新，就抓住了牵动数字中国建设全局的“牛鼻子”；没有网络安全、数据安全，就没有国家安全，坚守住安全，数字中国建设方能行稳致远。强化“两大能力”关键在“协同”。对于数字技术创新，要健全社会主义市场经济条件下关键核心技术攻关新型举国体制，建立以企业为主体、产学研高度协同的创新体系，凝聚创新合力，提高创新体系整体效能。对于数字安全，要从网络安全和数据安全两方面完善网络安全机制，推进数据分类分级保护，切实筑牢可信可控的数字安全屏障。

（四）优化“两大环境”，拓展数字中国建设空间

公平规范的数字治理生态和开放共赢的数字领域国际合作格局构成数字中国建设“两大环境”。当前，数字中国建设迈向发展与规范并重阶段，数字治理生态是数字中国健康可持续发展的重要保障。面对数字领域激烈的国际竞争，积极营造数字合作互利共赢的全球数字发展环境，是我国把握数字化发展机遇、主动应对挑战的重要举措。优化数字治理生态，需要不断完善数字领域法律法规体系，构建技术标准体系，健全网络综合治理体系等重点工作。加强数字领域国际合作，需要加强统筹谋划，积极参与国际合作，高质量搭建数字领域开放合作新平台，推动数字资源共建共享、数字合作互利共赢。

三、加快把数字中国建设的宏伟蓝图变成美好现实

加快把数字中国建设的宏伟蓝图变成现实画卷，需要持续谋求发展合力，着力破解基础性关键难题，不断增强应对挑战、抵御风险的能力。

（一）突出目标引领，善于积势蓄势

数字中国整体布局任务涉及经济、政治、文化、社会、生态文明多个领域，纵贯国家、省、市、县等各层级，彼此交叉融合、相互影响，并非单一部门、单一区域能够自成体系、独立推进。《规划》明确提出：“到 2025 年，基本形成横向打通、纵向贯通、协调有力的一体化推进格局，数字中国建设取得重要进展。”这要求数字中国整体布局必须加快以一体化发展思路打破行政壁垒、打通层级阻隔，增强各方在政策部署、资源投入、行动组织等方面的协调性和配套性，为实现数字中国建设各项目标积蓄更明显优势，凝聚更强大合力。

（二）坚持问题导向，善于识变求变

在数字化发展过程中，随着新理念、新模式、新业态不断涌现，现有一些法律制度、行政规定和机构职能等逐渐难以适应数字时代的一系列深刻变革。这要求在数字中国建设过程中，必须科学识别、主动求变，加快构建与数字化发展相适应的制度规则，建立健全与数字技术应用深度融合的体制机制，把破除制约数字中国建设的各项难点和堵点，作为创新制度改革、完善体制机制的着眼点。

（三）强化前瞻预判，善于化危为机

数字领域孕育着重大技术和产业突破，一批具有重大影响的产业竞争新赛道日益清晰明朗。数字领域的新赛道为我国在科技产业竞争中赢得主动创造了良好历史机遇，特别是在国际形势不稳定、不确定、不安全因素日益突出的背景下，我们要善于把握数字化、网络化、智能化融合发展契机，努力在危机中育新机，在变局中开新局，在数字时代实现从跟跑并跑向并跑领跑的转变。

高红冰

数实融合的第三次浪潮

高红冰，信息社会 50 人论坛理事，阿里巴巴集团副总裁，阿里研究院院长，中国社会科学院信息化研究中心理事和特邀研究员，清华大学经济管理学院特聘教授，北京大学国家发展研究院 EMBA 特聘教授。

数实融合是热门话题，是经济战略，更是现象级的产业实践。什么是数实融合？怎样把握和推动数实融合？在推动中国经济高质量发展的过程中，只有更加深入地探讨数实融合、更有效地凝聚共识，才能助力业界更好地拥抱数字化带来的变革。

一、“数实融合”并不是说数字经济不是实体经济

实体经济是以满足生产经营为目的的经济活动。数字化能够帮助产业升级转型，数字化的实体经济是高质量实体经济，数字化的实体企业是经济高质量发展主体。数实融合从来不是说数字经济不是实体经济，数字经济不是实体经济是一种误读。

实体经济不只有农业和制造业，还应该包括服务业和其他新兴行业。实体企业也不能简单按照一二三产业来区分，其业务实践实际上已经把一二三产业做了各种融合，比如农业的工业化、制造业的服务化等。

目前，中国正处在从工业经济向数字经济转型的过程中，全社会对数字经济的研究和理解百家争鸣，基于不同认知、视角和发展阶段给出数字经济的不同解读，全社会需要进一步凝聚共识、深化理解，形成清晰一致的认知。

二、数实融合是数字化在非数字实体经济中的应用、渗透和重塑

数实融合有 4 个重要特征。

（1）数字化要素与非数字实体经济融合。这些数字化要素包括数字技术、互联网、5G、云计算、数字人才等。

（2）创新驱动和结构升级是数实融合的变革路径。创新驱动是指发展动力的转换，从规模驱动转换到创新驱动。结构升级是指经济形态升级，产业结构从低级形态升级到高级形态。数实融合不断加深的过程也是动力转换和结构升级不断推进的过程。

（3）数实融合的核心任务是产业数字化。

（4）数实融合的不断深入是分阶段的，可以以 IT 化、网络化和智能化作为阶段性标志。

阿里研究院认为，数实融合是数字化的各个要素与产业或实体经济中非数字化部分不断深化融合的过程。数字技术不断创新和产品化，以及产业化带来 GDP 增长，这就是数字产业化。在此技术上，技术向产业渗透带来产业数字化，经历了 IT 化、网络化和智能化三个阶段。随着实体经济中数字产业化和产业数字化范围的不断扩大，特别是产业数字化的更快扩大，实体经济出现了创新驱动和结构升级的路径特征。放眼未来，随着实体经济中更多部门完成数字化，实体经济体系就会变成数字化的实体经济体系，达到数实融合的高级阶段。数实融合不断深化，会引发效率的变革、创新和重构，带来产业和企业竞争力的升级。

实体经济是数字实体经济和非数字实体经济的集合。数字化的种种要素、数字化的企业，与非数字实体经济部门、企业正在进一步深度融合。

三、数实融合的三次浪潮

数实融合不是今天才开始的，从长周期看，阿里研究院归纳出数实融合的三次浪潮。

（一）数实融合的第一次浪潮：IT 技术向工厂、办公室、家庭渗透

这次浪潮是在计算机、光纤通信网络等 IT 技术的发展中启动的，以各种应用系统安装到个人计算机和企业内部为主要标志。计算机的发明，特别是个人计算机的发明，让 IT 技术加速进入人们的办公场景和生活场景，ERP、CRM、MES 等系统也进入各行各业的生产经营场景。大型企业身先示范，用 IT 技术解决控制和流程管理问题，提高了效率。数实融合的第一次浪潮催生了 IBM、微软等代表性企业，这些企业先后登上全球企业市值榜首，它们的规模更是在 2010 年后达到万亿级市值规模。在这些企业的倡导下，标准化、规范化和互通是彼时数实融合的价值理念。

（二）数实融合的第二次浪潮：Web、App、云计算向消费、商业、支付、物流广泛渗透

3G 移动通信技术成熟后，手机可以接入万维网，进一步促进了手机 App 的诞生，揭开了移动互联网发展的大幕。4G、5G 加速渗透，带来了信息通信业向网络化发展的大变革，催生了云计算的进一步发展。这些技术在批发、零售、支付、物流、社交媒体等大规模用户市场中广泛渗透，形成了数实融合的第二次浪潮。这一次浪潮因互联网、云计算、3G 等移动通信技术的发展而启动，以“互联网+”或网络化为主要标志，“互联网+”各个行业、互联网平台服务广大中小企业是第二次浪潮的融合途径。网络效应带来数字技术的大规模使用，催生了以 Apple 为代表的“14 位数企业”，即市值达到 10 万亿级规模的企业。Apple 不只售卖终端手机，还叠加了大量的手机 App，成为应用平台。在众多科技平台企业的倡导和践行中，网络、协同、开放、透明和责任是第二次数实融合的价值理念。

（三）数实融合的第三次浪潮：万物智能与大交通、大能源、大制造、大健康等产业深度融合

今天，数实融合正在进入一个“大戏”频出的新阶段。从 IBM 沃森出现开始，到后来的人工智能、泛在网络、区块链、Web 3.0、元宇宙、ChatGPT 等技术的不断涌现，预示着万物智能与大交通、大能源、大制造、大健康等产业规模巨大的“大行业”正在启动融合，产业创新和应用将出现规模化效应。我们需要思考，会

不会有“15 位数企业”，即百万亿级市值规模的企业出现，或者会不会有更多 10 万亿级市值规模的企业出现。数实融合的第三次浪潮正扑面而来，智能化是其主要特征。智能化技术的就绪度和大行业的就绪度，如果能够刚好合拍，就会发生深度的产业创新变革。智能化平台生态与大行业各产业主体广泛融合，会推动经济高速增长、高质量发展。数实融合的第三次浪潮的主导价值理念，将是开放、透明、责任、共享和科技伦理。

面向未来，我们必须把握数实融合第三次浪潮带来的历史性重大机遇。

四、今天，在汽车工业中，数实融合的第三次浪潮已经显著发生

汽车工业一直是数实融合进程的领先行业。

在机械化时代，在汽车产业向德国、日本、美国等转移的过程中，ERP 等 IT 系统就已经武装了汽车流水线生产进程。中国改革开放以后吸引了一批汽车制造基地转入，带动汽车工业成为中国最早启动数字化进程的领域。

在机械化时代的尾期，电子化开始渗透到机械化汽车中，汽车成为机电一体化的产品。一辆整车中，各种传感器、控制器都是用各种电子化器件来做的，芯片和代码的成本在整车成本中占据了相当大的比例。2000 年以后，互联网广泛应用，汽车工业也连接到了网上。在工厂内部，IT 系统向网络化融合；在汽车产品中出现了车联网。

今天，智能化汽车已经诞生，而且恰逢汽车动力的革命。动力系统从燃油驱动转向电力驱动的这项工业创新，简化了整车机械系统和动力系统，给智能化提供了广阔舞台。中国的新能源汽车，无论是车辆的电池管理系统，还是车和道路交通的数据采集系统，或是人和车的交互系统，都有各种数据采集及数据处理的算力系统在支撑，包括车辆销售和服务也已经通过互联网直接面对消费者，车辆召回以软件更新的方式实现。汽车产品已经被云网端一体化的全新技术体系重新定义，成为生产制造和服务运营一体化、高质量、可持续发展的新产业。

在汽车工业数实融合的实践中，我们学到了什么？

新能源是巨大的产业技术变革。汽车工业的机械系统和它的动力系统发生根本变化。同时，数字化智能要素已经准备就绪。数字技术的积累，包括芯片、5G、云计算、数据采集与处理等技术都已经准备就绪。

工业技术的创新和智能化技术的创新融合在一起，形成了汽车工业的深度数实融合，推动汽车工业迈入新的发展阶段，即高质量发展阶段。

这样的数实融合在智慧能源、智慧城市、智能家居等诸多领域，也正在不同阶段、不同程度地发生。这就是我们即将迎来的数实融合的第三次浪潮。

五、把握数实融合的第三次浪潮的 3 个要点

第一个要点是关注颠覆式的技术创新。信息、通信、产业各个领域、各种技术不断涌现、演进，要高度关注并持续投入技术创新。

第二个要点是关注大量颠覆式技术在大行业的规模化应用。这个进程将开启产业的升级、变革和重构，更会带来经济的巨大增长，推动实体经济进入高质量发展阶段。在这个阶段，不仅数字技术要创新，行业更要创新。

第三个要点是关注技术的价值观。数实深度融合涉及经济、社会和人。智能发展会不会对隐私构成威胁和冲击？脑机接口会不会改变人类大脑和人的存在？在拥抱技术和产业发展的同时，必须坚持以人为本的科技伦理，坚持开放、透明、分享、责任、伦理和敏捷治理的理念。新的智能经济发展需要精心呵护，有底线、有红线才能推动产业更好地发展和创新。

六、穿浪前行，是我们共同的目标

数实融合的第三次浪潮已经扑面而来。它是在第一次浪潮 IT 化、第二次浪潮互联网化的基础上展开的，不是抛弃前两次浪潮，而是在前两次浪潮之上叠加而来的。经济产业的深度智能化，也就是数字经济和实体经济的深度融合，是实现经济产业高质量发展的最可能路径。第三次浪潮将带来重大技术和产业的创新，强化数字技术创新融合，实现重大技术和产业的巨大发展。

回顾数实融合的前两次浪潮，每一次浪潮都推动了企业创新，加深了数字化和实体企业的渗透融合，推动了产业升级，从而推动 GDP 增长或经济增长。第三次浪潮也不例外，它将为经济高增长注入强劲动力。

综合来看，数实融合的路径非常清晰：是产业技术的创新，化不可能为可能；是数字技术的创新，化不确定为确定；是产业和数字技术的创新融合在一起所释放的叠加效应，引发新的产业和结构重构，推动产业升级，从而推动经济进入一个高层次的发展阶段。

我们正处在从第一次浪潮到第二次浪潮，再从第二次浪潮向第三次浪潮迈进的过程中，有些企业可能是第一次浪潮中的企业，有些可能是第二、三次浪潮中的企业。一家企业内部不同的生产经营环节中，有的环节是第一次浪潮的状态，有的环节是第二次浪潮或者第三次浪潮的状态。穿浪前行，是我们共同的目标。

实体经济只有数字化和非数字化之分。企业应拥抱数字化带来的变革，用产业创新和数字技术的融合，推动产业的升级和转型，让第一次浪潮中的企业能够穿过浪花成为第三次浪潮中的企业。

杨培芳

智能化信息生产力催生第三种经济形态

杨培芳，信息社会 50 人论坛理事，中国信息经济学会前理事长；曾任国家信息技术与产业政策起草组成员，负责和参与多项信息产业领域的改革与发展政策研究，2014 年被《经济学家周报》评为“年度十大著名经济学家”。

当前，世界处于分化和对立的局面，主要是因为国家、地区、人群之间发展不平衡、不充分。深层问题是集体主义与个人主义、凯恩斯主义与社会达尔文主义、权力支配与资本竞争、计划经济与市场经济、国有制与私有制、大公无私与精致利己、整体论与还原论、东方文化与西方文化、农耕文明与工业文明、信息时代的生产力与工业时代的生产关系等的矛盾。如何化解这些深层矛盾？新时代需要新的方法论。这个新的方法论不是一分为二的对立哲学，也不是合二而一的中庸之道，而是“一分为三”的协同哲学。

一、信息生产力时代

人类历史上的许多伟大发明，并不是一开始就用于生产的。蒸汽机发明之前，就有人发明了一种“汽转球”装置，1705 年纽科门发明了“用火力提水”的工具（纽科门蒸汽机），直到 1765 年瓦特成功改进纽科门蒸汽机，并将其用作生产动力，开启了第一次产业革命。1660 年居里克发明了摩擦发电装置，1800 年伏打电堆问世，但是直到 1821 年法拉第发明出第一台电动机，电力才用于生产领域，逐渐代替蒸汽机动力系统，开启了第二次产业革命。信息革命可以追溯到 1946 年计算机的发明，进入 20 世纪 70 年代，它和通信技术密切结合，主要用于信息交流和信息交易，进入 21 世纪之后，才逐渐用于生产过程的检测和控制，成为直接生产力。

2022 年 8 月，中国物联网用户数首次超过手机用户数。这意味着信息技术及其网络大规模进入直接为生产服务的智能化信息生产力阶段。

信息生产力是由信息或知识劳动者、信息技术和信息网络，以及信息资源形成的新型、社会化的生产能力。它统驭现代能量和机械系统，形成信息时代的社会生产力。

经济活动包括两个方面，一是发展生产力，二是改善生产和分配关系。如果说发展生产力是社会进步的必要条件，那么改善生产和分配关系才是社会进步更重要的充分条件。

二、从看不见的手、看得见的手，到挽在一起的手

“看不见的手”是亚当・斯密（Adam Smith）于 1776 年出版的《国富论》中提出的一个重要概念，也叫作亚当・斯密悖论。说的是，如果每个人都追求个人利益最大化，就会有一只看不见的手，不知不觉地增加了社会福利。这也叫作“个人为个人，上帝为大家”，或者叫作“利己之心结出利他之果”。

虽然在他的著作中使用“看不见的手”这个词并不多，但是这个悖论所表达的思想却渗透了他的全部理论，也被看作西方经济学的前提假设。他主张政府不要干预经济行为，相信市场本身就具备供需平衡和社会平衡的能力。

亚当・斯密生活在小工商业年代，他建立在经济个人主义基础上的理论体系，对于资产阶级取代封建主的统治地位具有重大革命性意义。但是，进入大机器生产时代，完全依靠自发市场实现经济均衡“具有奇迹般的偶然性”，与其相应的理论工具也已经锈蚀。诺贝尔经济学奖获得者约瑟夫・斯蒂格利茨说：“亚当・斯密那只看不见的手之所以看不见，是因为它根本就不存在，或者就算存在，它也是瘫痪的”“无论是在欧美发达国家，还是在更多发展中国家，完备的市场条件都不存在，竞争性均衡模型所采用的关键假设都不存在”。

所以说，亚当・斯密的古典经济学完全无法解释后工业时代的经济现象，只能带来越来越多的社会矛盾。

20 世纪初，一场世界性的经济危机让凯恩斯的干预主义应运而生，宏观调控被称为凯恩斯的一只“看得见的手”。

钱德勒在 1977 年正式出版了《看得见的手：美国企业的管理革命》(*The Visible Hand: The Managerial Revolution in American Business*)，书中提出了第二只“看得见的手”。他认为，铁路和电报系统的发展，扩大了厂商的销售范围，让大规模多工序集中化生产变得更有利，大规模集中化生产又推动了机械化和能源的密集利用。钱德勒明确表示：“现代化工商企业在协调经济活动和分配资源方面已经取代了亚当・斯密的所谓市场力量的无形之手。”

美国另一位学者丹尼尔・贝尔在《后工业社会的来临：对社会预测的一项探索》中进一步指出，进入后工业时代，需要由政府集中协调物流、能流和产品生产与需求之间的关系。现在的许多经济和社会问题，远非市场和州一级政府所能解决的，必须交给整个国家寻求解决办法。他又说道：“就像一辆辆汽车塞到一起，个人主义的分散决策肯定是一场噩梦！”

“看得见的手”在西方经济学语境中就是扩大政府干预来消除市场失灵。后来的新凯恩斯主义认为，虽然政府也会出错，但是政府拥有与私人和市场不同的工具及目标，在经济活动中应该扮演重要角色。

可是，政府干预极易造成经济的集中化和国家化，形成行业垄断。当年世界营收最高的电信运营商——美国 AT&T 就把许多顶级科学家圈养在贝尔实验室的羽翼之下，却不愿意采用新技术与自己的电话王国竞争。

随着 1984 年 AT&T 的解体，一场旨在实现公共领域私有化的新自由主义革命，以华盛顿共识模式席卷全球。铁路、公路、通信、供水、供电、供气、教育、医疗，甚至监狱都被要求解除管制（Deregulation），全部交给私人企业实行市场化运作，后来各国实践证明，完全市场化的自由主义政策并不成功。

到目前为止，多数国家还是在自由主义和国家主义之间，“面多加水、水多加面”。长此以往，资本和权力必然会操弄信息、垄断资源，造成产业结构失衡、贫富分化加剧。这完全背离了信息时代人们对社会扁平化的预期。

笔者在 2000 年编写出版了《网络协同经济学：第三只手的凸现》，2016 年又编写出版了《挽在一起的手：协同互利新经济哲学》，认为互联网时代的技术变革已经深刻影响到经济理论、分配制度、社会治理乃至人们的哲学思维。相较于农业经济和工业经济，信息经济具有边际成本为零、外部效益远大于内部效益、信息不守恒、可无限复制等前所未有的新经济特征。信息经济最具备普惠大众的天然条件。

国际电信联盟（ITU）也长期倡导普遍服务（Universe Service），主张电信要“以所有人都负担得起的价格提供先进的信息通信服务”。

行为经济学和演化博弈研究已经表明，随着信息技术的迅速普及和社会日益透明，精致利己和无私利他这两种极端经济策略都将被一还一报、协同互利策略所取代。生产资料的所有权也将被淡化，以协同共享为标志的社会化企业将成为主流经济模式。市场的“看不见的手”与政府的“看得见的手”，都将被去中心化的社会协同之手挽在一起。官僚支配和资本竞争这两种资源配置方式必然被社会协同配置方式代替。

值得提及的是中国著名经济学家厉以宁老师，他在去世前曾多次发表讲话，主张用“现实社会人”代替亚当·斯密的“理性经济人”假设，认为道德经济是继计划经济、市场经济之后的第三种经济模式。但是，如果没有信息透明和社会扁平化，那么道德就会成为说一套做一套的高级骗局。我国另一位著名经济学家张曙光老师提出用“互利共生人”代替亚当·斯密的“理性经济人”假设，则是建立在互联网时代的新经济学观点上的。他曾经说过“互联网、智能手机如此迅猛地在不发达地区和低收入人群普及，按照传统追求利润最大化的经济人理论是解释不通的”。

这种互利共生或协同经济学主张，与国际学界的生态经济学，即共生经济学思想并行不悖。

相信经过大家的共同努力，尤其是有中青年学者继续完善协同经济理论，以智识中产者为首的扁平化信息社会完全可以实现！

三、新哲学思维：协同与协同经济

协同（Synergy）这个词，有人说它是外来词，可以追溯到古希腊。其实，老子的《道德经》中就不乏万物协同思想，如“上善若水”“治大国，若烹小鲜”等。《汉书·律历志上》更有“咸得其实，靡不协同”之论，指的就是“只要人们普遍了解实际情况，就没有不协调一致”的道理。

进入信息时代，协同作为一个热词频现，被赋予了更多的哲学内涵，我们可以理解为协同就是“基于信息作用的复杂事物的互（自）组织过程”。

1971 年，德国物理学家哈肯教授首次提出了协同哲学的概念，1976 年又编写出版了《协同学导论》。协同论、突变论与耗散结构论，在 20 世纪末被称为自然哲学的新三论；而只有协同论对信息、熵值、混沌、不确定性提出了全新的见解，能更好地揭示复杂事物的相互依存和差异互补关系，更好地诠释远离平衡态系统从无序到有序转变的规律。

如果把协同概念引入社会科学，就很容易和古人的“天下大同”思想混淆。历代求大同者均未脱离“不是你吃掉我，就是我吃掉你”的“大一统”哲学理念。这种“大一统”或对立统一的思维，是完全与信息时代精神相悖离的。

笔者认为，信息就是有序的差异性，信息社会就是充满差异的有序社会。协同主要是信息的作用，不是物质和能量的作用。协同经济就是基于信息环境的经济主体，以差异互补、合作共赢为主要行为模式的经济。一个经济主体只要属于个性化的持续存在，就会在信息相对透明的环境中产生与相关者平等合作的动机，以及一还一报的机理。人类需要的正是这种通过信息透明、一还一报，实现协同互利的大智慧！

四、新经济主体：社会化企业

2011 年，笔者曾提出：阿里巴巴是民营公共企业的先驱。“客户第一、员工第二、股东第三”是阿里巴巴成功的法宝。2021 年 7 月 28 日，阿里集团时任 CEO 张勇提出：“过去一年，阿里巴巴对平台经济有了更深入的理解：平台型企业带有天然的社会公共属性。”

可悲的是，现在大多数人陷入了不是政府就是家庭的二元陷阱，就是看不到社会化公共经济领域的迅速扩张。

几年前，多位专家学者向国家正式提出建议，将企业分为三类：商业性企业（约占 30%）、公益性企业（约占 10%）、社会化企业（约占 60%）。并认为提供准公共品的社会化企业能够协同互利新经济模式的微观基础和落地形式。所谓小政府、大社会的改革取向，也正在于此。后来，国务院国资委也决定把企业分成三类，分别是商业类、公益类和商业二类。商业二类企业基本就是专家学者建议的社会化企业。

社会化企业应该有 5 个标识：①以社会效益为首要目标；②天然具有社会公共责任；③采用低费微利经营模式；④享有法定优惠政策；⑤经过权威机构的评估和认证。

大力发展这种新型社会化企业，才能使我国经济的深入改革取得实质性突破，为实现共同富裕和中国式现代化开辟新路。

五、3 种经济形态的比较

我国学界在市场和政府的关系方面讨论得非常激烈，最引人注目的是关于“有为政府”的激辩。在笔者看来，讨论者们都陷入了传统二元对立的思维陷阱。即使所谓“有效市场和有为政府”，也不过是一种“面多加水，水多加面”的实用主义办法，背后依然是计划和市场两种经济模式的矛盾。

笔者认为，计划经济只适合战后恢复和农业社会的短缺经济时代；市场经济更适合小工商业发达的前工业化时代；协同经济才适合后工业化乃至整个信息化时代。

3 种经济模式的伦理基础不同。计划经济的伦理基础是利他主义，市场经济的伦理基础是利己主义，协同经济的伦理基础是互利主义。

3 种经济模式的资源配置方式不同。计划经济的资源配置方式是权力支配，市场经济的资源配置方式是资本竞争，协同经济的资源配置方式是资源共享。

3 种经济模式的所有制形式不同。计划经济对应的所有制形式是国家所有，市场经济对应的所有制形式是私人所有，协同经济对应的所有制形式是社会所有。

3 种经济模式导致的社会形态不同。计划经济导致阶层固化，市场经济导致贫富分化，协同经济导致社会扁平化。

六、所有制的三次否定之否定

马克思晚年提出协作下的自由人联合体，既不属于公有制，也不属于私有制，而属于社会所有制，也就是联合起来的个人所有制。

纵观人类历史，渔猎社会的主要生产资料是简单工具，这些简单工具都掌握在个人手里，并不是由氏族族长或集体组织掌控的，所以那个时代只能遵循生产资料个人所有制。

进入农耕生产力时代，主要生产资料是土地，土地当然要归地主所有，而最大的地主是帝王。普天之下莫非王土。封建主所有制是对原始时代个人所有制的进步，也是对个人所有制的第一次否定之否定。

进入工业生产力时代，工商业的兴起为资产阶级所有制代替封建地主所有制提供了条件。随着大型生产线、钢铁、煤炭、石油、电力系统的发展，生产资料必然由资本或者国家集团垄断。这时候，所有权（股东）和支配权（董事会）开始分离，形成私人或国家资本所有制，这是对个人所有制的第二次否定之否定。

进入智能化信息生产力时代，智识作为重要的生产资料，与传统生产资料完全不同。传统生产资料边际成本递增，不可再生。智识生产资料边际成本为零，可以无限复制。智识生产资料既不适合国家所有，也不适合资本垄断，只能通过淡化所有权、弱化支配权、强化使用权，最终实现由社会联合所有，人人都能共享使用价值红利。这就是恩格斯指出的："生产力归国家所有不是冲突的解决，但它包含着解决冲突在形式上的手段，以及解决冲突的线索。要实现这一点，只有由社会公开地和直接地占有已经发展到除社会管理外不适于任何其他管理的生产力。"信息时代的个人联合、社会共享所有制，是对个人所有制的第三次否定之否定。

七、结束语

在几千年的农耕文明中，中国并不落后；而在几百年的工业文明中，我国与西方的差距被拉大。在近 50 年的信息文明中，中国与西方的差距迅速缩小，在部分领域，中国已经进入世界前列。

一个根本原因是东方文化中的模糊整体论思维不适应精细化工业时代；而中国人的包容、关联和灵性基因更适合协同互利的信息文明。中国有句老话叫作“隔辈亲”，也是否定之否定规律。

梦想还是要有的，唯愿世界太平、天下协同。让权力不再任性，资本不再贪婪，社会更加公平，百姓更加幸福。

吕本富

平台经济如何升级才能堪当大任

吕本富，信息社会50人论坛成员，中国科学院大学经济与管理学院教授，中国国家创新与发展战略研究会副会长。长期从事网络经济和网络空间战略、创新创业管理、管理智慧与谋略工作。

2023年7月12日，中共中央政治局常委、国务院总理李强召开平台企业座谈会，听取对更好促进平台经济规范健康持续发展的意见建议。参会的企业既包括阿里巴巴、美团、拼多多、抖音等消费互联网平台，也包括欧冶云商、航天云网、卡奥斯等工业互联网平台。它们有一个共同的归类——“平台企业”。

这次会议对平台经济高度肯定、高度重视，既圈出了重点，又提出了瞩望。可以用“四新”特征来概括：平台经济为扩大需求提供了新空间，为创新发展提供了新引擎，为就业创业提供了新渠道，为公共服务提供了新支撑。平台经济还有“五个重要”属性：平台经济是构筑国家竞争新优势的重要依托、抢占新一轮科技产业革命制高点的重要机遇、激发各类经营主体活力的重要引擎、促进公平竞争的重要场景、畅通国民经济循环的重要抓手。

过去，学术界把平台企业称为新基础设施、新经济底座；当下，平台经济更是新一轮发展的一个“发动机”和一面“承重墙”。我们需要思考，平台企业是否能堪大任，或者说，平台企业需要进行怎样的升级才能担起这个重任。

一、平台经济的家底

我国的平台经济具有鲜明的特点，主要表现为智能手机中各类App的使用难度和分发成本几乎为零，中国超 10 亿名网民变成了潜在的 10 亿名消费者，形成了世界上单一规模最大的网络消费市场。

App 几乎覆盖包括生活场景和工作场景在内的所有领域场景，理论上每一款 App 对应一个平台（后台）。消费者在智能手机上熟练地穿梭于不同的 App 之间，如电子商务、在线教育、金融科技、数字媒体、本地生活、物流、医疗健康、交通出行、社交网络、旅游、信息资讯等。微信、抖音、小红书等平台提供了链接的“数字基础设施”，而阿里巴巴、京东、拼多多等电商平台形成了交易的“数字基础设施”，提供包括支付、物流、商业信贷、供应链管理、商家数字化升级等服务。在这套基础设施之上，曾经极度分散的服务业被数字平台整合，大量新事物正在生根发芽。

平台经济与实体经济进行了深度融合，为全国 5000 多万户企业、1.1 亿个个体工商户和 200 多万个农民专业合作社赋能。平台企业已经成为科技创新的主力军，同时也创造了大量新就业岗位，吸纳了包括网约车司机、快递小哥、直播店主等在内的大量新就业形态劳动者。

平台经济不断催生的新业态和新服务不仅满足了消费者个性化、多样化和品质化的消费需求，更推动了消费扩容提质，打开了新增长空间。依托平台的订单驱动和个性化定制逐渐成为主要的生产模式与消费模式，推动中国经济结构由生产驱动转换为消费驱动，而这种转换正是高质量发展的重要组成部分。

二、平台经济的升级方向

平台经济的进化具有两方面属性，需要密切关注。

一方面，平台企业具有生态属性，多重产业链在平台生态中交融，从而产生价值。平台的算法或软件化工具都可以被重复调用和封装，平台会自然而然地将现有的价值链面向不同场景进行复制和扩展——类似的逻辑和服务可以从一个产品品类复制到其他产品品类，这使得围绕场景的多元化产生了越来越多、越来越长的价值链条。这些多元的价值链条会产生通过共用、复用、集成进一步提升效率的需要，平台企业由此跨越产业边界提高全社会的效率。

另一方面，国内大部分平台企业主要关注 C 端数字化，专注 C 端用户。随着人口流量红利减弱和渗透率渐趋饱和，业务已触及天花板，面临着增长减缓的压力。在这种情况下，平台常用的手段就是“低价补贴”，进行低水平同质化竞争，这压缩了整体产业链的利润空间。当前，各种电商平台有向“拼多多模式”靠拢的倾向，需要引起注意。

鉴于平台经济进化的这两层属性，升级过程中应该主要考虑以下 4 个方向。

（一）平台内部优化方向

通过创造更多的业务场景与应用机会为整个生态带来增长，从而有效缓解零和博弈的现象。优化的核心是要将线性产业价值链变成生态价值链。在传统背景下，产品要经过产业链的上游—中游—下游，才能到消费者手中。这种线性模式可能会导致所谓的“牛鞭效应”，造成大量的浪费。

通过平台搭建产业链，可以形成产业价值生态圈，将各行各业的不同终端用户群体纳入这个圈。企业可与更多的合作伙伴实现产品、服务和资源的共享与协同。通过此举，企业可以推动产品和服务向更大范围、更深层次、更高效率的方向发展，与全球各地客户直接沟通、合作。同时，受益于更灵活和高效的管理方式，企业可以更好地应对市场变化和挑战。

（二）行业平台化方向

现在越来越多的传统企业开始数字化转型，将业务转移到线上，这带来了工业互联网平台爆发式增长的机会。工业互联网平台需要丰富多样的企业管理功能和个性化定制场景。平台企业能够有效带动中小企业联动创新，与产业链上下游全方位对接，增加服务要素在投入和产出中的比重，从而获得新的增长空间。我国企业信息化正在依托平台企业，开拓出不同于其他国家的路径。

行业平台化不仅对平台企业来说是个机遇，对于行业头部企业来说也是个拓展盈利空间、重塑竞争优势的好机会。我国工业门类齐全，每个门类都可以走出一条平台化发展的特色之路：从专职卖产品转为兼职做平台；从提供整体解决方案转变为创立行业操作系统，为同行企业打造协同、高效、低成本的特定场景，从而开拓平台经济的新蓝海。

（三）元宇宙营销方向

元宇宙与数字营销的结合也正在成为平台的“新赛道”。元宇宙业态中的数字人、数字文旅、数字展销会已经是比较成熟的业态。国内的热门景点时常在节假日“人满为患”，而通过 AR、VR、3D 建模等手段，可以破解物理空间“拥挤”的难题。与此对应的元宇宙旅游是一个高速增长的领域。国内灵活就业人员越来越多，且具有物理分散性，可以通过元宇宙平台对其进行培训、实现交流。元宇宙平台也可以助力从事国际贸易的中小微企业实现数字营销。

（四）“双中枢”叠加方向

最近 10 年，在全球主要经济体中，我国经济增长强劲。其中，平台经济扮演了不可或缺的角色，贡献了大约 10 万亿元的经济体量。在社会化大生产高度成熟、产能溢出的后工业时代，经济运行效率很大程度上取决于流通效率。平台企业为经济体系的循环注入了强劲的流通动力，可以形象地比喻为：创新、制造、基建等属于经济体系的“国之重器”；就业、消费、出游等属于经济体系的“民之所欲”；平台经济处在这两部分的中枢位置。两部分循环畅通，则经济欣欣向荣；反之，则经济磕磕绊绊。

未来 10 年，笔者预计以大模型为核心的智能经济将带来 10 万亿元级别的经济体量。智能经济就是“算力、算法、数据”三要素在场景中的应用，数据被认为是核心环节。自带场景、数据和用户的平台企业可以有效填补基础模型和场景之间的认知鸿沟，因此成为从平台经济过渡到智能经济的中枢。以数据作为生产要素进行资源配置，正是从平台经济过渡到以大模型为基础的智能经济的关键点。“平台增强型”的行业大模型将是未来智能经济的最大蓝海。在平台企业动态进化的过程中，一方面，平台要将自己嵌入到产业生态中，转换成“商业基础设施”，就像水、电、煤气等基础设施一样，为整个商业体系提供高效率的支撑；另一方面，平台的运行会产生大量数据，以此为基础发展成大模型主导的智能经济。通过完成此“双中枢”的叠加，我国经济的高质量发展和智能经济融为一体，获得倍增效应，从而在国际竞争中一马当先。

三、“双中枢”模式的落地

在平台经济的升级方向中，“双中枢”模式无疑是最具有战略价值的。因此，必须对大模型的商业模式进行前瞻性分析。

大模型的设计主要是为了回答全球数十亿名用户各式各样的问题，而非在某一个专业领域解决某一种特殊的行业问题。大模型的语料来源一般是广泛的公开文献与网络信息。网络信息可能有错误、有谣言、有偏见，许多专业知识与行业数据也可能有积累不足的问题，导致模型的行业针对性与精准度不够。因此，我们应该先从小概率风险的角度着手切入，将大模型先应用于容错率较高的行业，如聊天、游戏、社交、购物等；另外，可以用大模型辅助决策，如办公场景中的会议摘要等。目前，在这些应用的最终产品触达用户之前，需要专业人士参与把关。

可以预见大模型会有两种商业模式，一种是面向个体用户的 ToC 模式；另一种是面向企业用户的 ToB 模式。

ToC 模式主要在本地运行，是体积较小的“小模型”，部署在手机或计算机中，直接借助设备本身的算力来完成一些简单的生成式 AI 工作。服务于 C 端用户正是我国平台公司的强项，满足 C 端用户娱乐、创作等基础需求，包括聊天、语句优化、文案创作等通识属性较强的场景。

ToB 模式是当下科技巨头们的热门选择，催生出众多不做通用大模型，而专注于行业大模型的厂商。华为发布的盘古大模型就是一个典型，其主要方向是 AI for Industry（AI 赋能产业），为煤矿、水泥、电力、金融、农业等创造产业价值。

ToB 模式需要私有化部署的形态，即大模型要根据客户的实际需求进行深度定制。行业大模型的关键在于“能不能解决问题”。将大模型能力迁移到需求更多的产业领域，不可避免地会遇到更低频、更长尾的复杂场景，以及大规模协同的需求。这些场景样本少、数据分布不均，可能意味着更高昂的研发成本。但如果私有化部署直接借助现有的通用大模型产品，并依托工业互联网平台可以提供的私域数据，那么这能够让现有的人工智能与用户的实际需求更好地匹配。这样一来，我国就将建设工业互联网平台和训练行业大模型融为一体，可以达到“一鱼两吃”的效果，有效地降低成本。

四、平台企业开发大模型的路径

2022年工业和信息化部发布的《国家人工智能创新应用先导区“智赋百景”》公示，涉及AI在公共安全、交通运输等领域的落地。但在这些领域，场景渗透率较低，数据资源存在不足的问题。事实上，最好的转移路径可能是首先选择我国平台经济比较发达的C端领域（衣、食、住、行、娱）进行布局，取得经验以后，再向制造、教育、医疗、公共服务等B端领域推广。

首先要关注大模型带来的交互界面变化。过去人们通过某个应用软件与某种数据交互，现在变成了人和大模型交互，这种方式更直接、统一。大语言模型处于人机交互的中心位置，复杂的中间过程会隐藏到幕后。需要指出的是：就是因为App的易用（如发红包的便利）才使平台经济爆发式增长，而自然语言更加易用，将带来平台行业的重新洗牌。现在App的服务功能确实非常强大，设想这样一个场景：消费者给出一个“为我预订从北京到深圳的航班，并为我预订600元左右的酒店房间”的简单指令，大模型就会自动执行任务。可以预见，在未来，很多应用程序和平台将会被颠覆。

这种颠覆是国内很多平台企业需要积极应对的。一是选择现在企业还拥有分销和数据优势的领域开发行业大模型。也就是说可以利用现有的数据来训练他们的模型，或者建立特定行业的模型，甚至是针对特定客户的模型。二是积极地将行业大模型融入产品中，比如微软将生成式AI集成到微软的浏览器中。

五、公共政策的有效作为

在开发衣、食、住、行、娱等领域的行业大模型的过程中，仅仅在技术架构上做改变远远不够，还需要公共政策的支持。下面两项可以作为优先项进行考虑。

（一）建立公共数据池

大模型的训练不是孤立存在的，而是从业务数据中来，再回到业务流程中去，需要多家平台公司配合。数据之于大模型，首先是原材料，同时，数据的数量、质量、多样性乃至清洗能力，又是影响着大模型性能表现的关键性要素。以个人“出行大模型”为例，需要打通共享单车、网约车、公共交通、12306、OTA、地图等平台的数据，建立市场化机制的公共数据池，这是此类行业大模型成败的关键。

（二）塑造大模型衔接的统一市场

从应用出发，塑造大模型衔接的统一市场比较高效的方式是将基础大模型的通识性能力与行业的特定数据相结合，以微调或嵌入等方式得到自身领域的专属模型。基本逻辑就是通用大模型为行业大模型提供调用服务，行业大模型为企业或个人服务。因此通用大模型和行业大模型的衔接，以及对先期用户的政策性补贴，是大模型能否快速落地的关键。

总之，对于我国来说，支持平台经济向智能经济转型，可以有效地发挥地方政府开发行业大模型的积极性；与此同时，通过相关部门的协调，不同省市在衣、食、住、行、娱、教育、医疗等领域避开集中竞争，发挥优势找到适合各自的赛道。我国的平台企业定能助力经济发展接力赛，促进经济高速、优质发展。

何　霞

车联网产业融合发展创新产业组织结构

何霞，信息社会50人论坛理事，中国信息通信研究院政策与经济研究所原总工程师，教授级高级工程师，人工智能与经济社会研究中心副主任，资深专家。中国信息经济学会副理事长，中国通信企业协会虚拟运营分会副秘书长，西安邮电大学客座教授。

车联网是新一代信息通信网络、智能网联汽车、智慧交通等行业融合的战略性新兴产业，更是先进制造业和现代服务业深度融合的新业态。车联网产业融合创新发展对于推动我国数字经济发展具有重要意义。

一、车联网产业的内涵外延和发展态势

（一）重新认识车联网产业的内涵外延

当前，世界经济加速向以网络信息技术产业为重要内容的经济活动转变，车联网的内涵外延也随之发生重要变化。车联网从发展初期侧重于综合应用服务，随后逐步拓展到制造业数字化转型、智能化新型基础设施建设与智慧交通服务体系构建上，使我们对车联网的认识逐步深入。在新的发展阶段，我们认为，车联网是通过新一代信息通信技术实现“人—车—路—云”信息交互与数据高效处理，而形成的贯通汽车、道路基础设施、交通运输与管理、应用与服务等多维度多层次要素的信息物理融合系统。

车联网覆盖行业较广，它将通过先进的信息、通信和控制技术，对多个传统产业的生产方式产生冲击，并深刻影响汽车制造业和服务业、电信行业、公安交通行业、金融保险业及其他相关产业的转型升级与经营模式转变。同时，车联网

通过细粒度的感知实现全局性优化和控制，具备大幅度增加安全、效率和便利性的特性，将推动物联网、云计算、大数据等信息技术的创新与应用，实现传统产业从单纯产品制造向产品和服务融合创新转型，同时改变与汽车相关的人的生活方式与社会管理模式。

（二）车联网产业的开放融合发展态势

车联网产业生态涉及信息通信、汽车、交通、公安等多个行业领域，展现出融合性、开放性和创新性的时代特征。

信息通信行业主动融入汽车交通。在“端—管—云”的典型系统架构下，信息通信行业通过无线通信、云计算、大数据、人工智能等技术，为汽车、交通等行业提供多维多能的技术赋能。一方面，提供“管”“云”来服务车载和路侧的“端”侧系统与设备；另一方面，终端可在适配通信频段和协议等约束的前提下，要求网络和平台进行针对性的能力设置与调整。

汽车行业为车联网融合创新提供应用平台。为满足新型车载信息服务、自动驾驶等智能网联应用需求，车联网将成为车辆感知系统的新增部分，可提供实时交通事件、车辆盲区、超视距感知等增量信息。一方面，汽车行业对信息通信提出了数据可靠性、服务准确性等新要求，并对产业方面提出了广泛覆盖、全程全网的新型基础设施建设需求。另一方面，在与信息通信、交通运输与管理等行业的交互过程中，汽车作为面向最终用户的产品为驾乘者提供了更为高效便捷、安全可靠的服务。

交通运输与管理行业在车联网产业融合中扮演“使能者”和“赋能者”的角色。交通运输与管理行业利用信息通信技术提升业务的网联化和智能化水平，增强数字化治理能力，促进交通管理能力的升级演进，成为“使能者”。同时，交通运输与信息通信技术结合形成“赋能者”，向智能网联汽车提供数据服务，促进业务从服务路端向服务车端延伸，助力提升道路交通运输的安全与效率。

二、车联网产业开放融合创新产业组织结构

作为融合创新的探索者和实践者，车联网产业兼顾所涉领域的发展需求，厘清

产业各环节的供求关系及各方主体角色的分工定位，逐步形成产业融合发展的“共振效应”。信息通信行业对垂直行业领域的赋能具有明确主观意愿，汽车、交通行业具有数字化转型的较强客观需求，三个行业之间的跨界融合创新成效日趋凸显。

（一）对汽车产业组织结构的影响

车联网产业发展对汽车需求、供给与产业组织结构产生重要影响，正在推动国内汽车产业的转型升级和跨越式发展。

从满足用户需求看，车联网使得用户需求从过去的单一关注车辆硬件条件转变为同时关注车辆内可提供的即时资讯、交通流量等多元信息的软性需求。从业务产品供给看，车联网已在逐步构建完善的车载系统，可提供基于北斗/GPS 定位的汽车导航系统、道路状况信息系统、车辆避碰安全驾驶系统、车辆碰撞后的紧急报警系统、基于车辆诊断的售后服务系统，以及基于驾驶行为的车联网保险服务系统等应用，并以此提升汽车行业数字化、网联化和智能化水平，并构建新的信息消费体系。从汽车技术进步看，车联网提升汽车前端研发设计能力，车联网平台聚集的大量驾驶行为和车辆场景数据为汽车底层算法研发、产品设计及其软件系统优化提供了基础支撑，使产业研发能力得到进一步提升。从汽车产业转型看，车联网助力汽车从机械电子产品转向软硬结合的新架构产品，带来智能座舱、软件在线更新等场景交互、危险预警、辅助驾驶、自动驾驶等多元化服务，产品附加值进一步提高。从产业生态环境看，新一代信息技术的融合发展要求车联网行业间建立基于多方共赢关系和数据分享机制的产业协同生态环境，使目标各异的车联网行业的价值最大化，汽车厂商将和电信运营商、互联网平台、内容服务商及金融保险公司等合作，并将汽车服务业的价值链条扩展，实现相关产业同步发展。同时，车联网拓展了汽车服务的价值链，提供了汽车保养、运维、预警等售后服务新模式，孕育了汽车由拥有向共享转变的新生态。因此，车联网发展对于提升我国汽车产品价值，促进汽车产业数字化转型有着重要推动作用，为我国汽车产业，尤其是智能网联汽车和新能源汽车的创新发展带来重大战略机遇。

（二）对信息通信产业组织结构的影响

目前全球车联网产业生态不断丰富，汽车联网化渗透不断提升，全球搭载智能网联功能的新车渗透率超 45%，预计至 2025 年可达到 60%的市场规模。随着 5G、边缘计算等新技术与智能网联汽车融合应用的更加深入，“十四五”期间，我国车联网将进入应用部署的新时期，信息通信相关公司迎来新的发展机遇。

车联网的发展将给电信运营商和设备商从传统的通信服务与产品向数字化发展带来难得的机会。虽然整车厂扮演着车联网第一推动力角色，但是越来越多的电信运营商和电信设备商正在扮演更加重要的角色，他们纷纷加大了对车联网业务的投入。首先，车联网的发展为我国自主可控的基于蜂窝通信的车联网无线通信技术（Cellular Vehicle-to-Everything，C-V2X）引领全球产业带来新机遇，华为、中兴、大唐等设备商充分研发并验证了 C-V2X 产品，拓展了其在汽车、交通垂直行业应用的服务能力，形成了新的价值增长空间。其次，车联网的发展为电信运营商等提供了“练兵场”，通过“人—车—路—云”数据实时交互及海量信息承载的应用实践，进一步锤炼我国 5G 通信、云计算等技术的基础服务能力。同时，车联网作为 5G 垂直行业应用的排头兵，开启了 5G 行业应用的新范式，我国基于 5G 的远程遥控驾驶、车辆编队行驶、园区自动驾驶、智能公交、智慧高速公路等应用已步入世界前列。

车联网的发展为互联网企业打开了产业发展的巨大空间。以腾讯为例，在车联网技术方面，腾讯以智能网联安全体系建设为基础，构建起覆盖安全治理、安全防护、安全监测和安全运营的车云一体化网联安全体系，发布了车云一体战略规划、专为智能汽车行业定制的一站式云解决方案“腾讯智能汽车云”，以及覆盖云管端全方位的“腾讯一体化汽车安全方案”。在构建基础设施方面，腾讯深度参与多地车联网先导区和示范区，以及双智试点城市建设。在天津（西青）车联网先导区，腾讯协同生态合作伙伴打造了城市级大规模互联互通平台和基于互联网的车路协同体系，支撑落地了丰富的车联网应用场景。在重庆，腾讯参与打造了城市级 MaaS 应用，实现了多种交通工具和出行服务的融合。在“双智”试点城市湖北襄阳，腾讯协同生态伙伴积极参与了车联网深度应用的探索，在“车联网+智慧交管”建设中，通过边端感知和计算设备、中心平台的融合复用，把车联网的感知、计算和云端平台应用到了城市交通治理中。在产业生态方面，腾讯构建具有低门槛、开放性、可进化和可复用等特点的智能网联开放平台，既能服务于

B 端产业生态，又能助力开发者和使用者实现运营、服务和研发的效能提升，并融合互联网地图、高精地图、专网地图、可视化引擎等数据和能力，满足车联网和“双智”建设不同场景。腾讯还发布了基于智能网联开放平台的生态合作伙伴计划，其中包括达安汽车、海康智联、信科移动和高鸿智联等 14 家车联网和“双智”建设重点企业。通过智能网联开放平台，腾讯将积极导入自身优势与产业生态，共享开放能力，加速场景融合，逐步构建开放融合的车联网产业生态。

（三）对公安交通产业组织结构的影响

首先，在管理方式上，目前公安交通管理部门主要的关注点集中在车辆安全、车辆监控、事故处理上。车联网的出现将深刻地影响道路交通安全，并通过细粒度的感知实现全局性的优化和控制，具备大幅度提升安全性、便利性和效率的特征。当前，车联网将信息通信技术对道路交通安全的促进和渗透推进到了一个新的阶段。以“安全”和“效能”为目标的车联网服务正在逐步替代发展初期以车厂主导的面向其品牌汽车驾驶员提供车联网信息的服务业务模式，通过车路云一体化感知、全局优化和控制，实现红绿灯预警、盲区预警等辅助驾驶应用，以及自动驾驶出租车、自动驾驶公交车等高级别自动驾驶应用，大幅度提升驾乘的安全性；并推动公安交通管理部门对道路交通的静态管理模式逐步转变为动态管控模式，通过信号灯配时优化、绿波通行等场景应用，有效提高城市交通效率，大幅减少在交通停滞和红绿灯等待期间的汽车尾气排放。其次，在产业组织结构上，交通行业、汽车行业与信息通信行业强化合作、开放融合。例如，中国公路学会与中国汽车工程学会、中国通信学会跨界合作，围绕智慧公路、智能网联汽车、C-V2X 车车/车路通信等重要方面，开展协同协作和联合攻关，在研究技术发展路径、研发共性关键技术、编制团体标准、开展工程示范、协同产业化建设等方面形成一致行动的具体工作方案和发展路径，并成立车路协同自动驾驶一致行动工作组，推动相关行动计划落实。

三、车联网产业组织结构的变化特征

（一）产业跨界合作的融合化

车联网跨界合作已成为各个产业的发展共识，正在明确角色定位、供求关系、合作分工的多维视角产业生态视图，在无线通信、大数据、人工智能等新技术的牵引下，通过智能网联汽车、智慧交通等应用，实现车联网产业的融合创新发展。在技术链协同方面，信息通信行业联合汽车行业、交通行业等共同开展了车联网应用场景研究，形成了共识的“车—路—云—网—图”技术体系架构及 C-V2X 技术发展路线图，共同定义了应用需求，逐步健全了满足 C-V2X 端到端协议栈互联互通的中国标准体系。在产业链协同方面，大唐高鸿、华为等大力研发具有自主知识产权的 C-V2X 车规级通信模组，推出一系列规模量产的车载终端产品，支持广汽、上汽、一汽红旗、蔚来等发布了搭载 C-V2X 技术的量产车型。万集科技、千方科技、海康威视等智能交通企业推出 C-V2X 路侧解决方案。腾讯、希迪智驾与长沙公交和交警合作，投入 2000 余辆网联智慧公交实现了精准引导、公交信号优先等功能；百度、慧拓与城市、园区、矿山等相关主体合作推广基于 C-V2X 的高级别自动驾驶应用。

（二）基础设施部署的多元化

车联网新型基础设施具有种类多、规模大的特点。依托现有 4G/5G、光纤固网等公众电信网络，已初步形成全程全网、公专互补、固移结合的通信网络基础设施，部分信息娱乐、数字连接等车联网应用已经规模化成熟。同时，围绕下一代演进的车路协同、网联自动驾驶等车联网新应用、新服务，正在新建 C-V2X 直连通信网络及路侧感知、边缘计算等智能化新型基础设施。多元化基础设施部署将促进“要素全面连接、信息高效处理、状态全面感知”，构建“路侧—边缘—区域—中心”多层分级的系统架构，形成车联网产业规模化发展与商用部署的基础底座。

（三）建设运营模式的多主体化

车联网建设运营模式既要求地方建设运营主体与电信运营商协同，又要求基础设施运维与数据运营协作共赢。车联网应用服务体系覆盖城市道路、高速公路，以及矿区、园区、港口等众多场景，需要地方性、区域性基础设施建设运营主体与传统电信运营商深度融合，探索解决车联网建设主体离散化、运营模式多元化、价值模型复杂化的问题，实现产业链闭环、业务闭环和价值闭环。此外，车联网应用可服务于个人用户、行业用户和政府用户等不同目标群体，需要引入更多行业侧和政府侧的专业化运营主体。我们看到，车联网建设运营的模式创新，离不开先行先试，需要各地方、多行业主体共同参与。一方面，要充分激发地方国有投资平台的责任动能，注重与电信运营商的协同分工，进一步发挥互联网企业、汽车与交通运输企业等的经验优势，促进形成“术业有专攻”的合作模式。另一方面，产业各方积极构建服务于不同场景、不同目标群体的商业价值、产业价值和社会价值的综合体系，持续探索商业模式创新。

（四）产业生态的竞合化

从全球发展态势看，车联网产业处于快速发展期，交通运输管理部门、电信运营商、电信设备制造商、信息服务提供商和互联网运营商等产业各界处于博弈阶段，争取主导地位，合作与竞争是当前主旋律。经过十多年发展，汽车厂商面向其品牌汽车驾驶员提供车联网服务占据主要市场。这主要是由于车联网应用提升了汽车品牌的价值定位及其驾驶员的驾乘体验，使得车联网的关键组成部分——汽车电子和 IT 系统正在逐步成为汽车的核心竞争力之一，以及其非常重要的利润来源，从而导致各厂家对车联网发展的高度重视。但是，我们也要看到，车厂的车联网业务平台主要限于自身品牌及关联品牌，其数据未能与其他相关行业共享。随着车联网技术和业务模式的发展，电信运营商扮演着越来越重要的角色。电信运营商充分利用其网络和云计算平台的优势，成为车联网相关行业业务流程的协调者和利益的缀合者，将他们彼此间碎片化的信息孤岛串通起来，提高他们的基于数据和信息的消费需求并提高其业务的盈利能力。公安交通管理部门协同多方推进道路交通安全手段建设。目前，公安交通管理部门从安全角度出发，正在与信息通信行业、汽车行业全方位合作，积极推动交通管理智能化和信息化，并推动车路协同、互动发展。保险公司作为一支新的推动力量进入车联网，并开创了新的商业模式。保险公司采用车联网技术，通过技术手段识别新的车辆风险因素，使得风险真实化和透明化，改变传统车辆保险定价模型，并通过技术手段防止并甄别骗保行为，以减少理赔率。虽然车联网保险服务起步较晚，但由于产业链开放与竞争，且面向用户提供服务，因此发展速度快、推动力强，成为推动车联网后装市场发展的重要力量。

（五）监管机构的协同化

车联网既需要部际协调，也需要部省协作等监管部门之间的联动管理。同时，车联网管理举措需要在政府侧、产业侧各自内部和相互之间都更加强调融合与协同。车联网产业跨领域属性特征突出，发展面临技术新、涉及行业广的复杂局面，需要多个行业主管部门加强沟通协调。2017 年，工业和信息化部牵头组建了涉及 20 个部门的国家制造强国建设领导小组车联网产业发展专项委员会，阶段性征集产业界需要跨部门协调解决的重点问题，从政策制定、标准创新、测试验证等多个方面予以协调解决，并推动顶层设计不断完善、法律法规加快突破，先后出台了《车联网（智能网联汽车）产业发展行动计划》《新能源汽车产业发展规划（2021—2035）》《智能汽车创新发展战略》等产业政策文件。同时，行业管理部门积极深入调研产业发展过程中涉及的需要跨部门协调解决的重点问题，加强产业引导政策制定与法律法规修订过程中的协同。

车联网发展需要技术标准、测试验证等组织间的协同，强化交流与对接，推进融合标准，构建测试验证能力，有效牵引产业创新发展与应用成熟落地。依靠单个企业、单个科研单位、单个行业组织的单打独斗难以破局，需要跨行业协同构建适应我国车联网产业发展的技术标准体系与测试验证能力体系，为车联网技术与产业发展做好顶层规划。当前，信息通信、汽车、交通等行业组织共同推动包括高速公路在内的各类公路的智能网联汽车道路测试，促进示范应用开展。汽车、智能交通、通信及道路行业共同建立健全融合标准体系，编制发布《国家车联网产业标准体系建设指南》总体及系列分册，加快共性基础、关键技术、产业急需标准的研究制定。2018 年，全国汽车标准化技术委员会、全国智能运输系统标准化技术委员会、全国通信标准化技术委员会和全国道路交通管理标准化技术委员会共同签订了《关于加强汽车、智能交通、通信及交通管理 C-V2X 标准合作的框架协议》，共同推动融合标准研发；中国信息通信研究院、中国汽车技术研究中心等第三方测试机构搭建了实验室 C-V2X 测试验证平台，使 C-V2X 技术测试验证的产业公共服务能力不断完善。IMT-2020（5G）推进组、中国智能网联汽车产业创新联盟等行业组织积极合作，先后举办了“三跨”“四跨”和“新四跨”等车联网 C-V2X 互联互通应用示范活动，积极促进了整车、芯片模组、终端、安全、地图、定位等行业企业的协同研发和跨界融合。

四、车联网产业组织结构的演进趋势

（一）车联网产业将向复杂交织的“产业网”演进

当前，信息通信、汽车、交通、公安等多个行业领域在新一代信息通信技术的牵引下，通过智能化应用，实现车联网产业生态的融合创新发展。未来，智能网联汽车的技术研发、产品设计、智能制造、产品销售与在线更新、智能座舱服务、汽车信息服务、运维服务等产业链环节将全部打通，汽车出厂前和出厂后的生产与服务将逐步连接，形成了汽车全生命周期的制造和服务。同时，智能网联汽车与智能交通参与要素的有效链接，将显著提升整个交通体系的驾乘安全性和便捷性，显著提高移动出行和货运物流运输的效率，有效降低道路交通能源消耗量和污染排放量。智能网联汽车与信息通信技术融合，持续推动汽车产业的数字化、智能化与电动化发展，赋能自动驾驶产业。因此，通过汽车、公安交通、信息通信等产业的深度融合，整个车联网产业将呈现出互联互通、多方交融、复杂交织的产业网络形态。

（二）平台数据聚焦将形成产业交融关键枢纽

车联网平台是信息数据的汇聚点，依托车联网服务平台，可实现全面的数据接入、存储分析、协议开放、赋能服务等能力，将分散在各处的系统串联、数据打通，在这个基础上实现更多服务对象的衍生，承载更多的应用场景。当前，“路侧平台—区域平台—中心平台”的多层级平台架构已形成共识，正在推进演进中。从路侧平台看，车载 OBU 将实时上传位置数据、车辆数据等，为交通微观数据的采集提供更加可靠的数据来源，并为交通路况、交通流预测提供更加可靠的数据源。从区域平台看，由于可及时获取大量联网数据，并通过 C-V2X 区域平台支撑，车辆本身及交通运输管理部门可获得及时的区域交通态势信息，并结合交通态势分析判断，再与集成化 ITS 控制手段结合，从而更加有效地进行区域交通调度，提升区域交通效率。从中心平台看，随着道路智慧化改造逐渐完善、车载终端渗透率不断提升、分级云控平台逐渐部署，车辆等交通参与者、道路感知信息、环境信息、交通事件等各种信息将汇聚于云控平台，并由云控平台进行协同感知、集中分析决策、反馈控制等，从而实现全局的决策和控制，提升交通安全性和交通通行效率，并为未来 L4/L5 的自动驾驶提供支撑。未来，车联网子功能平台将向全集综合性服务平台演进。其中，一些车联网平台将提供高精度定制动态地图的生成功能，并与自动驾驶场景结合，实现各系统间的互联互通和数据共享，为产业生态体系的构建提供支撑。同时，将打通现代出行服务平台、城市治理平台和交通管理平台，构建一个综合性的应用服务平台，以促进平台互联互通和数据共享，实现汽车、交通和管理等多行业的跨界融合。

（三）产业生态将呈现多领域渗透趋势

当前，从细分市场看，车联网市场由乘用车、商用车市场延伸到互联网应用、汽车服务业和保险业等行业。从服务形态看，由后装到前装，从车内到车外，车联网服务正在通过各种方式渗透到车主的生活当中，并将通过云技术和主动安全系统提高驾驶安全指数。从服务主体看，优质音频、视频、车辆服务、生活服务合作商将不断进入，服务创新前装后装合作生态圈。一些地图、定位导航类企业不断进入市场并争相发力，个别实力强大的导航企业逐步切入智能网联汽车和智能座舱方向，并向自动驾驶方向扩展。芯片制造商、设备制造商、方案设计商、能力提供商将纷纷进入车联网市场，携手打造面向自动驾驶的智能产品。三大电信运营商借助发展规模、资本实力与移动数据的全覆盖为车联网的发展铺开更广的道路。从技术发展看，随着 5G 商用技术的推进和自动驾驶技术的成熟，车联网生态将出现本质性的变化。自动驾驶产业涉及众多领域，需要构建完整的生态链，这是一家公司难以完成的。百度、腾讯、阿里巴巴等互联网企业、电信运营商和设备商等不断增加在 Robo-Taxi、Robo-Bus、“最后一公里”自动接驳、自动巡游等自动驾驶典型场景，以及干线物流、支线物流、末端物流、封闭园区（矿区、港口、机场、旅游景点、学校等）物流等领域的投资，并提供应用，共同赋能载人和载货的自动驾驶典型场景落地，形成独具特色、开放包容、兼收并蓄的自动驾驶产业新型生态。

五、优化产业组织结构，推动车联网产业高质量发展

车联网产业融合创新是信息通信、汽车、交通运输与管理等行业高质量发展的重要推动力量。以 C-V2X 技术与产业发展带动形成的车联网全链条、全领域融

合创新发展的“中国模式”，仍然需要在产业融合、基础设施协同、模式创新和跨部门合作等方面进一步加强。进一步发挥国家制造强国建设领导小组车联网产业发展专项委员会的部际协调机制重要作用，坚持智能与网联融合的发展思路，加强跨产业链协同创新，积极推动车联网产业迈入规模化发展的新阶段。一是出台政策法规，完善产业融合创新发展环境。跨行业主管部门联合开展车联网产业融合创新发展趋势预判，适时制定产业发展政策，完善法律法规体系，创新产品准入及监管框架。二是推进产业融合、基础设施协同、模式创新和跨部门合作。面向未来，仍然需要在产业融合、基础设施协同、模式创新和跨部门合作等方面进一步加强，打造跨产业链融合发展新模式，构建跨行业跨区域协同的新型基础设施，探索形成可持续建设运营模式与价值空间。三是打造融合创新载体，推动车联网产业生态持续优化。充分发挥制造业创新中心、行业组织机构等的协同创新作用，完善车联网产业标准体系和测试验证公共服务能力，促进技术逐步演进和突破，促进产业链上下游协同研发和产业化。

参 考 文 献

[1] 李晓华. 产业组织结构演变趋势与产业转型升级[J]. 开发研究，2017（6）：35-40.

[2] 中国信息通信研究院.车联网白皮书（2018—2021）[R]. 北京：中国信息通信研究院，2018.

张永生

中国式现代化全面开启生态文明建设新篇章

张永生，信息社会 50 人论坛成员，中国社会科学院生态文明研究所所长、研究员。主要从事生态文明、发展经济学、绿色发展、资源与环境经济学、分工与专业化理论、中国经济等方面的研究。

党的二十大确立了中国共产党在新时代新征程的中心任务，即“团结带领全国各族人民全面建成社会主义现代化强国、实现第二个百年奋斗目标，以中国式现代化全面推进中华民族伟大复兴”。中国式现代化，不是简单地重复发达国家的现代化，而是对工业革命后建立的不可持续的现代化概念的重新定义。党的二十大报告总结了新时代十年生态文明建设的巨大成就，明确了生态文明建设在中国式现代化重要特征、本质要求和现代化目标中的基础性地位，对生态文明建设进行了战略部署，全面开启了生态文明建设的新篇章。

一、中国式现代化是对欧美式现代化模式的反思和重构

工业革命后，人类生产力取得前所未有的进步，以工业化国家为代表的少数国家，率先实现所谓的现代化。目前全球广为接受的现代化概念，就是将现有发达国家的标准当作现代化的默认标准。如果将现代化分为两个维度，即“实现什么样的现代化”（What）和“如何实现现代化”（How），那么后发国家现代化探索的重点就是如何实现发达国家那样的现代化，而对于现代化的内容则很少进行反思。

毫无疑问，工业革命后，发达国家建立在传统工业文明基础上的现代化模式

极大地推动了人类文明进程，中国亦是这种现代化概念的受益者。但是，这种基于传统工业化模式的现代化有其内在局限：一是导致发展目的与手段的背离，难以最终实现全面提高人的福祉这一发展的根本目的；二是由于这种模式建立在高资源消耗和高环境破坏基础上，所以不可避免地导致生态环境不可持续；三是由于这种模式不可持续，所以其只能让世界上少数人口过上丰裕的现代生活，一旦这种模式扩大到全球范围，就会带来不可持续的危机。

因此，仅仅思考“如何实现现代化”已远远不够，我们更应该对“实现什么样的现代化”进行深刻反思和重新定义，建立面向未来和全球普适的中国式现代化新论述。中国式现代化，本质上是对工业革命后形成的现代化概念的深刻反思和重构。

二、党的十八大以来生态文明建设的伟大成就

中国生态文明建设取得的伟大成就，为中国式现代化概念奠定了绿色发展基础。习近平总书记在党的二十大总结过去 10 年生态文明建设的成就时指出：“我们坚持绿水青山就是金山银山的理念，坚持山水林田湖草沙一体化保护和系统治理，全方位、全地域、全过程加强生态环境保护，生态文明制度体系更加健全，污染防治攻坚向纵深推进，绿色、循环、低碳发展迈出坚实步伐，生态环境保护发生历史性、转折性、全局性变化，我们的祖国天更蓝、山更绿、水更清。”

根据生态环境部数据，新时代 10 年，中国Ⅰ～Ⅲ类优良水体断面比例提升 23.3 个百分点，达到 84.9%；国控入海河流Ⅰ～Ⅲ类水质断面比例上升 25 个百分分点，达到 71.7%；2021 年，中国空气质量优良天数比率达到 87.5%，土壤污染风险得到有效管控，实现了固体废物“零进口”的目标，自然保护地面积占全国陆域国土面积达到 18%；新时代 10 年，中国能源消费增量有 2/3 来自清洁能源；全国单位 GDP 二氧化碳排放下降了 34.4%，煤炭在一次能源消费中的占比从 68.5% 下降到 56%。

如果将中国生态环境保护取得的历史性、转折性、全局性变化，放在中国经济发展的大背景下进行认识，就更能发现这一成就的非凡意义。新时代 10 年，中

国经济实力实现历史性跃升，GDP 从 54 万亿元增长到 114 万亿元。更令人振奋的是，在代表未来全球竞争力的绿色经济和绿色技术创新上，中国很多方面已处于世界第一方阵。中国可再生能源开发利用规模、新能源汽车产销量都稳居世界第一，在全球具有领先优势。

因此，新时代 10 年，中国实质上突破了工业革命后建立的“先污染、后治理”的传统发展理念和模式，正在探索出一条环境与发展相互促进的新发展道路。

三、生态文明在中国式现代化中的战略性地位

生态文明在中国式现代化中的基础性和战略性地位，体现在“什么是中国式现代化”“如何实现中国式现代化”“中国式现代化目标”等方面。

第一，体现在“什么是中国式现代化”上。中国要实现的现代化是中国式现代化，而“人与自然和谐共生”则是中国式现代化的五个基本特征之一，也是中国式现代化的本质要求。这五个基本特征是一个有机整体，没有“人与自然和谐共生”，其他几个方面的特征就缺乏基础。

第二，体现在“如何实现中国式现代化”上。党的二十大报告指出，“高质量发展是全面建设社会主义现代化国家的首要任务”，而实现高质量发展，就必须完整、准确、全面贯彻新发展理念。绿色发展正是新发展理念的核心要义之一。同时，在全党“必须牢记”的五个“必由之路”中，贯彻新发展理念是新时代我国发展壮大的必由之路。

第三，体现在“中国式现代化目标”上。党的二十大报告明确全面建成社会主义现代化强国“分两步走”的战略安排：“从二〇二〇年到二〇三五年基本实现社会主义现代化；从二〇三五年到本世纪中叶把我国建成富强民主文明和谐美丽的社会主义现代化强国。”其中，“美丽中国”是现代化强国的五大目标之一。

中国式现代化基本特征的内涵非常丰富。这里限于篇幅，只是着重强调两点，以揭示这些特征背后的内在机制。

一是关于“人口规模巨大的现代化”的含义。中国 14 亿人口实现现代化，将

超过目前所有发达国家不到 11 亿的人口数。人们在讨论 14 亿人口规模的现代化时，更多的是以此说明中国实现现代化的难度、复杂性和伟大成就。但除此之外，还有更深的含义，即这意味着中国式现代化的全球普适性，而资源高消耗的传统现代化模式只能让全球少数人口享受繁荣，也就没有全球普适性。

二是关于“走和平发展道路的现代化”。目前在讨论这个特征时，人们更多的是强调中国和平发展的主观意愿。实际上，中国和平发展不只是出于主观，还是因为中国要建立的现代化是基于绿色发展“人与自然和谐共生”的现代化，不再是像传统现代化模式那样以资源大规模攫取为必要条件。因此，中国式现代化可以最大限度地避免全球资源的恶性竞争。

四、全面开启生态文明建设新篇章

党的二十大对生态文明建设进行了新的战略部署，全面开启了生态文明建设新篇章。在战略层面，中国式现代化是党的二十大报告提出的今后中国共产党的中心任务之一。中国式现代化的重要特征、内在要求和目标，将全方位体现在中国经济社会发展战略和行动中。其中，“人与自然和谐共生”的生态文明建设，也将随之全面融入各方面工作。

党的二十大报告第十部分专门以“推动绿色发展，促进人与自然和谐共生”为题，强调了生态文明建设的重要性，并做出相应的战略部署。在这一部分中，习近平总书记强调生态文明建设的重大意义，指出“大自然是人类赖以生存发展的基本条件。尊重自然、顺应自然、保护自然，是全面建设社会主义现代化国家的内在要求。必须牢固树立和践行绿水青山就是金山银山的理念，站在人与自然和谐共生的高度谋划发展。”

在此基础上，党的二十大报告进一步从产业结构调整、污染治理、生态保护、应对气候变化等方面进行了战略部署，提出要“协同推进降碳、减污、扩绿、增长，推进生态优先、节约集约、绿色低碳发展”。其中，降碳、减污、扩绿分别代表碳排放、环境污染、生态保护 3 个环境维度，在此前提下的增长则意味着绿色增长。

协同推进降碳、减污、扩绿、增长，实质就是要在新发展理念下，以“降碳”为战略抓手，形成三对“相互促进”的关系。一是环境（“降碳、减污、扩绿”）与发展（“增长”）之间的相互促进关系；二是“降碳”与“增长”之间的相互促进关系；三是各环境子维度之间的相互促进关系，即“降碳”与“减污、扩绿”之间相互促进，避免“为降碳而降碳”的单一做法。这三对“相互促进”的关系，是过去发达国家的现代化从没有实现过的目标。新时代 10 年，中国初步实现了环境与发展的协同发展，这正是人与自然和谐共生的现代化的具体体现。

总之，党的二十大报告提出了“团结带领全国各族人民全面建成社会主义现代化强国、实现第二个百年奋斗日标，以中国式现代化全面推进中华民族伟大复兴”的中国共产党的中心任务，生态文明建设在中国式现代化中具有重要战略地位。中国式现代化全面开启生态文明新篇章，并为全球带来新的历史机遇。

参 考 文 献

[1] 习近平. 高举中国特色社会主义伟大旗帜 为全面建设社会主义现代化国家而团结奋斗——在中国共产党第二十次全国代表大会上的报告[M]. 北京：人民出版社，2022.

[2] 张永生. 建设人与自然和谐共生的现代化[J]. 财贸经济，2020(12):18-21.

[3] 习近平. 高举中国特色社会主义伟大旗帜. 为全面建设社会主义现代化国家而团结奋斗——在中国共产党第二十次全国代表大会上的报告[M]. 北京：人民出版社，2022.

[4] 刘毅.美丽中国建设迈出重大步伐[N]. 人民日报，2022-9-1(6).

左美云、李逸博①、林琳②、蒋玉娜③

智慧健康养老产品和服务发展洞察：基于纵向比较的视角

左美云，信息社会50人论坛成员，老龄社会30人论坛成员，智慧养老50人论坛常任主席；中国人民大学信息学院教授、博士生导师、副院长，中国人民大学智慧养老研究所所长，中国人民大学交叉科学研究院智慧医养技术与治理文理交叉平台主任；中国老年学和老年医学学会智慧医养分会主席。

随着经济社会的快速发展，人民群众对健康及养老的需求日益增长，数智化技术的进步也催生出一批智慧健康养老产品，但社会中老年人可利用的健康及养老资源供给仍然不足。面对供需矛盾，为提升健康及养老服务资源利用效率、推动质量升级、促进数智化技术的赋能应用，我国已制定相关政策并取得若干阶段性成果。

为帮助读者了解智慧健康养老发展建设现状及相关政策执行情况，本文针对中国智慧健康养老产品和服务数据进行分析，并在此基础上对我国智慧健康养老产品与服务的未来发展情况提出建议。

一、智慧健康养老产品和服务推广目录的纵向分析

为促进典型智慧健康养老产品和服务的推广应用，推动智慧健康养老产业发

① 中国人民大学信息学院、中国人民大学智慧养老研究所硕士研究生。
② 中国移动通信研究院用户与市场研究所所长。
③ 中国移动通信研究院用户与市场研究所主任研究员。

展，工业和信息化部、民政部和国家卫生健康委员会三部委分别于 2018 年、2020 年和 2022 年三次联合组织开展《智慧健康养老产品及服务推广目录》（以下简称《推广目录》）的申报和公示工作。

在三次申报通知中，都将产品和服务的申报范围划分为智慧健康养老产品和智慧健康养老服务两大部分。对于智慧健康养老产品来说，2018 年和 2020 年的申报范围包括健康管理类可穿戴设备、便携式健康监测设备、自助式健康检测设备、智能养老监护设备、家庭服务机器人五大类；2022 年将上述五大类重新分类为健康管理类智能产品、养老监护类智能产品和家庭服务机器人三大类，并新增了功能代偿型等老年辅助器具类智能产品、具有健康状态辨识或中医诊断治疗等功能的中医数字化智能产品、适老化改造智能产品，以及多种产品集成应用的场景化解决方案四个类别。对于智慧健康养老服务来说，可以分为智慧健康服务和智慧养老服务两大类。具体来说，2018 年和 2020 年的申报范围主要包括慢性病管理、居家健康养老、个性化健康管理、互联网健康咨询、生活照护、养老机构信息化六大类；2022 年在之前的基础上去掉了慢性病管理服务，新增了互助养老、老年人能力评估和线上老年教育/购物这些类别。

为便于比较各类产品和服务的数量变化情况，我们以 2022 年的申报类别划分方式为准，并对 2018 年和 2020 年的目录按二级类别和产品服务名称重新划分，例如，2018 年《推广目录》中沈阳东软熙康医疗系统有限公司推出的“远程心电监护仪”所在类别是“便携式健康监测设备—心电监测类设备”（“—”表示后者为前者的子类，以下同理），对应到 2022 年的划分方式，其类别为“健康管理类智能产品—健康监测设备”。

下面按上述方式对公示结果进行处理，并进行统计和分析可知，三次《推广目录》已累计收录 432 项产品和服务，主要涉及 7 类智慧健康养老产品和 2 类智慧健康养老服务。其中，2018 年、2020 年、2022 年每次产品和服务收录总量分别为 115 项、238 项、79 项，呈现先增长后下降的趋势。我们将每一类的数量进行统计对比，分析结果如图 1 所示。

在智慧健康养老产品中，健康管理类智能产品（128 项，包括可穿戴健康检测设备、家庭医生随访工具包等）和养老监护类智能产品（66 项，包括智能监测设备、智能看护设备）累计数量较多，而家庭服务机器人（9 项）、老年辅助器具类智能产品（3 项）、适老化改造智能产品（2 项）累计数量较少。对于发展较为集中的健康管理类智能产品和养老监护类智能产品，2022 年入选数量相比 2020 年有大幅缩减，这是因为此类产品的布局已经较为成熟，种类比较齐全，因此后续新产品的申报数量增长速度变慢。

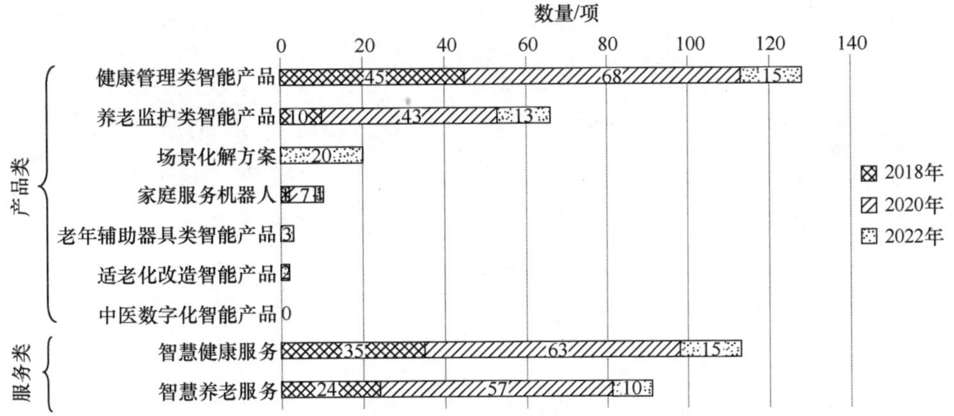

图 1　三版智慧健康养老产品和服务数量对比

值得注意的是，2022 年新增的智慧健康养老产品中，有 20 项用于提供场景化解决方案，这部分产品为申报目录中新增的类别。企业申报项目包括智慧助老餐厅、智慧养老院、智慧化康复中心等。这展现出智慧技术与社会化养老相融合的趋势，并且智慧技术的场景化应用越来越受到重视。实际上，在新冠疫情防控期间，这样的融合和场景应用已经在老年人群体中得到了良好的反馈。场景化解决方案运用互联网、物联网、大数据等智慧技术手段打造了用于照护、用餐、买药、康复等场景的平台，提高了各个场景下的运作效率和老年人满意度。老年辅助器具类智能产品和适老化改造智能产品也是 2022 年申报目录中新增的类别，但申报数量较少，未来仍有较大的增长空间。

智慧健康养老服务主要分为面向健康和养老两大类的服务。智慧健康服务（113 项）包括个性化健康管理、互联网+健康咨询/科普；智慧养老服务（91 项）包括互联网+居家养老生活照料、老年人能力评估、线上老年教育/购物等服务类别。服务数量呈现申报数量增速放缓的现象。

要注意的是，在 2022 年新增类别中，智慧健康养老产品中健康管理类智能产品—社区自助式健康检测设备、中医数字化智能产品、场景化解决方案—智慧药房，以及智慧健康养老服务中智慧健康服务—互助养老的数量暂时为 0，可能的原因包括：①此类智慧健康养老产品建设存在缺失，各企业对于此类产品仍在设计或开发阶段；②部分企业没有关注或不了解申报工作，没有及时申报；③部分生产通用型产品的企业可能会误认为该申报只面向老年智慧健康领域的特有产品，因此没有申报。

总体来看，三次《推广目录》的类别变化反映了中国智慧健康养老产品和服务的两大发展趋势。一是从数字化向数智化转变。2018 年和 2020 年的《推广目录》强调健康监测、检测、管理相关产品的数字化和便携性。2022 年的《推广目录》在整合类目的基础上，强调相关产品的智能化，未来随着人工智能、边缘计算、大数据等技术的发展，数据将会成为智慧健康养老产品和服务的核心要素，进一步推动产品和服务的智能化提升。二是从基础保障向适老化和场景化转变。2022 年的《推广目录》新增的类别考虑了智能产品的适老化及新时期老年人的需求，从产品层面鼓励围绕老年人的典型生活场景推动场景化解决方案、多样化产品的创新发展，尽可能满足老年人的多样化需求；从服务层面瞄准老年人“老有所为”的需求，鼓励能力评估、教育培训、互助养老等养老服务的创新。

另外，在 2022 年发布的《推广目录》中，智慧健康养老产品和服务条目包含了企业所在地区信息，各地区的产品和服务数量统计如图 2 所示。2022 年的《推广目录》收录的产品和服务来自 19 个省（自治区、直辖市）。其中，有 8 个省（直辖市）提供的产品和服务数量大于或等于 5，包括北京（14 项）、江苏（8 项）、浙江（8 项）、安徽（7 项）、广东（6 项）、上海（5 项）、天津（5 项）和山东（5 项）；而甘肃（1 项）、湖南（1 项）、吉林（1 项）等地数量较少，另外山西、辽宁、江西、海南等 12 个省（自治区）没有产品或服务被收入目录。

将各地产品和服务提供数量与老龄化水平进行比较，我们发现，在第七次全国人口普查中 60 岁及以上人口比例超过 20%的地区，辽宁省和黑龙江省没有提供智慧健康养老产品和服务，吉林省提供数量较少。这些地区应当加强对此类产品和服务的扶持与应用，当地企业应提供结合当地特色和需求的养老产品与服务，积极与社区、养老机构建立合作共同完成相应智慧健康养老产品和服务的开发，并积极申报形成自己的品牌。

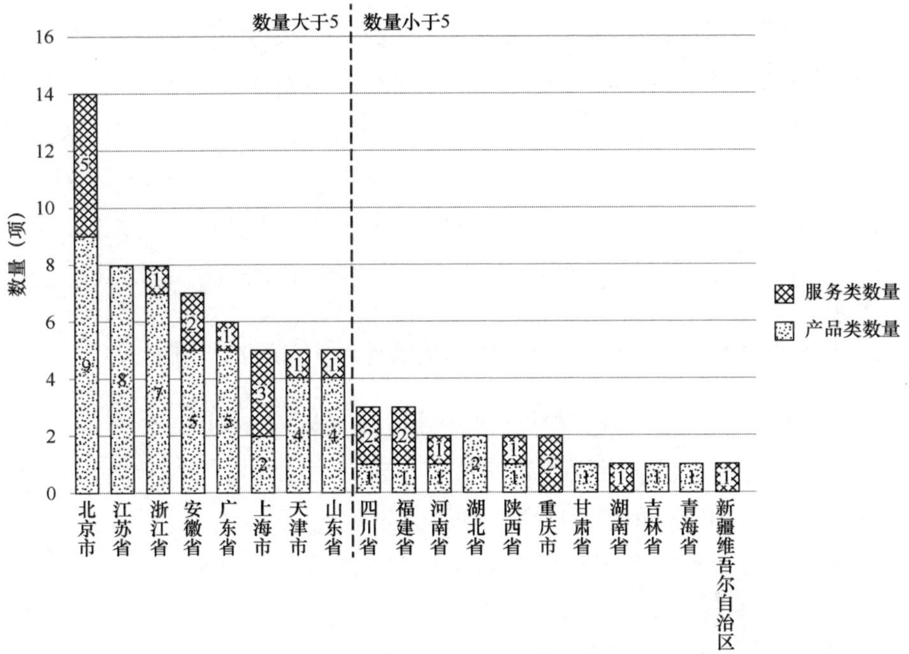

图 2　2022 年智慧健康养老产品企业所在地区产品和服务数量统计

注：国投健康产业投资有限公司在 2022 年《推广目录》中未说明其所在省（自治区、直辖市），因此该统计数据未包括该公司。

我们进一步对《推广目录》中涉及的产品和服务的后续使用情况进行调研，由于目录中涉及的项目较多，本文仅选取两个产品和服务的使用与推广情况进行说明。

在智慧健康养老产品中，以用于健康监测的动态心电记录仪为例，该产品通过身份证识别自动录入信息，通过联网云分析实现立即出结果，支持批量计算，不需要手动记录、整理和输入，运用智能算法完成心电危机预警。该产品操作简单，做了较好的适老化设计，老年人能够独立使用。为了解产品的实际使用情况，我们以北京五维康科技有限公司研制的动态心电记录仪为例，查询到该产品在京东平台上售价为 49800 元，截至 2023 年 7 月 9 日销量为 0。该产品价格偏高，对于大多数家庭来说该产品的性价比可能不算很高，因此市场销售情况不佳。对于这些高价格的智慧健康养老产品，需要认真探索其运作模式和价值实现机制，综合考虑需求、技术和价格三者的有机平衡。

在智慧健康养老服务，以浙江椿熙堂养老服务管理有限公司推出的椿熙堂智慧养老综合服务为例，该服务运用互联网技术为居家养老生活照料提供帮助。该服务截至 2022 年年底，已经运营 331 个居家养老服务照料中心；居家养老服务以社区养老为依托，提供专业化的居家上门养老服务，共运营 45 个居家长期照护险定点的站点。该公司同时与其他公司合作，共同打造居家养老和机构养老一体的综合养老项目，并得到了政府的支持。对于服务类产品来说，可以参照类似的合作模式，构建完整的智慧养老生态，不断打磨服务能力。

二、结合智慧健康养老产业发展行动计划的对比分析

为积极应对老龄化、规划智慧健康养老产业的发展，我国工业和信息化部、民政部、国家卫生健康委员会①已于 2017 年、2021 年分别发布《智慧健康养老产业发展行动计划（2017—2020 年）》《智慧健康养老产业发展行动计划（2021—2025 年）》。这两项行动计划（以下简称《行动计划》）从技术、服务、平台、标准体系、网络安全等方面考虑和规划了智慧健康养老产业的发展，有力地促进了智慧健康养老产品的市场培育。我们将这两项行动计划进行对比，智慧健康养老产业发展的主要任务如表 1 所示。从表 1 中我们可以看出，2017—2020 年智慧健康养老发展更注重产品和服务本身的建设，而 2021—2025 年，智慧健康养老发展不仅关注产品和服务建设，还强调要提升供给能力，包括底层技术、数据应用及适老化设计能力，要更具系统性和实用性。

表 1　两份《行动计划》主要任务的对比分析

年　　份	2017—2020 年	2021—2025 年
主要任务	（1）推动关键技术产品研发； （2）推广智慧健康养老服务； （3）加强公共服务平台建设； （4）建立智慧健康养老标准体系； （5）加强智慧健康养老服务网络建设和网络安全保障	（1）强化信息技术支撑，提升产品供给能力； （2）推进平台提质升级，提升数据应用能力； （3）丰富智慧健康服务，提升健康管理能力； （4）拓展智慧养老场景，提升养老服务能力； （5）推动智能产品适老化设计，提升老年人智能技术运用能力； （6）优化产业发展环境，提升公共服务能力

① 该部门在 2017 年时为国家卫生和计划生育委员会。

对于 2017—2020 年《行动计划》，强调要推动关键技术产品研发、推广智慧健康养老服务和加强公共服务平台建设等。在关键技术产品研发方面，2017—2020 年《行动计划》中的要求是发展适用于智能健康养老终端的低功耗、微型化智能传感技术，加强健康养老终端设备的适老化设计与开发。在三批《推广目录》中，产品类已经建设较多健康管理类可穿戴设备、便携式健康监测设备、家庭服务机器人等，但自助式健康检测设备的研发和申报还有所欠缺。在推广智慧健康养老服务方面，2017—2020 年《行动计划》提出到 2020 年我国要建立 100 个以上智慧健康养老应用示范基地，并制定 50 项智慧健康养老产品和服务标准。在实施上，截至 2020 年，我国已选出 71 个智慧健康养老应用示范基地，现行的养老相关标准有 20 项，虽然已经取得较大进展，但从数量上看还没有达到预计的目标。在平台建设方面，2017—2020 年《行动计划》中提到的目标主要分为 3 个方面：建设技术服务平台、建设信息共享服务平台和建设创新孵化平台。在 3 批《推广目录》中的服务类中已经建设较多健康养老服务平台和健康信息管理平台，但创新孵化平台建设较少。

为了聚焦近年来智慧健康养老发展情况，我们进一步对 2021—2025 年《行动计划》和 2022 年《推广目录》进行比对，得到 2021—2025 年《行动计划》中主要任务执行情况如表 2 所示。我们可以得出，当前智慧健康养老产品在信息技术支撑产品、智慧养老场景拓展方面完成情况良好。但该《行动计划》中尚有部分任务没有完成，其中，与产品和服务相关的有中医数字化智能产品、“时间银行”互助养老服务、养老产品标准检测公共平台建设；另外，虽然目前已有少量产品提供多模态行为监测技术、跌倒防护技术、高精度定位技术方面的服务，但未来仍须继续加强。对于不重点关注产品和服务的任务，主要包括底层技术突破、数据应用能力建设和老年人智能技术应用培训等，目前也有相关机构在稳步推进。

表 2　2021—2025 年《行动计划》中主要任务执行情况

主要任务	任务说明	产品服务建设情况
强化信息技术支撑，提升产品供给能力	健康管理类智能产品	√
	养老监护类智能产品	√
	康复辅助器具类智能产品	√
	中医数字化智能产品	×

（续表）

主要任务	任务说明	产品服务建设情况
强化信息技术支撑，提升产品供给能力	家庭服务机器人	√
	生物传感技术、微处理器、操作系统等底层技术突破	—
	实现多模态行为监测技术、跌倒防护技术、高精度定位技术	√
推进平台提质升级，提升数据应用能力	做强智慧健康养老软件系统平台，实现健康数据的有效归集与管理	√
	完善数据要素体系，鼓励各地建设区域性健康养老大数据中心，建立健全基础数据库，搭建健康养老数据中台；	—
	鼓励开展健康养老数据挖掘理论与方法研究，运用数据安全技术，保障居民的个人信息安全	—
丰富智慧健康服务，提升健康管理能力	加快促进信息技术产品在预防、医疗、康复、护理、安宁疗护等全生命周期中的普及应用	—
	重点发展远程医疗、个性化健康管理、互联网+护理服务、互联网+健康咨询、互联网+健康科普等智慧健康服务	√
拓展智慧养老场景，提升养老服务能力	家庭养老床位	√
	智慧助老餐厅、智慧养老院	√
	智慧化解决方案	√
	“时间银行”互助养老服务	×
	老年人能力评估	√
推动智能产品适老化设计，提升老年人智能技术运用能力	支持企业开发具有适老化特征的智能产品，推动与老年人日常生活密切相关的互联网网站、移动互联网应用适老化改造	√
	开展老年人智能技术应用培训	—
优化产业发展环境，提升公共服务能力	建设技术协同创新中心，搭建智慧健康养老标准及检测公共服务平台，开展行业交流活动（养老产品标准检测公共平台建设）	×
	编制《智慧健康养老产品及服务推广目录》，推动设立智慧健康养老产业投资基金	√

注：“√”表示该项任务已有对应的产品和服务，“×”表示该项任务暂无对应的产品和服务，“—”表示该任务不是《推广目录》中重点关注的产品和服务。

三、智慧健康养老产品和服务的未来发展建议

针对上述分析，从2021—2025年《行动计划》的完成情况和2022年《推广目录》的产品和服务的建设情况来看，我们将未来发展建议分为关于智慧健康养老产品、智慧健康养老服务、智慧健康养老能力供给、《推广目录》中产品和服务收录数量较少地区发展和2024年潜在《推广目录》的建议五个方面。

（一）关于智慧健康养老产品的建议

目前 2022 年《推广目录》中，智慧健康养老产品在健康管理类智能产品—社区自助式健康检测设备、中医数字化智能产品，以及场景化解决方案—智慧药房三类中的数量为 0。未来相关企业和机构应当继续完善上述产品的建设，并加强申报的组织工作。社区自助式健康检测设备能够为老年人提供便捷的健康监测和自我管理服务，未来需要提高其功能易用性，以满足老年人在社区和居家中进行自我健康监测的需求。在中医领域，结合中医理论和现代科技，中医数字化智能产品可以为老年人提供个性化的中医健康管理和治疗方案。智慧药房可以通过智能化技术和数据分析，为老年人提供用药指导、药物交互作用检测、用药提醒等服务，并提供更安全、更便捷的药物管理服务。

另外，对于 2022 年《推广目录》中数量较少的家庭服务机器人、老年辅助器具类智能产品和适老化改造智能产品，未来也需要加强关注。以家庭服务机器人为例，2022 年这一项只有小度智能屏一款产品入围，小度智能屏的主要功能在于陪伴、陪聊，这是很多居家养老的老年人不容忽视的需求。除此之外，炒菜机器人、翻身机器人、拍背机器人等适用于居家场景的智慧养老产品，都应当加强研发和推广。

（二）关于智慧健康养老服务的建议

在 2022 年《推广目录》中，线上老年教育/购物类有两款服务入选，互助养老类产品空缺。互助养老一般是低龄老人帮助高龄老人，同时还涉及“时间银行”的概念，即低龄老人把助老时间“存起来”，待到步入高龄再“支取”服务时间，获得照顾，此类服务能够帮助老年人发挥自我价值并实现良性循环。实际上，互助养老和“时间银行”都有较多的应用，应该进一步提升这些应用给老年人带来的获得感，形成可复制、可推广、可持续的智慧健康养老服务，并在未来收录到后续的《推广目录》中。

（三）关于智慧健康养老能力供给的建议

2021—2025 年《行动计划》提出要夯实底层技术。要加快智慧健康养老数据统一接口和相关规范的建设与监管，加强对智慧健康养老数据的整合和分析，可以建设智慧健康养老方面的数据共享平台，并提供相应的服务。同时，可以联合多方合作进行数据共享，包括医疗机构、养老机构、保险机构、社区组织和养老服务企业等健康养老相关方，通过共享资源、知识和经验，促进智慧健康养老的跨领域合作，提高养老服务的质量和效率，真正实现机构养老、社区养老和居家养老三种模式的协同发展。

（四）关于《推广目录》中产品和服务收录数量较少地区发展的建议

智慧健康养老产品本身区域属性相对较少，产品可以面向全国推广和应用；然而，智慧健康养老服务的本地化属性相对较强，可以具有本地特色。因此，对于老龄化程度偏高而智慧健康养老产品和服务供给数量较少的地区，一方面，当地政府应当加强相应的扶持并积极引入《推广目录》中具有品牌优势的智慧健康养老产品，并加以推广应用；另一方面，当地政府应鼓励开发和申报结合当地特色与需求的智慧健康养老服务，逐渐形成智慧健康养老服务的本地特色品牌。

（五）关于 2024 年潜在《推广目录》的建议

过去三次《推广目录》的公布时间为 2018 年、2020 年和 2022 年，按照时间序列递推的趋势，我们推断 2024 年可能会发起新一轮《推广目录》的申报工作。在 2024 年，我们认为申报通知中可以更加强调对智慧健康养老数据的应用服务和拥有核心底层技术产品的征集。前者有助于通过数据的集成应用，形成有活力的智慧健康养老生态系统；后者有助于形成有竞争力的智慧健康养老产品，使得产品的性价比进一步提升，从而提升老年人对产品采纳的程度。

需要强调的一点是，未来在《推广目录》的遴选、申报、更新的过程中，应当进一步广而告之，让更多企业和机构了解并参与进来；已经列入《推广目录》中的各类智慧健康养老产品和服务企业也应该通过展会、高端会议、论坛、公众号等平台加强推广，展示自己的成功应用案例，让受益的老年人现身说法，让自己的产品和服务有更好的知名度与美誉度，从而提高发布《推广目录》和《行动计划》的价值与意义。

中国信息通信研究院政策与经济研究所

数字经济发展的最新进展

2022 年，国际格局和形势发生剧烈动荡和变化，我国经济发展遇到新冠疫情等多重超预期因素冲击。在此背景下，我国数字经济发展持续取得新突破，展现出强大韧性，持续向做强做优做大的发展目标迈进。

一、数字经济持续为国民经济稳增长保驾护航

（一）数字经济整体实现量的合理增长

2022 年，数字经济规模首次突破 50 万亿元。面对经济新的下行压力，各级政府、各类企业纷纷把发展数字经济作为培育经济增长新动能、抢抓发展新机遇的重要路径和手段，数字经济发展活力持续释放，我国数字经济规模达到 50.2 万亿元，同比增加约 4.7 万亿元（见图 1），我国数字经济持续做大。

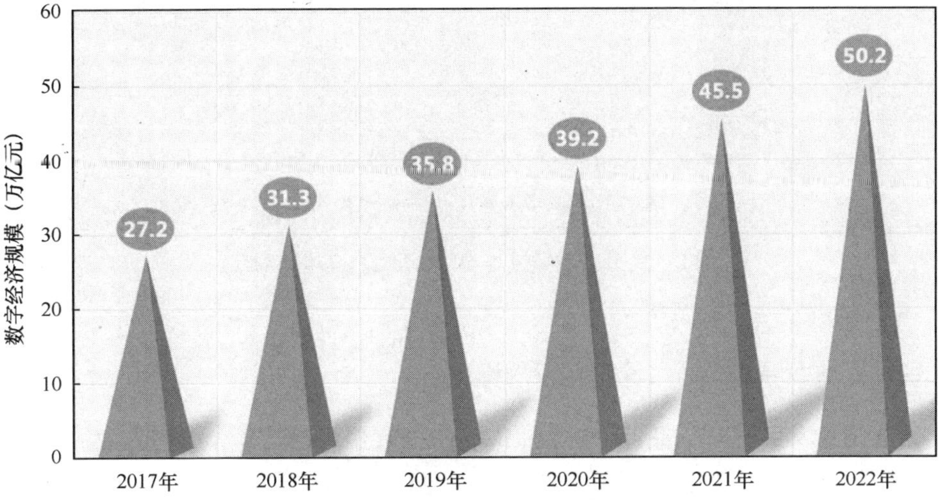

图 1　我国数字经济规模

数据来源：中国信息通信研究院。

数字经济在国民经济中的地位更加稳固。数字经济占 GDP 的比重进一步提

升，占比达到41.5%，这一比重相当于第二产业占国民经济的比重（在2022年，我国第二产业占GDP比重为39.9%）。数字经济作为国民经济的重要支柱地位更加凸显。

数字经济持续保持高位增长。2022年，我国疫情防控取得重大胜利，经济发展环境得到改善，GDP同比名义增长5.3%。在此背景下，我国数字经济维持高位运行，2022年，数字经济同比名义增长10.3%，高于GDP名义增速约5个百分点（见图2）。自2012年以来，我国数字经济同比名义增速已连续11年显著高于GDP同比名义增速，数字经济持续发挥经济"稳定器""加速器"作用。

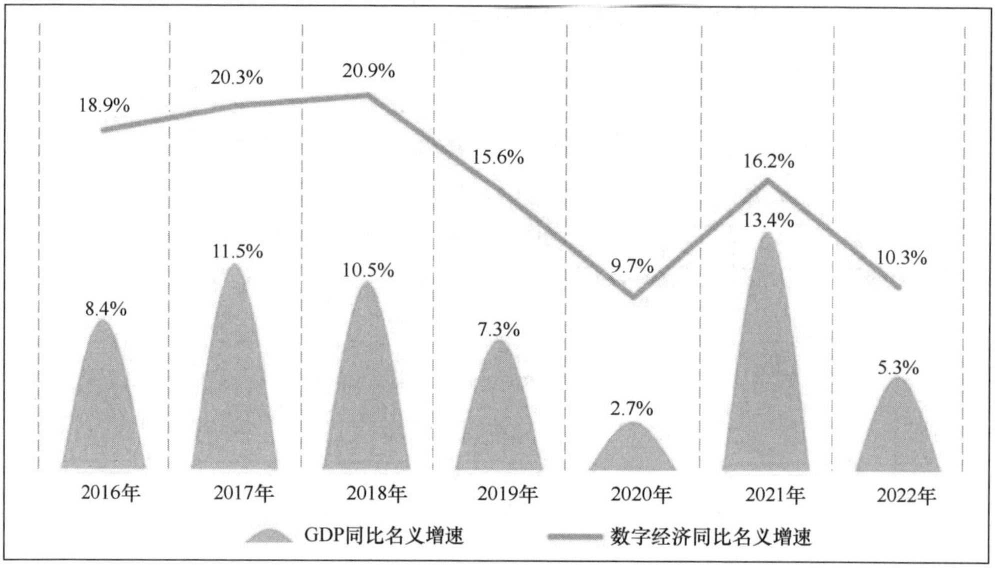

图2　我国数字经济与GDP同比名义增速对比

数据来源：中国信息通信研究院。

（二）数字经济二八比例结构较为稳定

产业数字化占数字经济的比重在82%左右波动。2022年，我国数字产业化规模达到9.2万亿元，同比名义增长10.3%，占GDP的比重为7.6%，占数字经济的比重为18.3%，数字产业化向强基础、重创新、筑优势方向转变。同时，互联网、大数据、人工智能等数字技术更加突出赋能作用，与实体经济融合走深向实，产业数字化探索更加丰富多样，产业数字化对数字经济增长的主引擎作用更加凸显。

2022 年，产业数字化规模为 41 万亿元，同比名义增长 10.3%，占 GDP 的比重为 33.9%，占数字经济的比重为 81.7%。

（三）数字经济全要素生产率稳步提升

全要素生产率是用来衡量生产效率的指标。全要素生产率的增长是产出增长率超过要素投入增长率的部分，表示由技术进步、配置效率、规模经济、范围经济等带来的产出增长部分。在计算上，全要素生产率的增长率是除去劳动、资本、土地等要素贡献之后的“余值”。2012—2022 年，我国数字经济生产效率持续提升，成为整体经济效率改善的重要支撑。从总体上看，我国数字经济全要素生产率从 2012 年的 1.66 上升至 2022 年的 1.75，提升了 0.09，同期国民经济全要素生产率由 1.29 提升至 1.35，仅提升了 0.06，数字经济全要素生产率对国民经济生产效率起到支撑、拉动作用。如图 3 所示，分三次产业看，第一产业数字经济全要素生产率平稳发展，由 1.03 上升至 1.04，提升幅度较小。第二产业数字经济全要素生产率受新冠疫情影响较大，10 年间整体呈现先升后降态势，由 2012 年的 1.65 上升至 2018 年的 1.69，随后持续下降至 2022 年的 1.54。第三产业数字经济要素生产率快速提升，由 2012 年的 1.70 上升至 2022 年的 1.90，提升幅度最大，这在一定程度上缓解了我国服务业的“鲍莫尔病”问题。

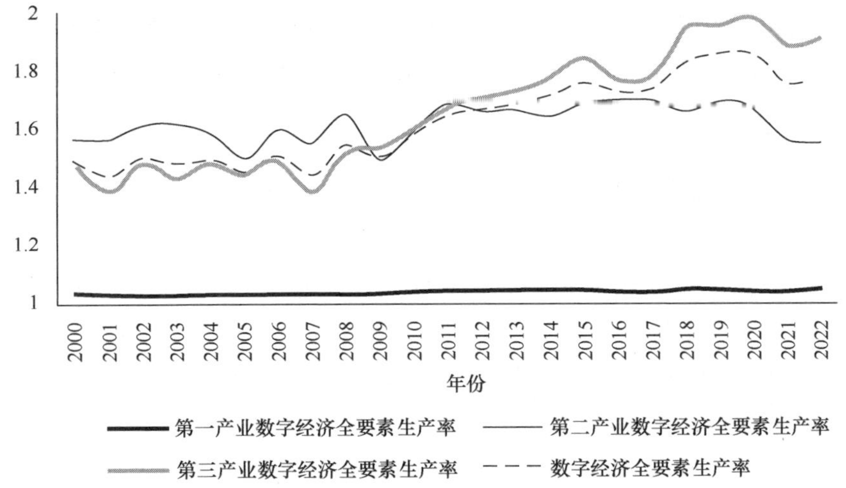

图 3　2000—2022 年我国数字经济全要素生产率变动趋势

数据来源：中国信息通信研究院。

二、数字产业化占 GDP 的比重创 5 年来最大增幅

2022 年，数字产业总体保持平稳增长，内部结构趋于稳定。从规模上看，2022 年，数字产业化增加值规模达 9.2 万亿元，比 2021 年增长 10.3%，已连续两年增速保持在 10%以上（见图 4）；数字产业化占 GDP 的比重为 7.6%，较 2021 年提升 0.3 个百分点，达到 2018 年以来的最大增幅。从结构上看，数字产业结构趋于平稳，服务部分在数字产业增加值中占主要地位。软件产业占比持续提升，互联网行业占比明显下降，服务部分整体占比小幅提升 0.3 个百分点。

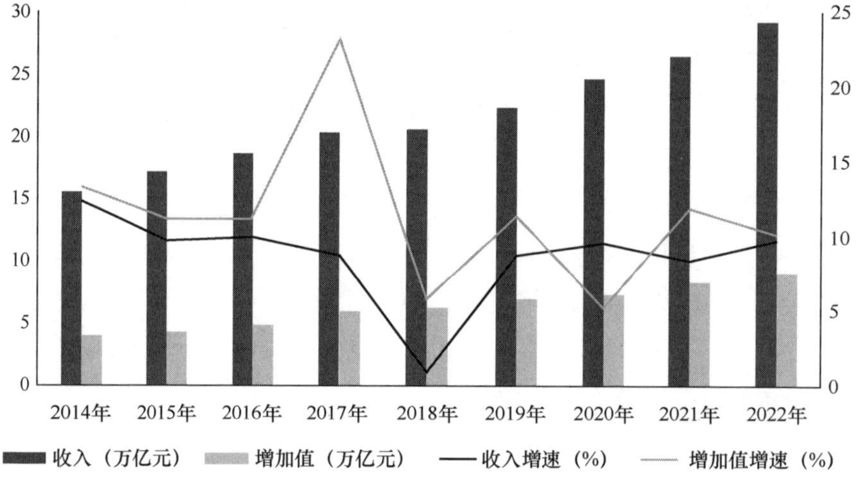

图 4　2014—2022 年我国数字产业化收入、增加值规模及增速

数据来源：中国信息通信研究院、工业和信息化部、国家统计局。

从数字产业化内部细分行业来看。电信业平稳向好，新业务增势突出。2022 年电信业务收入累计完成 1.58 万亿元，比上年增长 8%，基本持平。数据中心、云计算、大数据、物联网等新兴业务快速发展，2022 年共完成业务收入 3072 亿元，比上年增长 32.4%，在电信业务收入中的占比由上年的 16.1%提升至 19.4%。电子信息制造业保持稳定增长，出口回落。2022 年，规模以上电子信息制造业增加值同比增长 7.6%，分别超出工业、高技术制造业 4 个百分点和 0.2 个百分点。规模以上电子信息制造业出口交货值增速为 1.8%，较上年大幅收窄 10.9 个百分点。软件和信息技术服务业收入跃上 10 万亿元台阶。

2022 年，全国软件和信息技术服务业规模以上企业超 3.5 万家，累计完成软件业务收入达 10.8 万亿元，同比增长 11.2%，增速较上年同期回落 6.5 个百分点。互联网和相关服务业调整发展，注重研发投入。2022 年，我国规模以上互联网企业和相关服务企业完成互联网业务收入 1.5 万亿元，同比下降 1.1%。研发投入持续增加，共投入研发经费 771.8 亿元，同比增长 7.7%，增速较上年提高 2.7 个百分点。

三、服务业和工业数字化发展促进质的有效提升

2022 年，三次产业数字化转型提速发展。新一轮科技革命和产业变革与我国加快转变经济发展方式形成历史性交汇，为我国加快发展数字经济提供重大机遇。2022 年，我国各行业对数字化转型重要性的认识进一步加深，我国迈入转型发展的深水区。在线消费、无接触配送、即时零售、网约车、网上外卖、远程医疗等服务业数字化新模式继续保持增长活力，2022 年，我国服务业数字经济渗透率为 44.7%，同比提升 1.6 个百分点。工业数字化加快推进，工业互联网驱动的制造业数字化转型进展尤为迅速，共享制造、服务型制造等新模式新业态加快发展，2022 年，我国工业数字经济渗透率为 24%，同比提升 1.2 个百分点，增长幅度创新高。农业数字化效果显现，农村电商、数字农业、数字乡村等成为发展亮点，2022 年，我国农业数字经济渗透率为 10.5%，同比提升 0.4 个百分点。

（一）工业数字化转型多维度探索成效显现

1. 工业互联网体系化发展全面推进

工业互联网标识解析体系全面建成。东西南北中五大国家顶级节点和两个灾备节点全部上线，二级节点实现了 31 个省（自治区、直辖市）全覆盖，服务企业近 24 万家，培育具有影响力的工业互联网平台达到 240 余个，其中跨行业、跨领域平台达到 28 个，有力促进了产品全流程、生产各环节、供应链上下游的数据互通、资源协同，加速企业数字化转型。融合应用持续深化，赋能千行百业数字化转型。工业互联网已在原材料、消费品、装备等 31 个工业门类广泛部署，覆盖至 45 个国民经济大类，形成研发、生产、制造、销售、管理等全产业链条的数字化支撑服务能力。

2. “5G+工业互联网”发展进入快车道

2022 年是“5G+工业互联网”512 工程收官之年，自实施“5G+工业互联网”512 工程以来，我国“5G+工业互联网”由起步探索阶段逐步迈向精耕细作、规模化发展的关键阶段。

一是技术创新持续赋能。“5G+工业互联网”的主要专利数占全球 40%，保持全球领先地位，边缘计算、5G TSN、5G LAN、5G NPN 成为专利布局热点。二是产业发展实现巨大突破。5G 芯片模组 3 年平均降价 40%，实现“价格”突破。5G CPE 等数据终端和 5G 工业融合终端不断涌现，模组终端供应商数量处于全球前列，实现“数量”突破。轻量化 5GC 产品等新型网络产品不断探索，三大主流组网模式基本成熟，5G TSN、确定性网络加速试验，网络部署实现“形态”突破。5G uRLLC 技术不断深入工业控制环节，通信时延可达到端到端时延 4ms，实现“性能”突破。三是产业应用持续深化。我国已打造 5 个产业公共服务平台，在汽车、采矿等 10 余个重点行业建设了 4000 余个项目，全国“5G+工业互联网”项目已覆盖 41 个国民经济大类，协同研发设计、远程设备操控等 20 个典型应用场景加速普及。在“5G 全连接工厂”种子项目中，工业设备 5G 连接率超过 60%的项目占比超一半，5G 技术与工业融合的广度和深度不断拓展。

3. 智能制造推动中国制造高质量发展

智能制造工程深入开展。我国发布《国家智能制造标准体系建设指南》，实施 305 个智能制造试点示范项目和 420 个新模式应用项目，建成 700 余个智能工厂、数字化车间，培育智能制造系统解决方案供应商已超过 6000 家。数字化新技术、新产品、新产业加快发展。工业机器人市场销量保持快速增长，2022 年上半年总销量达到 13.1 万台，同比增速继续快速增长。数字化新模式、新业态加速渗透，截至 2022 年第二季度，我国实现网络化协同、服务型制造、个性化定制的企业比例分别达到 39.5%、30.1%和 10.8%。

（二）服务业数字化向长尾市场寻求新突破

1. 电子商务在东北地区和中部地区的渗透明显加快

随着互联网的普及和电子商务的兴起，中国电子商务规模持续扩大。国家统计局数据显示，2022 年，我国电子商务交易额为 43.8 万亿元，比 2021 年增长 3.5%。商务部数据显示，全国网上零售额为 13.79 万亿元，同比增长 4%。其中，实物商品网上零售额为 11.96 万亿元，同比增长 6.2%，占社会消费品零售总额的比重为 27.2%。东北地区和中部地区的网络零售额增速较快，同比分别增长 13.2%和 8.7%，比全国增速分别高出 9.2 个百分点和 4.7 个百分点。东部地区和西部地区的网络零售额同比分别增长 3.8%和 3%。

2. 即时零售进一步挖掘现有电商市场潜力

伴随着新型商业模式基础设施、城市配送服务网络的快速完善和线下商品供应网的逐渐完善，实体商超、便利店、品牌门店等多种零售业态依托网络和数字平台，就近为消费者实现 1 小时乃至 30 分钟内快速送达服务，我国正逐步形成以“5 公里即时零售消费圈”为核心、以电商消费为补充的网上零售网络。拓展即时零售和连接实体商户、仓储等本地零售供给，是一种能够满足消费者即时需求的新型零售业态，能够极大扩大优质供给、激发本地消费活力，逐渐使得零售渗透的行业和品类持续扩大，覆盖更多应用场景，即时零售市场呈现出一线、新一线城市持续领跑，二三线城市销量增长强劲的新趋势，正在成为网上零售市场的下一个风口。2021 年，超过 80%的超市企业线上销售占比稳步提升，包括高鑫零售、永辉超市、天虹、中百等。美团数据显示，2022 年 1—5 月，商超百货等各类实体零售门店的线上订单总量增长了 70%。据中国连锁经营协会的预测，至 2025 年，国内即时零售开放平台模式的市场规模将达到 1.2 万亿元，年复合增长率保持在 50%以上。

3. 适老化改造推动网络支付向老年人群体渗透

CNNIC 数据显示，截至 2022 年 12 月，我国网络支付用户规模达 9.11 亿人，较 2021 年 12 月增长 781 万人，占网民整体的 85.4%。中国人民银行数据显示，2022 年，我国移动支付业务达 1585.07 亿笔，同比增长 4.81%，金额达 499.62 万亿元，同比下降 5.19%。值得注意的是，数字技术赋能支付业务正在不断求创新、拓场景、惠民生。随着老龄化程度加深，各支付机构相继开展适老化改造工作，推出老年人专属 App 版本，通过提升安全性、强化新技术应用等方式，满足老年人群体的支付服务需求。截至 2022 年 12 月，60 岁以上的老年人群体对网络支付的使用率达 70.7%，与整体网民的差距同比缩小 2.2 个百分点。

（三）农业数字化生产经营持续取得新进展

农业信息化建设取得长足进展。我国继续推进农业信息化建设，从中央到地方，各级、各地政府积极引入社会资本投资建设数字乡村，农业信息化投入和农业信息化服务水平显著提升。农业农村部数据显示，2021 年，全国用于县域农业农村信息化建设的社会资本投入为 954.6 亿元，县均社会资本投入为 3588.8 万元、乡村人均投入为 135.2 元，分别比 2020 年增长 17.2%和 24%。

数字技术加速向研发、生产、销售等环节渗透。农业重大创新平台体系更加完善，在高效育种、耕地保育、智能装备等领域建成 34 个学科群、469 个重点实验室组成的农业农村部学科群实验室体系，建立 60 个国家农业科技创新联盟，形成解决专业性、产业性、区域性重大关键技术协同创新模式。农业智能化水平显著提升，数字农业技术已经广泛应用于农业生产全流程，为农业现代化和精准农业提供了重要支持。农产品销售加速拥抱数字技术，有效对接农产品供给与需求，服务乡村振兴。2022 年，我国农产品电商零售额达到 5313.8 亿元，同比增长 9.2%，农业网络化水平持续提升。

四、数字化治理中发展能力与规范水平同步提升

我国数字化治理总体上经历了 3 个阶段："用数字技术治""对数字技术治理""重构治理体系"。当前背景下，"用数字技术治理"和"对数字技术治理"相关法规及工作已基本构筑完毕，进入更迭完善期，数字化治理正不断推动治理体系进入优化、升级、重构阶段。

（一）提升常态化监管水平成为监管主基调

2022 年 12 月，中央经济工作会议明确指出要"大力发展数字经济，提升常态化监管水平，支持平台企业在引领发展、创造就业、国际竞争中大显身手"。国家市场监督管理总局提出要切实提升常态化监管水平，在数字经济等重点领域加强市场竞争状况评估，强化预防性监管，尤其是要综合运用行政指导、行政约谈、

行政处罚等手段，帮助企业提高合规管理水平。中国证监会明确表示要推动形成中美审计监管常态化合作机制，营造更加稳定、可预期的国际监管合作环境，推动企业境外上市制度改革落地实施，加快平台企业境外上市“绿灯”案例落地。2023 年以来，数字经济治理相关制度规则进一步细化完善。《互联网信息服务深度合成管理规定》正式施行，划定深度合成服务的底线和红线，明确各类主体的信息安全义务。《个人信息出境标准合同办法》出台，我国数据跨境流动管理制度基本完善，要求基本明确。《禁止垄断协议规定》《禁止滥用市场支配地位行为规定》《经营者集中审查规定》等反垄断法配套规章正式发布，进一步夯实反垄断法律制度规则，有效回应数字时代监管需要，对数字经济领域新型垄断行为的规制更加精准，市场主体的合规边界更加清晰。

（二）数字政府建设进入体系化推进新阶段

2022 年，《国务院关于加强数字政府建设的指导意见》（以下简称《指导意见》）发布，明确了数字政府的体系框架，完善了数字政府的建设路径，健全了数字政府的推进机制。

一体化政务服务能力全面提升。我国数字政府已进入以一体化政务服务为特征的整体服务阶段，“一网通办”“一网统管”“一网协同”“最多跑一次”“接诉即办”等创新实践不断涌现，一体化政务服务效能大幅提升。截至 2022 年 9 月，全国一体化政务服务平台已涵盖 46 个国务院部门的 1376 项政务服务事项，直通 31 个省（自治区、直辖市）和新疆生产建设兵团的 548 万多项地方政府政务服务事项。“一件事一次办”涉及个人出生、学习、就业创业、工作、社保就医、住房、救助、退休养老等 23 项个人事项，以及企业开办、用工招聘、缴费纳税、生产经营、破产注销等 11 项法人事项。

（三）数字孪生助力城市治理数字化发展

我国数字孪生城市已从概念、框架走向落地深耕，正逐渐成为各地智慧城市建设或城市数字化转型的重要探索方向。

数字孪生城市逐步进入落地建设深水区。随着国家和地方层面的相关政策文件陆续出台，我国数字孪生城市进程明显加快。数据显示，目前全国仅住房和城乡建设部公布的智慧城市试点数量已达 290 个，累计开工建设的地下管廊项目超过 1600 个，长度超过 5900 千米。

数字孪生成为城市治理数字化转型的关键动力。在政产学研用各方力量的共同推进下，数字孪生助力打造孪生城市运行空间，强化城市大脑基础能力，实现全域时空数据融合。当前，我国数字孪生城市逐步渗透到城市全要素表达、业务预警预测、场景仿真推演、态势感知、智能决策等多个环节。具体看，数字孪生深入各地、各行业城市建设、管理和治理流程，在智能交通、能源管理、文体旅游、应急安全、环境治理等城市多领域的应用不断渗透，数字孪生与 CIM 支撑下的城市规划建设管理和数字孪生水利水务领域进展较快。例如，水利部建设数字孪生流域防洪业务“四预”应用项目，为洪水预报、暴雨洪水预警、工程调度预演预案提供服务，成果在 2022 年珠江流域性洪水中得到充分应用。上海杨浦大桥数字孪生项目可实现对各类桥梁设施病害实现智能巡查、自动派单、及时处置、智能确认的闭环管理，桥梁病害处置率从 90%提高到 100%。

（四）数字乡村建设助推乡村治理效能提升

“互联网+政务服务”加快向乡村延伸覆盖，乡村数字化治理模式不断涌现，乡村智慧应急能力明显增强，信息化成为提高乡村治理水平的重要支撑。

乡村“互联网+政务服务”覆盖范围持续扩大。全国一体化政务服务平台在农村的支撑能力和服务效能不断提升，截至 2023 年 3 月，全国已建成 355 个县级政务服务平台，国家电子政务外网已实现县级行政区域 100%覆盖，乡镇覆盖率达 96.1%，政务服务“一网通办”加速推进，农民群众的满意度、获得感不断提升。多地积极运用互联网技术和信息化手段推进“积分制”“清单制”，促进积分管理精准化、精细化、及时化，增强清单管理规范化、透明化、便捷化。

乡村基层综合治理水平不断提高。“互联网+基层社会治理”行动深入实施，各地积极推进基层社会治理数据资源建设和开放共享，实行行政村（社区）和网格数据综合采集、一次采集、多方利用，数据驱动公共服务和社会治理水平不断提高。依法打击农村地区电信网络诈骗和互联网金融诈骗违法犯罪行为，重点打击涉及村镇银行、“三农”信贷及 P2P 网贷平台、非法网络支付等互联网金融犯罪，最大限度避免农村群众财产遭受损失。

乡村智慧应急管理基础能力明显增强。农业重大自然灾害和动植物疫病防控能力不断加强，监测预警水平持续提升。气象信息预警和农情信息调度系统在应对 2021 年秋冬洪涝灾害、2022 年长江流域气象干旱中发挥重要作用。全国农作物重大病虫害数字化监测预警系统不断完善，对接省级平台 22 个、物联网设备 4000 多台，有效支撑小麦条锈病、稻飞虱、草地贪夜蛾等重大病虫害的发现和防治。老少边及欠发达地区县级应急广播体系建设工程深入实施，重大自然灾害突发事件应急响应效率明显提升。

五、数据基础制度和数据要素市场建设取得突破

（一）数据基础制度破解价值释放中的基础性问题

2022 年 12 月，《中共中央 国务院关于构建数据基础制度更好发挥数据要素作用的意见》（下称《意见》）印发，这是我国首部从生产要素高度部署数据要素价值释放的国家级专项政策文件，在数据要素价值释放中具有里程碑式的重大意义。

一是破解数据资源化中的基础难题，释放数据要素基础价值。破解数据供给制度障碍，助力解决可用数据不足难题。我国数据资源丰富，2021 年，数据产量达到 6.6ZB，同比增加 29.4%，占全球数据总产量（67ZB）的 9.9%，居全球第二位，但真正开放、共享和使用的数据量很小。《意见》提出要推进实施公共数据确权授权机制；推动建立企业数据确权授权机制。这些制度设计将极大提升数据供给，破解数据整合互通制度障碍，助力解决数据质量不高难题。数据生产过程中，存在数据质量不足、标准不一致、碎片化、分散化等问题，如在当前政务数据平台归集的数据中，内容完整的比例仅占 16%，近 85%的数据完整性不高。《意见》支持开展数据质量标准化体系建设，同时，在数据采集汇聚、加工处理、共享利用等环节，推动企业依法依规承担相应责任。破解数据应用能力和意愿低的制度障碍，助力解决数据应用不强的难题。当前我国的数据应用仍然是局部的、低水平的，《意见》一方面提出充分发挥社会力量多方参与的协同治理作用，加快推进

数据管理能力成熟度国家标准及数据要素管理规范贯彻执行工作，推动各部门各行业完善元数据管理、数据脱敏、数据质量、价值评估等标准体系。同时，《意见》提出要强化数据安全保障体系建设，把安全贯穿数据供给、流通、使用全过程，划定监管底线和红线。法律和监管边界的进一步清晰将有利于激发企业数据应用的积极性。

二是破解数据资产化中的基础难题，释放数据要素扩展价值。明确数据产权制度创新的原则和机制，破解数据产权不明确难题。在数据权属界定尚存在巨大争议的当下，《意见》走了一条相对稳健的道路，没有界定数据权属应归属于谁，而是明确了数据产权制度创新探索的重要原则和机制，如明确了总的原则是保障权益、合规使用，明确了数据权利分离，明确了分类分级授权的基本方法。这些数据权属原则和方法的明确有利于激发经济社会各主体的创新热情，在探索中推动合意的数据产权制度的形成和数据价值的释放。创新数据（跨境）流通规则和市场体系，破解数据流通交易不足难题。当前我国数据要素市场的建设和运行存在较大困难，《意见》坚持问题导向，着力完善数据全流程合规与监管规则体系，统筹构建规范高效的数据交易场所，着力培育数据要素流通和交易服务生态，着力构建数据安全合规有序跨境流通机制。探索数据收益形成和分配机制，助力破解数据分配不公、激励不足难题。《意见》明确提出健全数据要素由市场评价贡献、按贡献决定报酬机制；坚持“两个毫不动摇”，按照“谁投入、谁贡献、谁受益”原则，着重保护数据要素各参与方的投入产出收益，依法依规维护数据资源资产权益，探索个人、企业、公共数据分享价值收益的方式，建立健全更加合理的市场评价机制，促进劳动者贡献和劳动报酬相匹配；可通过分红、提成等多种收益共享方式，平衡兼顾数据内容采集、加工、流通、应用等不同环节相关主体之间的利益分配。当前数据分配主要通过“以数据交换服务”“谁占有谁受益”等事实上的分配机制为主，难以真正满足要素按贡献参与分配的基本分配原则和要求。

三是破解数据资本化中的基础难题，在更高水平上释放数据要素价值。我国已有大型企业展开数据资本化探索，现仍处于研究和探索的初期阶段，未来发展之路需要更多实践探索。《意见》对此虽着力不多，但一些前瞻性的制度安排将为数据资本化的创新探索打下坚实的基础。如《意见》充分保护数据资本化市场参与者的权利，提出在保障安全前提下，推动数据处理者依法依规对原始数据进行开发利用，支持数据处理者依法依规行使数据应用的相关权利，促进数据使用价值复用与充分利用，促进数据使用权交换和市场化流通。此外，《意见》为数据资本化创新提供了沃土。突出建立健全鼓励创新、包容创新的容错纠错机制，鼓励有条件的地方和行业在制度建设、技术路线、发展模式等方面先行先试，为数据资本化尝试探索可复制、可推荐的经验做法打下政策基础。

（二）数据要素市场建设加速资源化、资产化探索

一是数据资源化产业链逐步完善，供给数量和质量稳步提升。当前，基于数据采集、数据标准、数据分析、数据存储等全生命周期价值管理链的数据资源化进程不断深化。数据采集由人工采集向自动采集进一步转化，数据采集的方式从传统采集向泛化采集转变，采集效率大幅提升。数据标注产业围绕北京、长三角、成渝地区向外扩散，已形成三大产业群，并对周围地区产生技术溢出效应。德勤最新研究预测，未来技术与功能迭代、场景拓展将带动数据采集与标注的需求量几何级增长，到 2027 年复合年均增长率将达到 32%～37%。在数据分析阶段，自动化数据分析、多源数据融合、边缘计算成为趋势，推动数据分析与物联网相结合。IDC 预测全球边缘计算投资将达两位数增长，到 2027 年中国的边缘计算投资支出复合年均增长率将达到 19.7%。在数据存储阶段，存储方式由端点存储（智能手机、物联网设备等）向边缘存储（服务器、基站、小型数据中心等）及核心存储（云数据中心）流动。云数据中心成为新的企业首选数据存储库。华为发布的报告中提到，云原生应用下的混合多云架构成为主流。同时，在数据中心和公有云基础设施之外的分布式设备、服务器或网关中执行的数据分析活动日益增加。Gartner 预测，到 2025 年，超过 50%的企业关键数据将在数据中心或云以外的地点创建和处理。

二是数据资产化关键难点求突破，交易市场互补共进。国家高度重视培育数据要素市场，中央层面多次提及要加快建立数据确权、定价、交易、流通的标准和制度。

数据确权是数据要素市场流通的前提。各地方与数据产权相关的制度聚焦于

建立数据资产登记制度和数据要素定价机制等，数据资产登记平台分散且功能有限，权属登记尚在探索中，目前多以《规划》的形式呈现。授权运营成为公共数据流通模式探索的新方向，一些地区采取“政府监管+企业运营”的市场化应用模式（北京、上海、深圳等），以竞争方式确定被授权运营主体，并以市场化方式提供数据产品、数据服务以获得收益。数据交易市场形成内外互补共进的局面。截至目前，我国现有实际运营中的数据交易所共计 30 家，筹建中的有 6 家。其中，北京国际大数据交易所定位较为综合，具备数据信息登记平台、数据交易平台、数据运营管理服务平台、金融创新服务平台、数据金融科技平台五大功能平台。上海数据交易所的主要职能为交易服务，构建“数商”新业态，首发全数字化数据交易系统和数据产品说明书。深圳数据交易所的目标为打造具备资产登记、权益确认、信息披露、资产评估、交易清结算等服务能力的综合数据交易服务体系。

三是数据资本化实践显现创新活力，激活数据要素潜能。浙江、广东、上海等地依靠数据交易所或公共存证新平台，利用大数据、区块链等手段探索数据信贷融资新路径，将数据转变为可量化的数字资产，赋能中小微企业。2022 年 10 月，北京银行落地全国首笔数据资产质押融资贷款；12 月，上海银行发布“基于可交易数据资产的循环授信方案”，实现授信额度核定及数据资产交易融资。

数据信托成为激活数据要素潜能的高效数据管理方式。通过数据信托，数据持有人可让渡其持有数据的部分权利，委托给受托人管理运营，提高数据利用率。2021 年 11 月，“数据信托领军人才训练营”系列活动开始推进，探讨数据合规、隐私计算与数据信托等问题；2022 年 8 月，“航数空间”项目入选工业和信息化部大数据产业发展试点示范项目，运用信托财产独立性原则构建可信数据管理制度基础设施。

“数据银行”成为助力数据要素流通的重要基础设施。数据持有者将数据上传并存储至“数据银行”，“数据银行”通过吸纳数据，实现分散数据集中化，促进数据流通交易。2021 年年底，易华录成功发布上线“数据银行”业务，2022 年 2 月，在江西抚州试点建设“数据银行”项目，发布全国首个基于“数据银行”的政务数据授权运营模式，建设完成数据“银行平台”，汇聚16亿条政务数据。2022年8月，江苏省无锡市启动全国首家“感知数据银行”，依托“数据银行”中搭建的隐私计算平台，将数据脱敏后提供给客户，发掘具有区域特色的感知数据价值。

（执笔人：孙克，中国信息通信研究院政策与经济研究所副所长，正高级工程师；汪明珠，中国信息通信研究院政策与经济研究所数字经济研究部主任，高级工程师；姜颖，中国信息通信研究院政策与经济研究所数字经济研究部工程师）

信息社会共识

人类正在迈入一个潜力巨大的时代——信息社会的新时代。“在这个新兴社会中，信息和知识可以通过世界上所有的网络存在、交流、共享和传播”（联合国信息社会原则宣言，2003）。中国《2006—2020 年国家信息化发展战略》也提出了“为迈向信息社会奠定坚实基础”的战略目标。今天，我们相聚在这里，共同表达对这个时代的认知与期待。

我们看到，一个新的时代已经来临。正如农业革命诞生了农业社会、工业革命缔造了工业社会一样，信息革命正在推动人类进入信息社会。在信息社会建设的过程中，经济与社会发展的模式发生了重大变化，信息技术的广泛普及与深化应用不仅让城市生活更美好，也大大改变了农村居民的生存与发展环境，使人民生活品质得到全面提升。

我们看到，信息社会不是工业社会的简单延伸。以通信、计算机、互联网等为代表的现代信息技术飞速发展、广泛渗透，不仅改变了人类社会原有的生产力结构，还深刻改变着人们的生产生活方式；知识型经济、网络化社会、服务型政府、数字化生活是信息社会的基本特征；以人为本、开放包容、全面协调与可持续发展是信息社会的基本要求。

我们看到，世界各国都在努力为信息社会做准备。发达国家希望保持领先优势，新兴经济体力争寻求新的突破，发展中国家致力于发挥后发优势实现跨越式发展，世界各国纷纷制定了一系列信息化发展战略，都希望在信息革命中成为最大受益者。

我们认为，信息社会是人类需求变化与信息革命发展相耦合的必然结果。工业社会后期，在生产极度扩张的同时，出现了环境破坏、生态恶化、资源紧张、贫富分化等一系列问题，迫使人类转而寻求新的发展方式，信息革命适应了这种需求，成为引领变革的世界性潮流。

我们认为，信息社会建设对所有国家来讲既是机遇又是挑战。信息革命为打造新产业、培育新业态、重塑动力机制、转变发展方式提供了难得的历史机遇，尤其对于经济发展相对落后的国家和地区而言，如能抓住机遇、应对得当，完全有可能发挥后发优势实现跨越式发展。但世界各国都会面临全球性生产力布局调整、信息安全隐患凸显、数字鸿沟扩大等方面的挑战，丧失发展机遇将成为其中最大的风险。

我们认为，从工业社会到信息社会必然经历“转型期阵痛”。在转型过程中，三类基本矛盾不可回避：一是经济增长内在冲动与资源环境支撑能力不足之间的矛盾；二是经济快速增长与社会发展滞后之间的矛盾；三是传统生产关系不适应信息生产力发展的矛盾。工业社会的经济基础、体制机制、手段方法、思维惯性与信息社会发展要求不相适应。

我们认为，信息化是化解各类现实矛盾、推动社会转型的关键。必须充分发挥信息化在助力经济成长、转变发展方式、解决现实问题、促进社会和谐、创新竞争优势方面的作用，在信息基础设施建设、信息产业发展、信息技术深化应用、信息资源开发利用、信息人才培养、信息化环境完善和社会转型等方面不断取得新的突破。

我们希望，人人成为信息社会建设的实践者、受益者。

我们希望，诚信、负责、合作、共赢成为信息社会企业生存与发展的基本守则。

我们希望，科学决策、公开透明、高效治理、广泛参与的服务型政府在信息社会建设中发挥更好的作用。

我们希望，一个“以人为本、开放包容、全面协调与可持续发展”的信息社会的来临，能够促进智慧中国的崛起，为人类创造更美好的未来。

我们希望，我们的后代将因我们现在的选择而受益，为我们现在的行动而自豪。

延伸阅读

1.《寻路：信息社会新格局下的选择》

信息经济在不断发展，社会格局在不断变换，人类正在迈入一个潜力巨大的时代——信息社会的新时代。在这样的时代大背景下，信息社会 50 人论坛多位顶级专家学者，从直面新格局、寻路元宇宙、五化大协同（绿色化、老龄化、数字化、普惠化、共享化）、治理新境界四个角度，以各自长年深入的研究梳理出真知灼见，期望借以此书与各界朋友笔谈、交流、碰撞，为这个时代理出寻路的方向，为更好地选择提供最有价值的参考和建议。

2.《预见：中国信息社会的下一个十年》

本书在信息经济高速发展、数字化转型如火如荼这样的时代大背景下，从变轨（数字化加速与数据生产力）、重建（碳中和、老龄化与城市更新）、治理（数据、隐私保护），以及预见（信息社会下一个十年）四个维度出发，通过专家多年的深入研究梳理出真知灼见，借由此书与读者交流、碰撞，为这个时代留下记录、思考、探索等，并使读者可以从专家们对未来的分析、描绘中找到自己想要的知识，形成一个关于下一个十年数字化转型的拼图。

3.《变革与重建：数智化加速下的产业与社会》

本书试图从产业、社会和治理等多个角度，以危急时刻、产业之变和社会重建三个板块，抽丝剥茧地分析当下情势，并以实践中涌现的数据和案例来展现数智化加速下的产业与社会，以带给人启迪和希望。

4.《数字化转型中的中国》

本书是在信息经济不断发展、“智能+”和数字化转型已被当下各界极为关注的大背景下，信息社会 50 人论坛多位权威专家深入研究和集智的呈现，分别从智能科技、工业互联网、数字化转型、智慧城市和科技向善等方面汇集了年度相关成果，希望能为社会各界分享不同角度的思考和研究成果，促动更多的思想碰撞和前沿实践。

5.《信息经济：智能化与社会化》

本书是信息社会 50 人论坛多位重量级专家的成果，他们尝试从复杂经济学、信息社会之智能化、信息社会之社会化，以及互联网治理不同视角探讨经济学中的新理念、现实经济中的新事物、社会生活中的新现象、社会管理中的新课题，期望从中探索出以往没有认识到的切入点、新规律，寻找解决问题的新方法和新思路。

6.《互联网经济治理手册》

本书围绕产权归属、责任归属、实践与法规的次序、线上与线下的标准这四个互联网治理的核心问题展开讨论，共分为 4 个部分：第一部分为互联网经济治理理论，指出了互联网治理的四个核心问题；第二部分为互联网经济治理实践，从各平台，如淘宝、滴滴出行、考拉、微信等的治理实践中汲取经验；第三部分为互联网经济治理热点，讨论了各平台面临的共同问题，包括市场准入、消费者保护、数据安全、知识产权、竞争政策、食药安全和税收政策等问题；第四部分为互联网经济治理展望，展望了互联网经济治理的前景。

7.《重新定义一切：如何看待信息革命的影响》

本书从信息社会与理念创新、分享经济与模式创新、科技进步与实践创新、互联网治理与制度创新 4 个维度研判了信息革命对经济社会发展理念、模式、技术与制度创新的深远影响。

8.《拥抱未来：新经济的成长与烦恼》

自 2016 年 3 月“新经济”首次被写入《政府工作报告》以来，新经济焕发出勃勃生机，也逐渐释放出经济发展的新动能，并朝着经济主旋律的道路前行。因此，从一定意义上说，新经济代表着未来经济，而本书的主题正是新经济。本书从新经济及其测量、分享经济与平台治理、互联网发展与信息社会测评 3 个维度进行阐述，试图为新经济的成长指明方向。

9.《未来已来："互联网+"的重构与创新》

本书集中反映了信息社会50人论坛专家们关于信息社会的新思考。他们就信息社会发展过程中涌现出来的表层问题和深层问题，做了深入而有创新的分析与研究，对"就在身边，就在当下"的未来，分别展示了自己描绘的图景。

10.《读懂未来：信息社会北大讲堂》

2015 年，信息社会 50 人论坛与北京大学合作，联合主办了"信息社会 · 北大讲堂"，并邀请了 8 位居于信息社会发展前沿的信息领域的著名专家、学者及实践者，以凝练的主题，用细腻的感知，将各自领域中纤细的变化、宏大的前景带给读者，使读者及早感受未来席卷世界的风潮。

本书原汁原味地呈现了"信息社会 · 北大讲堂"的全部内容。

11.《信息经济：中国转型新思维》

本书汇集了来自政府、学术界及行业内信息社会研究前沿的专家从不同角度审视信息社会发展现状与未来的成果，为读者提供了一套关于我国发展信息社会的立体思考。

12.《边缘革命 2.0：中国信息社会发展报告》

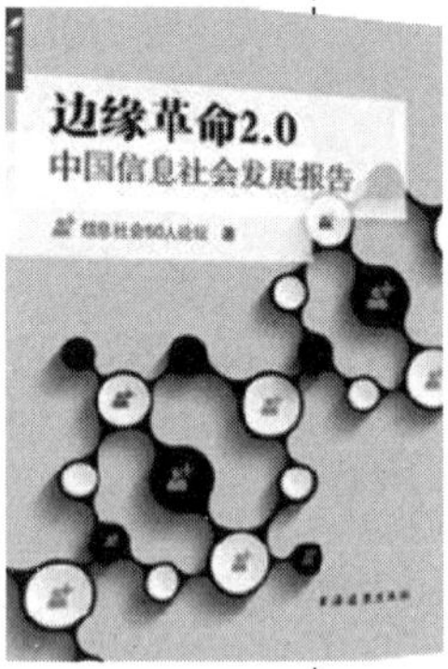

信息社会 50 人论坛的专家们将自己的智慧与探索，凝结成本书，期待为读者提供一个关于信息社会的新思维魔方。本书中的每篇文章都可以看作从不同侧面对这些变革及演变趋势的诠释，揭示中国信息社会大变革时期的大思路与新思维。